本书由内蒙古自治区高校人文社会科学重点研究基地

中国北疆史研究中心资助出版

袁丽丽 / 著

19~20世纪初期
俄国合作社的
思想和实践

社会科学文献出版社
SOCIAL SCIENCES ACADEMIC PRESS(CHINA)

摘　要

19 世纪中叶是俄国发展的转折期，站在历史抉择的十字路口，俄国人彷徨不安。如何摆脱社会危机，将广大民众从贫困的死亡线上解救出来，是沙皇政府亟须解决的难题，也是困扰俄国先进人士的疑团。1861年改革揭开了俄国历史新的一页，改革后社会发展的新迹象，为合作社的组建创造了良好的氛围，同时改革亦导致农民生存艰难。在机遇与困境的激发下，建立合作社的想法开始萌生。1865 年俄国历史上第一个合作社建立，至 20 世纪初期，其发展经历了起步、建立、繁荣和完善四个时期。在合作社的帮助下，小生产者尤其是农民，一定程度上改善了生存境遇，并启蒙了独立和自主意识。

本书拟解决以下四个问题。

第一，梳理合作社思想在俄国传播的进程，阐述并探讨这一时期的合作社理论。1840 年前后合作社思想传入俄国，最初带有空想社会主义色彩，其代表人物是彼得拉舍夫斯基和车尔尼雪夫斯基。他们反对农奴制度和资本主义制度，向往社会主义，设想俄国可以不经过资本主义、通过合作社直接从农民村社过渡到社会主义。他们的活动开启了俄国合作社研究的大门。与前者不同，贵族—知识分子将合作社视为资本主义社会民主改革的有效工具，认为合作社可以减轻资本主义发展进程中资本掠夺给人民带来的苦难，减轻农奴公民化进程中的赤贫现象，防止农村无产阶级化。正是在他们的奔波下，俄国的合作社得以建立。至此合作社思想在俄国的传播完成了从空想走向现实的进程。通过对合作社思想传播进程的论述，再现了 19 世纪俄国社会发展道路之争。

第二，描绘 1917 年十月革命前俄国合作社运动的全貌。自 1865 年第一个合作社建立之日起，至 1917 年十月革命前，俄国的合作社运动可分为起步、建立、繁荣和完善四个阶段。这一时期，从合作社基层组织到合作社联盟，再到全俄合作社委员会的合作社体系已初步建立。就合作社数量和参加人数而言，俄国在世界上位居前列。

第三，探讨沙皇政府对合作社运动的态度。沙皇政府对合作社运动持双重心态，既希望通过合作社解决经济问题，又担心合作社运动会激发民变，进而威胁其统治。这一矛盾心态，导致统治阶层对合作社运动的政策摇摆不定。一方面，对合作社思想宣传持谨慎态度，对合作社活动进行严厉监察；另一方面，又对合作社的发展给予扶植，向它提供贷款，并给予税收优惠。步入 20 世纪后，随着合作社运动的展开，统治阶层担心"一些别有用心的人"利用合作社进行反政府活动，忧心合作社成为自由阵地。于是对合作社进行全方位监控，限制它的活动，在手续上拖延和阻碍合作社联盟的建立。究其实质是要掌控合作社运动的领导权，其最终目的是维护专制制度的稳定。

第四，解析合作社的功能。加入合作社后，社员在一定程度上减轻了对中间商和高利贷商的依赖，他们的生活水平和文化水平有所提高，自主意识得以提升。

针对上述问题，本书得出以下结论。

第一，合作社的建立离不开仁人志士对合作社思想的宣传。合作社思想的缔造和传播者（欧文、傅立叶、圣西门、舒理采、拉法金等人）秉承不同的、有时甚至是对立的理念为建立合作社而奔走、疾呼：从向失业者和贫困者提供援助到完善资本主义制度，从为小生产者迈入市场经济创造条件到培养中间阶层，从缓解社会冲突到对社会进行根本变革。无论彼得拉舍夫斯基还是车尔尼雪夫斯基，尽管他们的合作社理念具有空想性并最终未能实现，但其活动打开了俄国合作社理论研究的大门。随后，在瓦西里契科夫、雅科夫列夫等人的不懈努力下，俄国的合作社得以建立。

第二，俄国合作社的建立与19世纪60年代的"大改革"息息相关。一方面，改革将农民从农奴制桎梏中解脱出来，使其成为村社自由民。他们可以订立各种契约、合同；有权自由经商，开办工厂，加入各种行会组织。改革后私营企业的发展受到鼓励，地方自治机构开始建立，审判公开化，俄国进入了一个新的发展时代。社会发展的新迹象为合作社的建立创造了条件。另一方面，改革在促进资本主义经济发展的同时，也保留了大量农奴制残余。农民的经济活动和法律权利依然受制于村社，他们生活的一举一动都受到村社公职人员的监控。改革实质上是地主阶级对农民的一次大规模掠夺。改革后农民不但失去大量土地，而且由于缴纳巨额赎金而负债累累。迫于生存压力，他们组成劳动组合去城市打工，但结果常常一无所获。如何改善农民生活、防止农民无产阶级化已成为一个刻不容缓的社会问题。在此情形下合作社引起人们的关注。

第三，商品货币关系的发展、广大民众的自主意识和受教育程度，以及政府对待合作社的态度是影响合作社发展的重要因素。

第四，合作社活动取得了如下成果：经济上改善了成员的生活状况，减轻了小生产者对高利贷商、中间商以及大工业资本的依赖，将农民和小生产者从亏本状态中挽救出来；文化教育方面，合作社工作者建立了图书馆、博物馆，开办了展览会和社员培训学校，在一定程度上提升了成员的独立自主意识以及责任感；同时合作社反对专制政府的全方位监控、争取法律权利的斗争，实际上是提升成员公民意识、促进公民社会建立的历程，它已成为公民社会形成进程中一支不可忽视的力量。伴随合作社发展成绩的同时，它还存在很多不足。合作社体制尚不完善、资金不足、合作社领导干部匮乏、社员觉悟不高依然是困扰合作社发展的难题。

Abstract

Mid – 19th century is the turning period of the development of Russia, stands at a historical crossroads of choice, the Russians uneasy. How to get rid of the social crisis, the majority of people die from the poverty was the tsarist government needed to solve the problem as well as advanced people troubled by Russia's doubts. Cooperative movement in this conditions emerge as the times require. Before the October Revolution the ideas and practices of Russian co – operatives have the following purposes:

The first is to sort out co – operative ideology in Russia spread and development process, describes the famous cooperative theory of cooperative thinkers. About 1840, the co – operative thought is coming t Russia, initially with a fantasy likes utopian socialism, and its representative is Petra Tomasevski and Chernyshevsky. They opposed the serf system and the capitalist system, longing for socialism, Russia can be envisaged without capitalism, directly from farmers through the cooperative transition to a socialist village. Their activities opened the door of Russian cooperative theory. If the utopian socialists trying to jump across the stage of capitalist development, the idea of directly into the socialist cooperatives failed to achieve, then the noble intellectuals advocated the concept of cooperatives is to produce the Russian cooperative movement theory of the source. They will co – capitalist society as an effective tool for democratic reform that the cooperatives can reduce the process of capitalist development to the peo-

ple plundered the capital to bring the suffering of the citizens of the serfs to re-
duce extreme poverty in the process, to prevent the rural proletariat.

The second is to describe the whole picture of the cooperative movement in
Russia before the revolution. Since 1865, the first cooperatives established until
1917 before the October revolution, the Russian cooperative movement can be
divided into four stages: embryonic stage、cradle stage、development stage
and perfect stage. During this period, the cooperative system has been initially
established, it experiences from the grass – roots organization to the cooperative
alliance, then to the All – Russian Cooperative Committee. In terms of number
and the number of participants of cooperatives, Russia is the forefront in the
world.

The third is to analyze the attitude of tsarist government to the cooperative
movement. Tsarist government holds dual attitudes, both want to solve economic
problems through cooperatives, but also worried about the development of coop-
eratives would threaten its rule. The contradictory state of mind led to the ruling
class policy of the cooperative movement wavering. On the one hand, thinking
of promotion of cooperatives cautious monitoring of the cooperative activities se-
verely. On the other hand, support given to the development of cooperatives, to
provide it with loans, and give the tax breaks. Into the 20th century, with the
commencement of the cooperative movement, the ruling class worried that
"some people with ulterior motives" anti – government activities by coopera-
tives, cooperatives worried a free position. So all – round monitoring of coopera-
tives, limit its activities in the formalities, to delay and obstacle on the proce-
dures of the cooperative alliance establishment. Their essence is to control the
leadership of the cooperative movement, and its ultimate goal is to maintain the
stability of autocratic system.

The fourth is to analyze the role of cooperatives. To some extent, after join-
ing cooperatives, members are reducing the dependence on middlemen and loan

sharks, and their living standards and cultural level has increased, self – awareness can be improved.

For these purposes, the author does a more systematic study of the cooperative movement in Russia before the October Revolution. By carefully combing the existing research results and collected a large number of in – depth analysis of native and foreign information, getting the following conclusions:

First, the establishment of cooperatives can not do without the people with lofty ideas of co – promotion and to public. Co – founded and disseminators of ideas (Owen, Fourier, Saint Simon, Shu Limining, gold Rafah and so on) adhering to the different and sometimes conflicting ideas for the establishment of cooperatives to running and crying: from provide assistance to poverty and unemployed to improve the capitalist system, from create conditions to the small producers into the economic market to develop the middle class, from ease the social conflict to do fundamental changes in society. Whether Petra Tomasevski or Chernyshevsky, even though have they the fantasy of the cooperative philosophy and ultimately failed to achieve, but its activities in Russia opened the door of cooperative theory. Subsequently, in Vassilitch Cove, Yakovlev and others unremitting efforts, the Russian co – operatives can be established.

Second, the establishment of cooperatives in Russia is closely related with the "great reform" in 19th century 60s. On the one hand, the reform is getting farmers from the shackles of serfdom, making it to be a village freeman. They can make all kinds of deeds, contracts, the right to freedom of business, setting up factories, adding a variety of guild. Be reformed to encourage private sector development, local self – government institutions began to build, open trial, Russia has entered a new era of development. New evidence for the social development created the conditions for the establishment of cooperatives.

On the other hand, the reform is promoting the development of capitalist economic, but also to retain a large number of serfdom. Economic activities of farmers and legal rights are still subject to the village, every move of their lives by the village community monitoring of public officials. Reform of the landlord class is essentially a large – scale plundering of the peasants. After the reform, not only farmers lost a lot of land, and because of debt to pay huge ransom. Forced to survival pressure, they formed the labor union to work in cities, but the results are often nothing. How to improve their living, and prevent the farmers to be proletariat has become a pressing social problem. In this case, co – operative are concerned.

Third, commodity money relations, the autonomy of the general public awareness and education, and the government's attitude towards cooperatives are important factors in the development of cooperatives.

Fourth, the cooperative activities have following results. On the economic front, improve the living conditions of the members and reduce the dependence of small producers on loan – sharking business, brokers, and large industrial capital, make the loss of farmers and small producers from out of the state to save. In the field of culture and education, co – workers established a library, museum, offering exhibitions and members of the training school, to a certain extent, enhance the member's independence, self – awareness and sense of responsibility. At the same time against the autocratic government of the all – round cooperative control, the struggle for legal rights, actually enhance the members of the civic awareness, promote the establishment of the history of civil society, it has become the process of civil society to from a force to be reckoned with. With the development of the achievements of cooperatives, it also has many deficiencies. Cooperative system is not perfect, fund is not sufficient, lack of co – leading cadres, members are still plagued with high consciousness, etc. These are still troubled by the problem of cooperative development.

序

袁丽丽博士十多年来矢志不渝地潜心研究俄国史，锲而不舍，肯下苦功夫和笨功夫。梅花香自苦寒来。辛勤的汗水换来丰硕的果实。其新著《19～20世纪初期俄国合作社的思想和实践》一书即将问世，为中国的俄国史研究添砖加瓦，值得祝贺！

袁丽丽博士的新著《19～20世纪初期俄国合作社的思想和实践》，主要研究100年间俄国合作社运动从起步、发展、繁荣到完善的历史进程。在这里简单谈谈对这部著作的看法。

其一，19世纪下半期至20世纪初期是俄国从农业社会向工业社会的转型期。克里米亚战争中俄军一败涂地，俄国政府痛定思痛，确定国家发展工业的方针。从政府层面为推进工业发展，尤其是重工业的发展，主要奉行保护关税政策、引进外资政策和兴修铁路政策等。从19世纪中期起至20世纪初俄国的历届财政大臣赖腾、本格、维什涅格拉德斯基、维特力主鼓励私人首创精神，坚持发展国家的工业。维特以其远见卓识、处事果断、非凡的魄力，大力推进俄国的工业化，被誉为"俄国工业化之父"。从整体而言，19世纪中期至末期俄国基本上实现了工业化，生产资料生产超过了生活资料的生产，重工业发展速度超过了轻工业和食品业的发展速度，俄国的生铁、钢、机器生产、棉花消耗量、矿物燃料开采量，其绝对指标方面与法国接近，远远超过了奥匈、意大利、西班牙和日本。

俄国工业化进程基本上以国家为主导，国家为发展工业，兴修铁路可谓不遗余力,但是很少顾及农业生产。政府对农业投资不足,严重影响到农业生产的发展和进步。政府围绕俄国经济发展中工业和农业孰先孰后,变成了关于农业吸引资金方式和规模的问题。在俄国,国家不向农业直接拨款。围绕工业、农业发展失调问题,在政府高层,主张优先发展工业的维特与其反对者普列维开始了针锋相对的争论。但受国家财政掣肘,工业与农业无法同时并举。1861年俄国农民改革在一定程度上敦促贵族地主经济向资本主义经营形式过渡,但由于贵族本身惰性,长期养尊处优,不知稼穑,还由于贵族自营需要购置农具、马匹,还要雇用工人,无一不需要资金,多数贵族手中资金不足,向银行举债常常未能如愿。因此贵族经济向资本主义转变的过程十分艰难且缓慢。莫斯科农业学会、雅罗斯拉夫尔、弗拉基米尔和斯摩棱斯克农业学会倡导农业生产合理化的主张响应者寥寥。农民劳动漫不经心和生产率低不利于农业生产合理化。粗放型农业生产一直是俄国的特点。在此情形下,组建合作社的想法在民间萌生。

1905~1907年革命后俄国出现了短暂的和平,国家形势稳定,农业丰收,农产品价格上涨,世界农业危机逐渐平息;沙皇政府颁布的一系列政策,取消身份证、废除连环保、取消赎金和斯托雷平土地改革极大地促进了合作社的发展。

至1917年十月革命前,从合作社基层组织到合作社联盟,再到全俄合作社组织中心的合作社体制开始确立,合作社的数量和参加人数在世界上均位居前列,[①] 约有一半的民众加入其中。[②] 如此大规模的群众性运动在俄国历史上实属罕见。合作社的发展,经济上改善了社员的生活状况,减轻了小生产者对高利贷商、中间商以及大工业资本的依赖;文化上使社员的精神面貌焕然一新,培养了他们的自主意识和创新精神。从社会结构上看,合作社完成了促进资产阶级社会形成的重要功能。一方面,俄国公民不论出身如何均可加入合作社,无等级性模糊了农民同其

---

① Б. Н. Титаев. Власть、Бедность、Кооперация. Саратов. Научное издание,2003,С. 8.

② В. В. Кабанов. Октябрьская революция и кооперация. М. Наука,1973,С. 59.

他等级的界限，加速了等级制的解体；另一方面，在文化—政治领域，合作社在促进公民社会形成进程中，发挥着重要作用。作为一种新的社会思潮，合作社高举独立大旗，在管理上实行自治，这无疑提升了俄国民众的公民意识。

如此成就自然引起各国学界关注，但目前国内学界对这一问题的关注不足①，尚无专著对此进行论述，袁丽丽的这本著作对该问题进行了有益的研究。

其二，探究沙皇政府对合作社运动的态度是本书的又一新意之处。合作社属于乡村治理体系中的民间组织，统治阶层对待合作社的态度一定程度上反映了十月革命前俄国乡村治理陷入困境的原因。沙皇政府对合作社运动持双重心态，既希望通过合作社解决经济问题，又担心合作社运动会激发民变威胁统治。这一矛盾心态，导致它对合作社运动的政策摇摆不定。一方面，对合作社运动进行严厉监察；另一方面，又对合作社的发展给予扶持，向它提供贷款，并给予税收优惠。步入 20 世纪后，随着合作社运动的发展，统治阶层担心"一些别有用心的人"利用合作社进行反政府活动，担心合作社成为自由阵地，于是对合作社进行全方位监控，限制它的活动，在手续上拖延和阻碍合作社联盟的建立。究其实质是要掌控合作社运动的领导权，其最终目的是维护专制制度的稳定。

其三，袁丽丽的《19～20 世纪初期俄国合作社的思想和实践》一书，采取宏观研究与微观研究相结合的方法，成功地再现了 100 年间俄国合作社运动的全貌。本书从总体上说明俄国合作社运动的起步、发展、繁荣和完善的发展历程，这显然是宏观研究的课题。著者却把这个大课题分解成若干小课题：合作社思想在俄国从空想走向现实的进程；信用

---

① 〔日〕泽村康：《苏俄合作制度》，唐易庵、孙九录译，商务印书馆 1935 年版，该书对十月革命前俄国的消费合作社做了简要的介绍；潘晓伟：《十月革命前西伯利亚消费合作社初探》，《西伯利亚研究》2007 年第 5 期，该文将视角聚焦在西伯利亚地区；张广翔、袁丽丽：《19 世纪 40 年代—20 世纪初期俄国合作社的思想和实践》，《俄罗斯中亚东欧研究》2010 年第 6 期，该文对十月革命前消费合作社的发展状况做了概括性的阐述。

合作社的数量、参加人数，消费合作社的数量、参加人数，农业合作社的数量、参加人数，不同时期制约合作社发展的因素，不同时期推动合作社发展的因素，合作社在经济、文化领域的作用，沙皇政府对待合作社的态度，合作社对 1905 年革命的反映，第一次世界大战期间合作社在后方的作用，二月革命后合作社活动的政治化。然后逐项进行微观研究，对微观研究的结果进行分析、概括，最终用各项微观的结论，从不同侧面具体说明宏观问题，得出这一时期俄国合作社发展水平的结论。我认为，这是在宏观指导下的微观研究，在微观研究基础上的宏观研究。这种研究方法是辩证的、科学的、有说服力的。但它必须大量、全面占有资料，将课题的方方面面全部搞清楚，并把它们之间的内在联系研究明白；同时还需要恰到好处地掌握和运用辩证法，使宏观不走向空泛，微观不陷入迷惘。唯有如此，才能完成一部学术佳作。袁丽丽如此认真地研究俄国历史实在值得称道。

其四，《19～20 世纪初期俄国合作社的思想和实践》内容丰富、史料翔实、关键因素明确，给予读者广阔的思考空间。著者通过对十月革命前合作社组建数量、参加人数、资金运转的统计，说明了这一时期合作社从弱小走向壮大、从依靠外界援助到能够独立发展的进程；得出合作社在俄国历史进程中有着积极的作用的结论。书中列举了大量的统计资料，分析此时期空想社会主义者、民粹派以及贵族知识分子对俄国发展道路问题的争议（第一章思想探索：从空想走向现实）；农奴制残余未泯、政府政策、商品经济欠发达是导致改革后 30 年俄国合作社发展缓慢的因素（第二章合作社运动的起步）；合作社发展出现质的变化，合作社联盟开始建立，合作社章程和合作社法令陆续颁布，合作社的法律地位得到认可（第三章合作社运动的发展）；随着国家提供的资金逐渐缩减，合作社发展进程中的人为性因素减弱，合作社已成为俄国社会生活中的重要组成部分（第四章合作社运动的繁荣）；至 1917 年十月革命前，从合作社基层组织到合作社联盟，再到全俄合作社委员会的合作社体系已初步建立，第一次世界大战期间，合作社积极同政府合作，其活动缓解了投机商的投机活动，抑制了粮食和生活必需品的价格增长（第五章合作社运动的完善）。应该说对合作社发展状况的统计已经无微不至。全书征引大量的统计数据，详细地分析信用合作社的发展状况、消费合作社的发展状况、农业合作社的发展状况、劳动组合的发展状况；合作社在发展农民经济中的作用；合作社开办的附属企业；莫斯科消费合作社联盟和莫斯科人民银行在协调合作社发展中的作用。在此基础上探讨了合作社在俄国社会中的作用。

应该说，这本书围绕俄国合作社的思想和实践方面的探讨颇有心得，颇有深度。由于原始文献有限，著者目前所掌握的资料对合作社数量和社员人数等数字问题的考察仍有提升的空间，且时而发现不同文献之间的记载亦存在差异，如何进一步甄别，尽可能去伪存真，仍需要进一步推敲。总之，希望作者以此新著为治学的新起点，百尺竿头更进一步。

丽丽博士函嘱，寥寥数语，是以为序。

张广翔

2018 年 3 月 7 日于长春

目 录
CONTENTS

前　言

一　研究目的及意义

本研究注目于 19～20 世纪初期,这一时期是俄国发展的抉择期,如何摆脱社会危机,将广大民众从贫困的死亡线上解救出来,是沙皇政府亟须解决的难题,也是困扰俄国先进人士的疑团。1861 年"大改革"揭开了俄国历史新的一页,改革后社会发展的新迹象为合作社的组建创造了良好氛围,同时改革亦导致农民生存艰难。克里米亚战败后,俄国政府大力倡导工业化,对农业关注不够。面对工业和农业发展失调的状况,在统治阶层内部,主张优先发展工业的谢·尤维特,与其反对者内务部大臣维·康·普列维,开始了针锋相对的争论。但受国家财政掣肘,工业与农业无法同时并举。俄国工业强国地位确立的背后,是对农民的残酷剥夺。

20 世纪初的俄国仍是欧洲的"粮仓",国家财政收入的一多半源于粮食出口。19 世纪 90 年代,根据俄国经济学家统计,欧俄 50 个省,仅有 10 个省的农民经济能够满足自身需求。第一次世界大战前,欧俄地区、波兰、北高加索 64 省,有 20 个省的粮食有剩余,34 个省需要购买粮食。[①] 此外随着农业生产专门化、畜牧业生产范围扩大、经济作物生产增加和工业发展,农产品不能自给省对粮食的需求,从 80 年代初的 8380

---

① А. П. Корелин. Сельскохозяйственный кредит в России в конце XIX—начале XX вв. М. Наука, 1988, С. 229.

万普特，增加到 1907～1910 年的 1.8 亿普特，增长 1 倍多。而同期粮食生产省的粮食从 3.561 亿普特增加到 9.824 亿普特，增长 1.76 倍，但政府依然奉行"饿着肚子出口"的粮食政策。[①] 农业问题仍然是俄国社会躯体上的溃疡。不难发现，为了保住强国地位，沙皇政府对改善民众的生活境遇关注不够，在此情形下，组建合作社的想法在民间萌生。

在合作社发展的进程中，沙皇政府的态度至关重要。起初，囿于合作社的组织者多为知识分子，沙皇政府（内务部）认为它对国家稳定存在威胁，因而对其发展百般阻挠。直到世纪之交，迫于农民运动的压力，统治阶层才开始关注合作社。第一次世界大战期间，物资短缺、投机商趁机囤积居奇，哄抬物价，考虑到合作社在同中间商竞争中的优势，军方保障部门决定同合作社合作，以解决前线和后方物品供应。沙皇政府放松了对合作社的管制，合作社的发展蒸蒸日上。

可见，沙皇政府对合作社运动持双重态度，既希望通过合作社解决经济问题，又担心合作社的发展威胁它的统治。上述矛盾心态导致统治阶层对合作社运动的政策摇摆不定。一方面对合作社思想宣传持谨慎态度，对合作社活动进行严厉监察；另一方面又对合作社的发展给予扶持。无论它对合作社运动持何种态度，其实质都是要掌控合作社运动的领导权，维护专制制度的稳定。

自 1865 年第一个合作社建立，至 1917 年，从合作社基层组织，到合作社联盟，再到全俄合作社组织中心的合作社体制开始确立，合作社的数量和参加人数在世界上均位居前列[②]，约有一半的居民加入其中。[③] 如此大规模的群众性运动在俄国历史上实属罕见。随着力量的壮大，合作社开始开拓生存空间，其业务从信贷、采购领域扩展到销售和生产领域。合作社建立了面粉厂、面包厂、糖果厂、肥皂厂、鞋厂、砖厂等多家企业。其生产的商品不仅供应社员，还接受自治局和城市管理局以及政府

---

① А. П. Корелин. Россия сельская на рубеже XIX в-начале XX века. М. Наука，2004，С. 63.

② Б. Н. Титаев. Власть、Бедность、Кооперация. Саратов. Научное издание，2003，С. 8.

③ В. В. Кабанов. Октябрьская революция и кооперация. М. Наука，1973，С. 59.

部门的订货，并同国外公司开展贸易往来。

合作社在从事经济活动的同时，还注重对成员进行文化教育，成立了文化教育委员会，负责举办展览会、交流会，开办俱乐部，建立图书馆，出版日历以及大众读物。组建了短期合作社培训班和合作社学校，培养合作社骨干。合作社的文教活动，使社员的精神面貌焕然一新，培养了他们的自主意识和创举精神。

从社会结构上看，合作社完成了促进资产阶级社会形成的重要功能。一方面，俄国公民不论出身如何均可加入合作社，无等级性模糊了农民同其他等级的界限，加速了等级制的解体；另一方面，在文化—政治领域，合作社在促进公民社会形成进程中，发挥着重要作用。作为一种新的社会思潮，合作社高举独立大旗、在管理上实行自治，这无疑提升了俄国民众的公民意识。但受现实条件制约，俄国的合作社尚不能克服文化、政治落后的国民属性。

历经半个多世纪的发展，俄国的合作社逐步从弱小走向强大、从依靠外界援助到能够独立运作，其足迹遍及全俄，影响力不可小觑。作为一个独立的经济组织，消费合作社把各阶层居民联合在一起，它的活动提升了成员的独立自主意识和责任感，它已成为公民社会形成进程中一支不可忽视的力量。

如此成就自然引起学界关注，目前国内学界对这一问题的关注不足①，尚未有专著对此进行论述，本书试图对这一问题进行研究。同时，对这一问题的研究也具有重要的现实意义。现代化建设是我国面临的一项重要课题，而实现现代化的一个重点和难点是农业现代化。在这一进程中，合作社无疑有着重要作用，因此借鉴他国经验是必要的。

---

①　〔日〕泽村康著《苏俄合作制度》，唐易庵、孙九録译，商务印书馆 1935 年版。该书对十月革命前俄国的消费合作社做了简要的介绍；潘晓伟：《十月革命前西伯利亚消费合作社初探》，《西伯利亚研究》2007 年第 5 期，该文将视角聚焦在西伯利亚地区；张广翔、袁丽丽：《19 世纪 40 年代—20 世纪初期俄国合作社的思想和实践》，《俄罗斯中亚东欧研究》2010 年第 6 期，该文对十月革命前消费合作社的发展状况做了概括性的阐述。

二 国内外研究现状

（一）俄国学者的成果最重要，可分为帝俄时期、20 世纪 20～80 年代、80 年代至今三个阶段

1. 帝俄时期。合作社组建之初对它的研究，侧重于合作社思想宣传，主要著作有：1869 年 Я. В. 雅科夫列夫撰写的《西欧各国与俄国贷款概要》、3. И. 吉彼勒撰写的《消费合作社》，1870 年 С. Ф. 鲁金宁撰写的《农村贷款储蓄合作社》，1872 年 Я. И. 瓦西里契科夫撰写的《俄国贷款储蓄合作社》，1889 年 П. А. 索卡洛夫斯基撰写的《俄国的贷款储蓄合作社》等。[①] 值得一提的是，合作社思想在俄国的传播与社会主义思想紧密相连，其代表人物是 Н. Г. 车尔尼雪夫斯基。他在 1860 年发表的《资本与劳动》一文中对合作社社会主义理论进行了阐述。尽管作为向社会主义社会过渡的合作社社会主义没能实现，但车尔尼雪夫斯基为后人对合作社理论的研究，做出了不可磨灭的贡献。俄国著名合作社研究专家 К. А. 巴日特诺夫认为："车尔尼雪夫斯基为后人留下了对合作社道路信仰不竭的源泉，正是他打开了俄国合作社理论研究的大门。"[②]

20 世纪初是合作社研究的繁荣时期，这一时期合作社运动风起云涌、规模波澜壮阔。在此情形下对合作社的研究出现了新的特点。

（1）区域性研究文献大量涌现，主要有：Н. П. 马卡洛夫 1910 年撰写的《西伯利亚农村合作社》，1913 年撰写的《乌非姆省合作社》，1915 年撰写的《合作社在发展农村经济中的作用》；Е. П. 彼得罗夫 1916 年撰写的《1911 年莫斯科省手工业者合作社》。

（2）随着基础性研究文献的不断出版，研究各种类型合作社建立与

---

① Н. Е. Фигуровская, А. П. Корелин . Кооперация страницы истории, Том 1: вторая книга, 60е годы XIX—начало XX века. Возникновение кредитной кооперации в России . М. Наука, 2001, С. 283. 325.

② Н. Е. Фигуровская, А. П. Корелин . Кооперация страницы истории, Том 1: первая книга, 30—40е годы XIX—начало XX века. Предыстория . М. Наука, 1999, С. 167.

发展的文献逐渐增多。В.Ф. 托托米恩 1908 年撰写了《消费合作社：历史、理论、实践》、1911 年撰写了《农业合作社》，А.И. 丘普罗夫 1909 年撰写了《小额贷款与合作社》，А.А. 耶夫达基莫夫 1911 年撰写了《俄国农村销售合作社》，В.Н. 杰里吉姆 1913 年撰写了《俄国消费合作社组织与实践》，М.Л. 赫伊辛 1915 年撰写了《俄国消费合作社 50 年发展简介》，А.В. 米尔古洛夫 1915 年撰写了《俄国消费合作社简况》《农业合作社》，Н.В. 柴可夫斯基 1916 年撰写了《西伯利亚奶制品劳动组合联盟》，А.А. 雷波尼科夫 1913 年撰写了《手工业和手工业品销售合作社》。[①]

（3）概括性、综合性著作大量出版，代表作有：1903 年 С.Н. 普罗卡巴维奇撰写的《俄国合作社发展史》，1908 年 В.А. 波谢撰写的《合作社思想家》，1909 年 А.А. 尼古拉耶夫撰写的《合作社运动的理论和实践》，1911 年 Н.П. 吉彼涅尔撰写的《合作社制度》，1913 年 С.Н. 普罗卡巴维奇撰写的《俄国合作社运动：理论和实践》，М.И. 图干—巴拉诺夫斯基 1914 年撰写的《合作社经济属性及其分类》、1916 年撰写的《合作社的社会根基》（1989 年被莫斯科出版社再版）。[②] 这一时期的研究力图全面展示十月革命前合作社发展史。上述著作的意义直至今日仍被肯定，尤其是对合作社数量的统计。

2. 20 世纪 20~80 年代。随着布尔什维克执政后合作社国有化和政府对合作社工作者的不信任，学者对合作社的研究兴趣减退，许多杰出的合作社研究专家被迫移民国外。1922 年移民学者在国外组建了俄罗斯合作社研究中心——布拉格俄国农村合作社。组建者和成员包括杰出的合作社研究专家和活动家安茨菲洛夫、普罗卡巴维奇、托托米恩、马卡洛夫等人。1928 年由于财政紧张中心被迫解散。[③]

20 年代末至 60 年代，关于十月革命前俄国合作社研究的著作很少。

---

① Н. Е. Фигуровская, А. П. Корелин. Кооперация страницы истории, Том 1: первая книга, 30 – 40е годы XIX—начало XX века. Предыстория. М. Наука, 1999, С. 167.

② В. Н. Титаев. Власть、Бедность、Кооперация. Саратов. Научное издание, 2003, С. 7.

③ Избранные труды. Кооперация: страницы истории. Вып. IV. М. Наука, 1994, С. 180 – 203.

列宁的《论合作社》是这一时期的主要文献。该时期对十月革命前合作社的主流观点是,资产阶级性质的合作社运动损害了人民群众的利益。60 年代下半叶至 70 年代是俄国合作社问题研究的特殊时期,此时正值勃列日涅夫执政初期,在新经济体制改革和"市场社会主义"政策影响下对该问题的研究出现转机。学术研究领域逐渐提及合作社,致力于分析十月革命前俄国合作社发展水平、合作社运动的性质和基本方向。代表人物及其代表作主要有:丘卡夫金的《20 世纪初期西伯利亚农村消费合作社 (1906～1917)》,莫洛佐夫的《从资本主义合作社到社会主义合作社》,法卢金的《革命前俄国合作社的性质和特征》,法因的《十月革命前俄国工人合作社:数量特征》,卡巴诺夫的《十月革命和合作社 (1917～1919 年 3 月)》,伊万诺夫的《十月革命和卫国战争时期西伯利亚合作社》。[①] 上述著作关注合作社集体化过程中作为个体的"人",注重他们的心理变化,肯定十月革命前合作社的某些积极因素。这一时期著作的一大特点是,除以文献作为写作参考外,还大量使用社会调查资料。

3. 80 年代至今。80 年代下半叶至 90 年代中期随着戈尔巴乔夫改革和苏联解体对该问题的研究出现了新的气象。这一时期出现了大量研究十月革命前合作社运动的博士学位、硕士学位论文:巴拉多娃的《19 世纪末至 20 世纪初俄国消费合作社:社会调整经验》,巴尔金的《19 世纪下半叶至 20 世纪初俄国的工人合作社运动》,契霍夫斯卡娅的《莫斯科人民银行及其在合作社发展中的作用》,图塔列夫的《莫斯科农业协会与合作社运动》,巴德卡尔金的《圣彼得堡小组与贷款合作社的建立 (19

---

① B. Г. Тюкавкин Потребительские кооперативы в сельском хозяйстве Сибири в начале XX в (1906 – 1917). Новосибирск, 1965; Л. Ф. Морозов От кооперации буржуазной к кооперации социалистической. М. 1969; И. А. Фарутин Характер и особенности кооперативного движения в дореволюционной России. Калинград, 1970; Л. Е. Файн Рабочая кооперация России ко времени победы Октябрьской революции. Иваново, 1986; В. В. Кабанов Октябрьская революция и кооперация. М, 1973; Б. В. Иванов Сибирская кооперация в период Октябрьской революции и гражданской войны. Томск, 1976.

世纪 60—70 年代）》，波波夫的《19 世纪末至 20 世纪初俄国合作社的建立与发展》，哈德茹耶娃的《19 世纪末、20 世纪初俄国合作社法令》，贝科维茨的《19 世纪末、20 世纪初俄国合作社的文化教育活动》。[①] 上述论文除了展示革命前各类合作社的发展状况外，还注重研究合作社的文化教育活动和合作社法令问题。

在市场经济改革大潮的影响下，合作社被视为吸引民众积极参与市场经济的有效方式，对它的研究炙手可热，学者们将研究视角聚焦在以下几个方面。

（1）人物介绍，该类资料主要为俄罗斯科学院经济所编写的《历史的一页：合作社》三部著作。1999 年版的《历史的一页：合作社——19 世纪三四十年代至 20 世纪初》[②]，2001 年版的《历史的一页：合作社——19 世纪 60 年代至 20 世纪初信用合作社的组建》[③]，2006 年版的《历史的一页：合作社——19 世纪 70 年代至 20 世纪初的合作社理论和实践》[④]，上述著作收集了合作社活动家广泛参与合作社组建的资料，阐述了合作社思想在俄国的传播与发展。

---

① Е. Ю. Болотова Потребительская кооперация в России в конце XIX—XX начале. М. 2003；К. Е. Балдин Рабочее кооперативное движение в России во второй половине XIX—XX начале. Яраолавль. 1994；Н. Н. Чеховская 《Московский народный банк и его роль в развитии кооперации в России》, М. 1988；М. И. Дударев Московское общество сельского хозяйства и его участие в общественном и кооперативном движении. М. 1997；Б. И. Подколзин Петербургский кружок князя А. И. Васильчикa и зарождение кооперативного кредита в России（60—70годы XIXв）М. 1994；С. Ю. Попов Становление и развитие кооперативного движения России в условиях социально—экономических реформ конца XIX—XX начала. М. 2001；З. А. Хаджуева Модернизация российского кооперативного законодательства в конце XIX—XX начале. Саратов. 2001；Т. Ю. Быковец Культурно—просветительная деятельность кооперация России в конце XIX—XX начале. Саратов. 2003.

② Фигуровская Н. Е., Корелин А. П., Кооперация страницы истории, Том 1：первая книга, 30—40е годы XIX—начало XX века. Предыстория . М. Наука, 1999.

③ Фигуровская Н. Е., Корелин А. П., Кооперация страницы истории, Том 1：вторая книга, 60е годы XIX—начало XX века. Возникновение кредитной кооперации в России. М. Наука, 2001.

④ Фигуровская Н. Е., Корелин А. П., Кооперация страницы истории, Том 1：третья книга, 70е годы XIX—начало XX века. Развитие кооперативного движения в России. М. Наука, 2006.

（2）合作社区域发展状况，该类文献主要代表作为 B. K. 阿列克谢耶娃与 Г. M. 马拉霍娃金合著的《俄国亚洲地区合作社》，俄罗斯科学院西伯利亚分院历史研究所编著的《西伯利亚消费合作社联盟》等。①

（3）合作社发展史，该类文献主要包括卡兹洛娃的《俄国合作社的发展及其作用（1906～1917）》、菲古洛夫斯卡娅的《俄国合作社发展史》，法印的《合作社历史经验》，舍别廖娃的《俄国的合作社运动》、《19 世纪末、20 世纪初俄国合作社》，A. Д. 彼里莫维奇的《布尔什维克执政前后的俄国合作社》等。② 卡巴诺夫在《合作社、革命、社会主义》一书中，重新审视了合作社的地位与作用，阐述了政府重新发展合作社的原因和必然性。③ 在科列林的《19、20 世纪之交俄国农业贷款》一书中，阐述了小额贷款体系的建立和演化，以及合作社在农村商品货币关系建立与发展中的作用。④ 巴拉朵娃在《19 世纪末、20 世纪初俄国消费合作社》一书中，研究了消费合作社的建立和发展，阐述了十月革命前俄国合作社运动的全景。⑤ 在吉姆的《政府与合作社运动（1905～1930）》和卢伯克夫的《战争、革命、合作社》著作中，强调论述了过渡时期政府与合作社的关系。⑥ A. П. 科列林的《合作社与1861～1917 年俄

① Алексеева В. К Г. М. Малахова. Кооперация в азиатской России（первое столетие）. ЗИП Сибупк，2004.

② Е. Н. Казлова Развитие кооперации в России и её роль в обновлении страны. М . 1999；Н. К. Фигуровская Некоорые исторические уроки развития кооперации в России. М. 1999；Л. Е. Файн Отечественная кооперация ： Исторический опыт Иваново. 1994；В. Б. Шепелёва Отечественная кооперация с точки зрения русского менталитета ： Возможные перспективы. Иваново. 1998；Правовые основы крестьянских кооперативов России конца XIX—XX начала. Саратов. 2000；А. Д. Билимович《 Кооперация в России до，во время и после большевиков》. М. Наука，2005.

③ В. В. Кабанов. кооперация，Революция，Социализм. М. Наука，1996.

④ А. П. Корелин. Сельскохозяйственный кредит в Росии в конце XIX в-начале XX века. М. Наука，1988.

⑤ Е. Ю. Болотова. В единении—сила Потребительская кооперация в Россиив конце XIX—начале XX вв. Волград，2003.

⑥ Ким. . Государственная власть и кооперативное движение в России. М. 1996，А. В. Лубков. Война Революция Кооперация. М. Наука，1997.

国的合作化运动》① 是研究十月革命前俄国合作社运动的权威著作。该书用四章的篇幅成功地论述了十月革命前信用合作社、消费合作社、农业合作社，以及劳动组合的发展状况。

（4）合作社地位与作用，该类文献主要有 B. H. 吉塔耶夫的《政权、贫困、合作社》、Л. 马卡林科的《合作社在国家经济发展中的地位和作用》等。② 书中指出，合作社的意义和力量在于，它是居民摆脱贫困走向富裕的一种有效形式。尤其在农村，绝大多数居民自主、自愿加入这一进程，这种自主精神在农村的传播，使农民从中世纪的压迫和上层的"监控"下得到真正解脱。可见它在农民生活水平和文化层次的提升中有着举足轻重的作用。

（二）国内研究现状

国内对 19 世纪至 20 世纪初期俄国合作社运动的研究还很薄弱，仅有一些一般意义上的介绍性文献和学术性论文，且数量不多。

中国学者译著的外文文献，有《合作社理论与历史教程》和《论列宁的合作社计划及其在苏联的实现》等。③ 上述文献粗略地介绍了，十月革命前俄国消费合作社及小生产者合作社的发展轨迹。文章过于强调阶级分析方法，对资本主义条件下合作社运动成绩视而不见。《苏俄合作制度》④ 是目前国内出版的研究革命前俄国合作社运动较为全面的一部著作。不足之处在于，对合作社的发展状况论述得不够翔实、具体，合作社发展进程中的一些重要事件没有提及。

学术性论文：潘晓伟《十月革命前西伯利亚消费合作社初探》（《西伯利亚研究》2007 年第 5 期）。该文阐述了十月革命前西伯利亚消费合作社的建立及初步发展状况。他的另一篇文章《试论十月革命前西伯利亚

---

① A. П. Корелин. Кооперация и кооперативное движение в России 1860—1917 гг. М. Росспэн，2009.

② Б. Н. Титаев. Власть、Бедность、Кооперация. Саратов. Научное издание，2003.

③ 阿. 阿. 华西列夫等著《合作社理论与历史教程》，中华书局 1951 年版。伊林著《论列宁的合作社计划及其在苏联的实现》，志刚等译，中华书局，1954。

④ 〔日〕泽村康：《苏俄合作制度》，唐易庵、孙九录译，商务印书馆，1935。

信用合作化运动》（《西伯利亚研究》2008 年第 5 期），描绘了十月革命前西伯利亚信用合作社的建立及发展状况。

三 本书构成

本书第一章主要论述合作社思想在俄国的传播——由空想走向现实。19 世纪三四十年代合作社思想传入俄国，并与国家发展道路问题紧密相连。从彼得拉舍夫斯基到赫尔岑、车尔尼雪夫斯基，他们的合作社理论均是其社会主义思想中的一部分。他们反对农奴制度和资本主义制度，向往社会主义，认为合作社是未来社会的组织形式。如果说空想社会主义者试图跃过资本主义发展阶段，直接进入合作社社会主义的想法没能实现，那么贵族—知识分子所倡导的合作社理念则是俄国合作社运动得以产生的理论源泉。他们将合作社视为资本主义社会民主改革的有效工具，认为合作社可以减轻资本主义发展进程中资本掠夺给人民带来的苦难，减轻农奴公民化进程中的赤贫现象，防止农村无产阶级化。

第二章主要阐述 19 世纪 60～90 年代合作社的发展状况，这一时期是俄国合作社运动的起步阶段。在合作社工作者的宣传和指导下，从 19 世纪 60 年代中叶起，贷款储蓄合作社、消费合作社以及劳动组合陆续开始建立。这一时期合作社发展缓慢，农奴制残余未泯、商品经济欠发达、广大民众的首创精神和主动性不足、受教育程度和文化水平低，加之政府态度摇摆不定是制约初期合作社发展的主要因素。尽管如此，在不懈的坚持和努力下，改革 30 年间俄国的合作社建设依然积累了一定经验，一些地区的成功范例使人们对合作社充满希望，合作社的思想宣传和实践活动为其发展奠定了基础。

第三章主要阐述 1895～1904 年合作社发展状况，这一时期政府开始关注合作社的发展，向其提供指导与扶植。1895 年颁布了《小额贷款法令》；1897 年出台了《消费合作社章程》，同年还制定了《农业合作社章程》；1902 年颁布了《劳动组合法令》。随着商品—货币关系的发展以及相关法令的完善，合作社开办数量明显超过前一时期，合作社建设也出现了重大质的变化。首先，合作社联盟开始建立，合作社的形式和类型多样化；其次，社会各界对合作社的态度发生改变。同时不难看到，合作社工作者对制约合作社发展的社会—经济、权利问题还不够了解。

第四章主要阐述 1905～1914 年合作社发展状况，该时期是合作社的高速发展期，其组建数量从 4000 个增加到 30000 个，就增长速度而言，俄国在世界上居首位。随着合作社的发展、壮大，合作社运动中心开始出现，莫斯科人民银行成为帝国信用合作社的财政中心，莫斯科消费合作社联盟在 1913 年基辅合作社会议上被定为全俄消费合作社联盟中心。该时期，在数量上信用合作社居第一位，其次是消费合作社、农业合作社和劳动组合。农村成为合作社发展的主战场，是这一时期合作社发展的显著特点。随着国家提供的资金逐渐缩减，合作社发展进程中的人为性因素减弱，合作社已成为俄国社会经济生活中的重要组成部分。

第五章主要论述 1914 年至 1917 年十月革命前俄国合作社的发展状况，这一时期，合作社从组建数量到经济实力均有较大提高，并成为经济领域中一支不可忽视的力量。它已开始组织国际合作社商品交换、走向国际市场。1917 年十月革命前，从合作社基层组织到合作社联盟、再到全俄合作社委员会的合作社体制已初步建立。合作社活动缓解了投机商的投机活动，并在一定程度上抑制了粮食和生活必需品的价格增长。二月革命后资产阶级临时政府大力扶持合作社，合作社开始参与国家政治生活，并试图登上政治舞台。

通过对前五章内容的阐述和分析，笔者得出以下结论。

首先，合作社的建立离不开仁人志士对合作社思想的宣传。其次，19 世纪 60 年代的"大改革"为合作社的建立提供了契机。最后，商品货币关系的发展、广大民众的自主意识和受教育程度以及政府对待合作社的态度是影响合作社发展的重要因素。值得一提的是，在合作社发展进程中沙皇政府一直扮演着重要角色，它与合作社间的关系可用对立统一来概括。相互需要、相互利用是二者统一的源泉，控制与反控制则是双方冲突的根源。在专制制度阴霾笼罩之下，合作社所追求的独立、自主精神是无法实现的。整体上，俄国的合作社运动经历了从弱小走向壮大、从依靠外界援助到能够独立发展的进程。1917年十月革命前，从合作社基层组织到合作社联盟再到全俄合作社委员会的合作社体制已初步建立。合作社活动取得了一定成果，但也存在很多问题。

在研究方法上，笔者力求以马克思的唯物主义和历史唯物主义为指导，本着史论结合、论从史出的原则来撰写，同时，也注意运用经济学、社会学等相关学科的方法来认识问题、分析问题、理解和阐释问题。

由于原始文献有限，笔者所掌握的资料对合作社数量和社员人数等数字的统计又不尽全面，且时而发现不同文献之间的内容亦存在差池，虽已努力去伪存真，但仍有疏漏。另外，由于笔者水平有限，研究的理论高度还不足，敬请读者提出宝贵意见。

第一章　思想探索：从空想走向现实

——19 世纪 40 ~ 60 年代

　　19 世纪 40 年代合作社思想传入俄国，并与国家发展道路问题紧密相连。从彼得拉舍夫斯基到赫尔岑再到车尔尼雪夫斯基，他们的合作社理论均是其社会主义思想中的一部分。他们反对农奴制度和资本主义制度，向往社会主义，认为合作社是未来社会的基石。如果说空想社会主义者试图跃过资本主义发展阶段，直接进入合作社社会主义的想法没能实现，那么贵族—知识分子所倡导的合作社理念则是俄国合作社运动得以产生的理论源泉。他们将合作社视为资本主义社会民主改革的有效工具，认为合作社可以减轻资本主义发展进程中资本掠夺给人民带来的苦难，减轻农奴公民化进程中的赤贫现象，防止农村无产阶级化。

第一节　启蒙时期的合作社思想

　　这一时期合作社思想的主要代表人物是彼得拉舍夫斯基、赫尔岑和车尔尼雪夫斯基，他们理想中的社会与合作社有着千丝万缕的联系。他们或是受傅立叶学说的影响，主张采取和平手段建立"法郎吉"组织；或是主张在革命胜利后由农村公社直接过渡到社会主义。尽管方式不同，但他们均认为合作社是未来社会的基石。

一　合作社思想传入俄国

彼得一世改革打开了俄国人向西方学习的窗口，也开启了俄国的现代化之路，使俄国从一个并不起眼的国家崛起为称霸一方的霸主。尤其是 1848 年欧洲革命后，世界的中心从巴黎转到彼得堡，俄国被称为世界的宪兵。然而在俄国称霸的背后，依然存在诸多弊端。到 19 世纪，西方主要国家在经历了革命后，先后建立起了君主立宪制和共和制的现代政治体制。经济上，随着工业革命如火如荼地展开，西方国家掌握了当时最为先进的技术。相比之下，俄国还在实行农奴制，全国 90% 的人口是农奴。

俄国的农奴制起源于 11 世纪，《1649 年法典》颁布后，农奴制在俄国正式确立。农奴制下，农奴没有任何人身自由，国家土地归皇室、地主和教会所有，农奴租种地主土地，缴纳地租，为地主服劳役。他们不能离开地主的领地，地主可以随意打骂农奴，干涉他们的婚姻，决定他们的生死去留，打个不恰当的比方，农奴还不如地主的一条宠物狗。19 世纪上半期，俄国的报纸上经常刊登出售和交换农奴的广告，如："出售家奴二名，一名为照看猎犬者，会做鞋，现年三十，已婚。其妻为洗衣妇，会放养家畜，现年二十五。关于价格，可到阿尔格街一号第十公寓接洽。"①

农奴制度严重制约了俄国的发展。在农业上，农奴主不愿意改进生产工具和耕作方法。他们说，买打谷机要花钱、要修理，但使用农奴劳动却不用花一分钱。落后的生产方法，残酷的剥削方式，严重阻碍了农

---

① 孙炳辉、李巨廉：《世界近现代史》，人民出版社 1984 年版，第 154 页。

业的发展。农奴制也严重阻碍了俄国工业的发展。19 世纪 40 年代，俄国开始了工业革命，但是，由于大量使用农奴，导致劳动生产率低下，俄国工业生产水平远远落后于西方先进国家。18 世纪末，俄生铁年产量曾与英国相等，都是 12.8 万吨。到 1850 年，俄国的铁产量为 22.8 万吨，同期的英国为 228.5 万吨，法国是 40.6 万吨，德国是 20 万吨。1860 年时，俄国的铁产量达到 29.8 万吨，同期的英国则为 388.8 万吨，法国是 89.8 万吨，德国是 50 万吨。[①]

政治上，沙皇制度是残暴的君主专制制度，军队、警察、特务是沙皇得心应手的统治工具。警察、特务遍布全国，他们专门伺察、监视人民的一言一行。军队驻扎全国各地，随时待命，一旦发生农奴暴动，立即前往镇压。沙皇政府还严厉执行书刊检查制度，剥夺人民的出版、言论自由，全国人民噤若寒蝉。

站在历史抉择的十字路口，俄国该向何处去？俄国思想界的有识之士开始探索国家发展道路问题。19 世纪三四十年代傅立叶学说传入俄国，并在知识分子中引起了强烈的反响，彼得拉舍夫斯基就是代表之一。М. В. 布达什维奇 – 彼得拉舍夫斯基（1821 ~ 1866），出身贵族，毕业于圣彼得堡大学并获得法学副博士学位，以博学著称，是当时极为畅销的《俄语中外来语袖珍词典》的主编。

1842 ~ 1843 年彼得拉舍夫斯基开始研究傅立叶学说，为此组建了"星期五"协会。这是一个以平民知识分子为主体的革命团体，协会成员包括著名作家 Ф. М. 陀思妥耶夫斯基、Н. Я. 丹尼列夫斯基、В. А. 米留金等人。最初协会成员只有 20 ~ 30 人，后增加到 60 人，其中大部分是小官吏、文人和大学生。成员们针砭时弊，就时局问题各抒己见，激烈地抨击农奴制度和专制制度，主张废除独裁统治，建立共和政府或是君主立宪政府。[②] 列宁称他们是"资产阶级自由—民主派的先驱"[③]。

---

① В. Т. 琼图洛夫等编《苏联经济史》，郑虎等译，吉林大学出版社 1988 年版，第 40 页。

② И. Шахназаров. "Пятницы" Птрашевского. История СССР. М., 1936, С. 30.

③ Ленин. Т. ХVII. С. 341.

对专制体制展开批判的同时"星期五"协会也对资本主义制度进行了批判，主张在俄国发展社会主义。彼得拉舍夫斯基指出，"在资本主义制度下，资本对社会生活产生重大影响，劳动商品化、物价昂贵、金钱贵族已成为社会的毒瘤，贫困、饥饿随处可见"[①]。同时他也承认同以往的生产方式相比，资本主义生产具有进步性。在寻求新型社会—经济组织形式上，彼得拉舍夫斯基并不倾向于村社，而是迷醉于西方的社会主义思想，首先是傅立叶的空想社会主义学说。《俄语中外来语袖珍词典》再版时，彼得拉舍夫斯基抓住这个机会，深入浅出地介绍傅立叶学说，宣传社会主义。这在当时受检查的出版物中是从来没有过的事。傅立叶设计的关于未来社会的理想方案——用协作取代竞争、建立新型经济组织"法郎吉"，是"星期五"协会讨论的核心内容。

弗朗斯·瓦马利沙·傅立叶于1772年4月7日出生在法国东南部法兰斯孔太省首府贝尚松的一个呢绒富商家庭。他的童年时期和青年时期，正处于法国资产阶级革命的变革时期，这些变革对于他的世界观的形成产生了极大的影响。傅立叶在童年即因优异的才能而超群出众。中学毕业后，由于他母亲希望他在商业上有所作为，他不得不很早就中断了学业。长期的商业工作使他得以了解资本主义尤其是资本主义商业的内幕，能够同下层劳动人民接触，同情他们的疾苦，并促使他关心社会问题。他注重调查研究，经常细心地观察、思考各种社会现象。同时他刻苦自学、博览群书。伏尔泰和卢梭等启蒙学者的学说、前人的空想社会主义学说和当时流行的"协作社"[②]思想，对傅立叶空想社会主义的形成有很大的影响。

19世纪空想社会主义者对未来的和谐社会的构想源自于对资本主义社会不和谐的批判，这种不和谐表现在经济、政治、文化、社会等各个方面，所以他们的和谐社会思想也就散落在对资本主义社会批判的各个方面。该批判植根于当时西欧经济社会的发展背景。

---

① Дело петрашевцев. М., 1937. Т. 1. С. 91－92.

② 协作社即合作社。

一是西欧社会当时正处于由工场手工业向机器大工业的急剧转型时期。18世纪中叶，英国开始了工业革命，机器大工业开始代替手工业。在产业结构转型的过程中，出现了许多新型产业，这些产业如日中天，像马克思恩格斯所比喻的年轻力壮而又不怀好意的小伙子一样横冲直撞。他们到处寻找原材料，生产和兜售新产品，开辟新市场。既有的生产秩序、经营秩序和生活秩序被冲撞成了一团乱麻，处于严重的失序状态，社会生活也处于极不和谐状态。

二是社会两极分化严重，阶级矛盾异常突出。工业革命的深入发展，大大增加了社会财富，但财富的分配是极其不公平的。穷人们用劳动促进了科学、艺术和工业的进步，是最富有生产性的群体；但却得不到相应的报酬，物质生活极度悲惨，他们劳动强度大而又吃得很差，不少人死于营养不良的疾病之中；而资本所有者和权贵们一方面依靠资本压榨穷人的劳动，一方面依靠特权买卖国有资产，进行地产投机，承办军需品，搞金融投机活动，大发横财。空想社会主义者认识到，富人的财富完全来源于对穷人的掠夺，并且已经发现这种掠夺是文明制度的必然产物。在文明制度下，富人们勾结在一起来掠夺穷人；个人利益与集体利益处于极度的矛盾之中，每个人都处在同集体不断斗争的状态中。恩格斯指出："新生的工业能够这样成长起来，只是因为它用机器代替了手工工具，用工厂代替了作坊，从而把中等阶级中的劳动分子变成工人无产者，把从前的大商人变成了厂主；它排挤了小资产阶级，并把居民间的一切差别化为工人和资本家之间的对立。"贫富两极分化和阶级之间的对立在经济危机到来时表现得更为明显，失业的工人由于生活无助与资本所有者之间的冲突与斗争不断涌现，整个社会的经济关系、政治关系和社会关系处于极度的紧张状态。

当时西欧社会经济发展的混乱状态，促使包括空想社会主义者在内的许多社会精英对现有文明制度的合理性提出质疑，他们提出要改变旧制度的不合理因素，用一种新的社会制度来取而代之。既然现存制度的明显弊端是社会不和谐，因此在他们所设计的理想制度中，社会和谐就放在了十分突出的位置。

大约在 18 世纪 90 年代后期至 19 世纪初，傅立叶空想社会主义思想形成。他认为文明制度（资本主义制度）应让位于和谐制度（和谐社会）。《经济的和协作的新世界》是其代表作，该书全面、系统地阐述了空想社会主义体系，着重论述了和谐制度的组织问题和法郎吉的经营管理问题。具体而言，傅立叶的和谐社会是一幅旨在消除资本主义制度的各种弊端，保证人类"情欲"得到自由、正常和充分满足的新社会蓝图。在此书中所说的"和谐社会"是各个"法郎吉"的总和，法郎吉是和谐社会的基本单位。在和谐制度下，各个法郎吉之间完全平等、友好，他们相互交换劳动产品，进行大规模的劳动协作，在全世界都走向和谐社会的时候，一切关系都达到统一，如语言、文字、货币、度量衡，人们在这统一的世界里也获得奇妙的益处。傅立叶认为要建立协作制度必须具备两个基本条件：一方面，必须创造大规模的生产、高度发展的科学和艺术；另一方面，发明与分散经营相反的协作结构。

法郎吉是和谐社会的基层组织，按照傅立叶的设想，每个法郎吉占地 1 平方法里，它的固定人数是 1620 人。全体成员共同居住在称为"法轮斯特尔"的公共大厦里。傅立叶设计的法伦斯特尔是比法国王宫凡尔赛宫还要高大漂亮的建筑。它的中心是食堂、商场、俱乐部、图书馆、研究所、教堂、电报局、礼堂、气象台、冬季花园，一侧是工厂，另一侧是旅馆、大厅和宿舍。创办法郎吉所需的资金傅立叶主张通过入股形式筹集。劳动者除可以把自己的少量资金用于入股外，还可以将自己的土地、房屋、生产工具折价入股。富有阶级、中产阶级都可以自由入股，暂时无钱购买股票的贫苦成员可以在参加法郎吉后，积蓄一部分钱用来购买股票。股票可以继承、赠送或买卖。

傅立叶学说的理论基础是"情欲引力"理论。傅立叶将人的情欲分为 3 类 12 种。首先是 5 种感觉情欲（也称消极的情欲）：味觉、触觉、视觉、听觉、嗅觉。其次是 4 种依恋的情欲（也称积极的情欲）：友爱、虚荣心、爱情、血亲关系。最后是 3 种使机构发动起来的情欲（也称中立情欲）：神秘情欲、轻浮情欲、组合情欲。最后 3 种是 12 种情欲中最重要的，起领导作用的情欲。在任何时候和任何地方，情欲引力都一直追求着 3 个目的：奢侈，形成组和系，达到情欲的内部和谐和外部和谐。所谓内部和谐，就是使情欲的作用保持均衡，以便使每一种情欲的自由发扬有利于其余情欲的发扬，而不是相反。所谓外部和谐，就是要使每个人在追求其个人利益时，都总是在为大众的利益服务。然而，释放人的 12 种根本情欲以及追求 3 种情欲的目的只有通过生产劳动才能达到。因此，劳动引力是一切情欲发扬的基础，只有"把一切情欲、性格、嗜好和本能都运用于生产的艺术，乃是社会方面和经济方面的新世界"。

根据人们的年龄、性格、气质，法郎吉配备 16 个部和 32 个队，队下面的组织是谢利叶。谢利叶小组的形成必须以情欲引力为指针，"即按照情欲和对某种活动的嗜好而结合起来，"① 绝对不需要采用必要性、义务和强制手段。

法郎吉也有其领导体制，每个谢利叶都设有首领及副职。为了在劳动以及其他活动方面进行协商，法郎吉每天都要举行咨议会。最高权力机关是评判会。被委托来领导法郎吉日常事务和关怀公共福利的机构是管理处。评判会只就重要事项表示自己的意见，小组可以不顾评判会的意见自己决定本组工作。评判会对劳动分配将不发生任何影响，只有引力是这件事项最高的公共的鉴定者。在财务方面，法郎吉有一个受托专门从事簿记的谢利叶负责，账目是每个人都可以检查的。

傅立叶认为农业生产是"最诱人的生产"，因而主张法郎吉必须以农业生产为主，而"把工业只看成是对农业的补充，看成是漫长的冬闲季节和赤道大雨时避免发生情欲冷却的一种手段"②。和谐制度下政府将统制全部商业，"不允许个人单独地为自己的私利从事商业"③。法郎吉把

---

① C. 傅立叶：《傅立叶选集》第 1 卷，赵俊欣等译，商务印书馆 1979 年版，第 143 页。
② C. 傅立叶：《傅立叶选集》第 1 卷，赵俊欣等译，第 28 页。
③ C. 傅立叶：《傅立叶选集》第 2 卷，赵俊欣等译，商务印书馆 1981 年版，第 237 页。

劳动分为三类，即必需的劳动、有益的劳动和愉快的劳动。必需的劳动指的是那些危险的、繁重的、肮脏的以及其他引不起人们兴趣的工作，有益的劳动指的是那些使人留恋的、比较轻巧的工作，愉快的劳动则是指极有诱惑力的工作。傅立叶认为，必需的工作应该由儿童来完成。理由是儿童有爱干脏活的嗜好、自豪感、不畏讥笑的心理和爱抗命的癖性等美德。富人可以不去干那些缺乏引力的各种作业，但需付出豁免捐。法郎吉还重视在劳动中展开竞赛。这种竞赛不是文明制度的尔虞我诈、互相欺骗，而是为了激发人们的劳动热情。

在分配问题上傅立叶坚决反对平均主义，每个成员都应按资本、劳动和才能的一定比例进行分配，富人主要靠资本收入，穷人获得后两种收入。三者的具体比例是资本占十二分之四，劳动占十二分之五，才能占十二分之三。傅立叶认为分配问题是法郎吉至关重要的问题，如果解决不好，法郎吉便会解体。因为"最巨大的财富如果没有一种分配制度来保证，那么这笔财富是虚幻的。这种分配应该保证，按比例分配，并且使贫困阶级能分得这种不断增加的收入"。

根据傅立叶的设想，法郎吉能实现阶级融合，即富有阶级、中产阶级和贫苦阶级在协作制度下实现接近、统一和融合。能达到阶级融合，主要是三个方面的原因：第一，"任何一个阶级的经济利益都不会受到侵犯"，因为社会成员都可以按照比例分配到满意的收入。第二，富有阶级乐善好施是建立富人与穷人阶级内部亲密关系的有效动力。第三，在共同劳动作业中彼此接近和相互服务，建立起亲密的内部关系。总之，在和谐制度下，"集体的友谊将占上风，并产生出一种文明制度下的人所不理解的情欲——联合情欲（即前面所述的组合情欲）"。

法郎吉还能实现人口平衡，即消费人数与生产力水平保持平衡。人口数目只有与衣食住行相称，适应生活资料和需求之间的正确比例，才能保持高度富裕，保持财富逐渐增长和居民最低生活水平。为此，傅立叶也曾提出过一些关于控制人口数目的办法，如"妇女身体强健""美食制度""爱色习尚""全面锻炼"等。今天看来，傅立叶关于人口平衡的观点的确是人类历史上富有智慧的卓越思想，但其对人口数量限制的办法着实让人无法理解。

傅立叶特别重视教育对人的启发和教化作用，指出："教育的目的在于实现体力和智力的全面发展。"① 他反对教育在家庭这种狭小的单位进行，主张通过集体生活、生产和学习来进行。他主张从摇篮时期起就要大胆地发展人的天赋，并注重对儿童的劳动教育。他认为教育与生产劳动相结合必然使文化科学事业高度发展，把法郎吉的新一代培养成热爱集体、热爱劳动、掌握科学文化知识和生产技术的，身体健康的新人。

此外，傅立叶指出在和谐制度下婚姻自由、妇女独立。傅立叶认为，男女平等首先是妇女有同男子同等的劳动权。在法郎吉里，儿童的抚育、老人的赡养均由集体承担，家务劳动由公共食堂与公共事业所代替，因而家庭不再是生产、消费、扶老抚幼的单位，从而使妇女从旧式家庭束缚下解放出来，具有与男子完全平等地参加劳动的机会和权利。他认为，婚姻应建立在两性相爱的基础上，结合与离异完全自由。他批评文明制度下的爱情极其虚伪，男女在爱情方面都争相欺骗、相互不忠。他说"有一个很简单的办法可以促使……男女在恋爱问题上变得非常坦率，并通过一种纯经济的间接活动，使全体社会过渡到恋爱自由"②，这办法就是采用"进步的家务"使妇女从家务劳动中解放出来。他强调妇女解放的重要意义：妇女的自由是建立进步和谐社会所必需的前提；"一切社会灾难，如蒙昧制、野蛮制、文明制都只能有一个轴心即奴役妇女。而社会幸福之源泉，除了逐步解放妇女以外，没有别的轴心，也没有别的指南针"③。恩格斯高度评价了他这个见解，指出：傅立叶从"妇女权利的扩大是一切进步的基本原则"④ 出发，"第一个表明了这样的思想：在任

---

① C. 傅立叶：《傅立叶选集》第 2 卷，赵俊欣等译，第 2 页。
② C. 傅立叶：《傅立叶选集》第 1 卷，赵俊欣等译，第 70 页。
③ C. 傅立叶：《傅立叶选集》第 1 卷，赵俊欣等译，第 71 页。
④ 《马克思恩格斯选集》第 3 卷，人民出版社 1972 年版，第 618~619 页。

何社会中，妇女解放的程度是衡量普遍解放的天然尺度"。①

彼得拉舍夫斯基高度赞扬了傅立叶的协作制度，并幻想通过和平手段在俄国建立法郎吉组织，从而过渡到社会主义社会。正如彼得拉舍夫斯基指出的那样，傅立叶在《新世界》中提出了许多积极的主张，例如，消灭私营经济，代之以集体组织生产与消费；消灭雇佣劳动，把劳动由谋生的手段变成乐生的要素；在劳动中充分发挥每个人的特长和才能；用劳动竞赛和精神鼓励与物质鼓励相结合等手段，来调动生产者的积极性；在共同的集体利益中去寻找个人的利益；消灭体力劳动与脑力劳动的对立；提高妇女的社会地位，把她们从奴隶的角色中解放出来；尊重老人；普及教育，并使教育与劳动相结合，采取启发式教学法；等等。这些都是傅立叶留给人类社会的宝贵财富。

但彼得拉舍夫斯基没有看到傅立叶空想社会主义还存在一些根本缺陷。傅立叶主张通过集体经营以克服文明制度下生产的分散无政府状态、交换的虚伪欺诈、分配的不公正、消费的随意性和不合理性，从而实现经济的和谐。傅立叶的和谐社会的基本前提是实行生产资料股份制。傅立叶采用股份制的目的在于通过招股募集资金的办法实现大生产和协作制度，最终使人类摆脱一切苦难和折磨。

傅立叶把股份制作为改造旧社会、建立新制度的一种途径，显然夸大了其作用，是十分错误且注定要失败的。实际上，股份制只能改变生产资料所有权与经营权，而不能改变生产资料的所有关系，而且股份制的实行就是默认了原有的所有关系（生产资料私有制）不变。所以，恩格斯批评道："原来在关于协作和自由劳动的一切漂亮理论后面，在慷慨激昂地反对经商、反对自私和反对竞争的连篇累牍的长篇言论后面，实际上还是旧的经过改良的竞争制度，比较开明的囚禁穷人的巴士底狱！"②

傅立叶主张阶级融合，他认为，和谐社会具有"使一切阶级、一切

① 《马克思恩格斯选集》第3卷，人民出版社1972年版，第411~412页。
② 《马克思恩格斯全集》第1卷，人民出版社1956年版，第579页。

党派都满意的属性"[1] 是由以下三个条件决定的：第一，"任何一个阶级的经济利益都不会受到侵犯"[2]。富人和穷人都获得按比例分配的满意的收入。第二，富有阶级乐善好施、"慷慨大方"，贫苦阶级对富有阶级的"经常的赞美或每天的表扬"。[3] 第三，在共同劳动作业中增强相互信任感、建立友谊。总之，在和谐社会中，由于富人与贫苦阶级关系融洽而感到幸福，"由于下等阶级的愉快、适意、礼貌和正直，由于劳动阶级的豪华和协作社成员之间的团结一致，这种结合非常引人入胜"。"阶级之间的反感"将彻底消失，彼此互爱互助，集体主义思想盛行。傅立叶鼓吹阶级融合，表明他对资产阶级抱着不切实际的幻想。傅立叶每天中午12 点以后都待在家里等候愿意资助法郎吉的资本家，结果一辈子都没有等到，这说明即使他的温和的和谐社会理论也不会为资本家所接受。

　　从 1845 年起，每逢星期五晚上，"星期五"协会成员便聚集在彼得拉舍夫斯基家里举行秘密集会，热烈讨论各种社会问题。1849 年协会被取缔，彼得拉舍夫斯基被流放到西伯利亚，并于 1866 年 12 月 7 日去世。1867 年 4 月 1 日《钟声》杂志扉页上这样写道："纪念为实现俄国自由而奋斗的彼得拉舍夫斯基。"著名作家陀思妥耶夫斯基高度赞扬了彼得拉舍夫斯基："倾其一生为人类服务，为社会主义理论而奋斗。"[4] 即便在流放期间彼得拉舍夫斯基也不忘记说服统治集团建立模范社会主义移民村。彼得拉舍夫斯基的活动，促进了合作社思想在俄国的传播。

二　赫尔岑与农民社会主义理论

　　赫尔岑于 1812 年 3 月 25 日出生于俄国贵族世家。他的父系雅科夫列夫家族是莫斯科最显赫的家族之一，来自古老的大贵族阶层。他的母

---

[1]　C. 傅立叶：《傅立叶选集》第 1 卷，赵俊欣等译，商务印书馆 1979 年版，第 89 页。

[2]　C. 傅立叶：《傅立叶选集》第 1 卷，赵俊欣等译，第 97 页。

[3]　C. 傅立叶：《傅立叶选集》第 1 卷，赵俊欣等译，第 134 页。

[4]　Фигуровская Н. Е.，Корелин А. П.，Кооперация страницы истории，Том 1：первая книга，30—40е годы XIX—начало XX века. Предыстория . М. Наука，1999，С. 119.

亲路易莎·海格出身于德国斯图加特小公务员之家。赫尔岑的父亲伊万在德国斯图加特游历时，与路易莎·海格相遇相爱，后将她带回莫斯科，但因她出身寒微，从未与她正式成婚。因此路易莎·海格虽为家庭主妇，但不能与丈夫共居一室，身份实际上接近奴仆。于是，赫尔岑的出生即为不合法婚姻的结果，特殊的身世使赫尔岑从一出生就备感人间的世态炎凉。他无权继承家族的姓氏，只能继承父称（伊凡诺维奇），不懂俄文的母亲为赫尔岑选择一个姓——赫尔岑（Герцен），此为德文"心脏"（Herz）的俄文音译。

既然无法继承父系姓氏，赫尔岑也就无权完全继承贵族称号。随着年龄的增长，赫尔岑感觉到了父母间、家族中以及自己身份上的种种不平等。父亲的豪门大宅未使赫尔岑高兴，而门房和女仆的房间却是使赫尔岑"唯一快乐的地方"①。这种自人生之始就不得不面对的不平等和尴尬地位，使赫尔岑从童年起就"培植了对一切奴役和一切暴政的不可克制的憎恨"②，也培植了他的极端主义和激进主义的信念。

1825年俄国爆发了十二月党人起义，赫尔岑称这一事件是他生活的一个转折点。十二月党人革命唤醒并教育了赫尔岑，使之立志与农奴制度和沙皇专制制度做斗争。赫尔岑后来回忆说："12月14日在我们的政治教育上开辟了一个新阶段……这些人唤醒了新的一代人的心灵：蒙布已经从他们的眼睛上脱落下来了。"③1829～1833年，赫尔岑在莫斯科大学物理系读书，毕业后获得副博士学位。在大学学习期间，他和奥加略夫组成了专门研究社会政治问题的学习小组。在这个小组里，赫尔岑说："我们宣传十二月党人，宣传法国革命，随后宣传圣西门和他的那种革命，宣传立宪共和制，宣传阅读政治书籍和集中力量于一个社会团体。但宣传最多的是憎恨任何的暴力行为，政府的任何专政恣肆。"④

---

① 〔俄〕赫尔岑：《往事与回想》第1卷，巴金译，上海译文出版社1979年版，第38页。
② 〔俄〕赫尔岑：《往事与回想》，项星耀译，人民文学出版社1993年版，第38页。
③ 苏联科学院哲学研究所：《苏联各民族的哲学与社会政治思想史纲》第1卷，科学出版社1959年版，第465页。
④ 佛·普罗科菲耶夫：《赫尔岑传》，张根成、张瑞璇译，商务印书馆1992年版，第52页。

1834 年，小组成员被沙皇政府认为是"对社会有非常危险的大胆的自由思想者"[①] 而被捕。1835 年赫尔岑被流放，1841 年再次被流放。当 1842 年赫尔岑返回莫斯科时，他已被人们视为激进主义者中的一员。流放期间他深入社会底层，亲身体验到了专制制度和农奴制度的野蛮和黑暗。他坚信，必须用革命的手段对俄国社会进行彻底的、根本的改造。1847 年赫尔岑来到了西欧，先后在巴黎、伦敦、日内瓦、戛纳、尼斯、佛罗伦萨、洛桑、布鲁塞尔等城市居住，从此再也没有回到俄国，马克思称他为浪迹天涯的"哥萨克"。1853 年赫尔岑在伦敦创办"自由俄国印刷所"，1855 年创办《北极星》（Полярная звезда）杂志，1857 年创办《钟声》（Колокол）杂志。赫尔岑虽然身处国外，但是他的著作及他所创办的刊物被秘密运回俄国，哺育了一代代革命者，奠定了俄国革命的思想基础，他被视为俄国激进主义者的精神领袖。

1848 年革命风暴席卷欧洲，赫尔岑备受鼓舞，并对俄国走西方国家发展道路的未来充满信心。但欧洲革命的失败又使他产生了严重的失望情绪，并由此得出结论：俄国不能走西方通过资产阶级革命解放农奴、推翻专制的道路，而只能通过俄国自己特殊的农民村社的非资本主义道路。1850 年前后他发表了《论俄国》《俄罗斯人民与社会主义》《俄国革命思想的发展》等论著，从而提出了他的农民社会主义理论。

赫尔岑在村社中发现了适合俄国特殊的通向社会主义发展道路的历史土壤。当时，各种社会政治力量都在关注着农民村社的命运，他们很清楚，俄国是个农业强国，按照奥加略夫的统计，农村居民占人口的绝大多数，其中村社社员占 80%。村社独特的习俗是 19 世纪中期俄国社会的重要特征，也是俄国解放运动的重要依据。赫尔岑在深入分析村社特征的基础上预见到了农奴制的灭亡和俄国社会变革的开始。

第一，村社生活具有"民主主义"或者集体主义的特征。最能体现村社自治功能和民主性的是米尔会议。米尔会议是农民的代议制机关，

---

① M. B. 涅奇金娜：《苏联史》第二卷第一分册，三联书店 1957 年版，第 213 页。

是村社最高权力机构。农民可以在乡米尔会议上处理村社一切共同的事务，选举地方审判员、村长等。村长对会议负责，同时也服从于会议决定。村社充分体现了农民在村社中"当家做主"的地位。赫尔岑认为，农民个体自由是实现村社集体自由的基本前提，只有村社集体自由得到实现，才能推动社会主义发展。赫尔岑主张将这种村社自治制度向城市层面及国家层面进行推广，成为未来国家政治机制的细胞。

第二，村社具有共同占有土地的特征。赫尔岑认为，俄国拥有可以满足社会主义条件的土地制度，村社土地所有制就是社会主义集体所有制，它是天然的社会主义要素。赫尔岑把村社最重要的原则与道德规范之一的集体主义和平均主义精神视为"原始主义"思想。他认为，共同占有和分配使用土地使村社具有了集体主义的性质，使村社成员之间结成了同志、兄弟般的关系。可以说，生活在这种环境中的俄国农民用自己的全部历史为社会主义做好了准备。"欧洲的民族是以财产私有为基础的，因此人们头脑中形成了个人主义的精神，但是俄国人民从远古时代起已经习惯了公社所有制，公社的社会公有思想把人们紧密地联系在一起，社会主义原则的实现在俄国具有广阔的前景。"①

第三，农民享有土地权。人人有权利从村社那里获得部分土地并终生享用。"对土地权本能的、天然的认可使俄国人民选择了一条与西方人民完全不同的道路。"② 农民的土地权还被赫尔岑看作村社生命力的基础。"俄国未来的人是庄稼汉，就像法国未来的人是工人一样"。③ 俄国作为一个农业大国，在资本主义尚未充分发展而且也不可能充分发展的情况下，工人阶级不可能成为俄国革命的主要力量，因此，法国工人所起的作用在俄国历史地落到了农民身上，在俄国"农村无产阶级是一种不可能产生的东西"④，因此，除了农民革命之外不会有其他任何真正的革命。

---

① 夏银平：《俄国民粹主义再认识》，中山大学出版社 2005 年版，第 93 页。
② 《赫尔岑文集》第 18 卷，科学出版社 1959 年版，第 355 页。
③ 《赫尔岑文集》第 7 卷，科学出版社 1956 年版，第 326 页。
④ 《赫尔岑文集》第 11 卷，科学出版社 1957 年版，第 370 页。

基于对村社的上述认识，赫尔岑总结道："我们所说的俄国社会主义是这样一种社会主义思想，它所依据的是土地和农民的日常生活，是事实上的土地占有和存在着的土地重分，是村社拥有和村社管理，它以劳动者的组合去实现社会主义所普遍追求并得到科学证明的经济公正。"①

赫尔岑认为，劳动组合②和村社以及它们的内部生活方式与管理制度是未来社会结构的基石。他写道："我们所谓的俄国社会主义，就是这样一种社会主义：它从土地与农民的生活方式，从实际的份地和现行的田地重新分配，从村社所有权和公社管理前进，并且和工人劳动组合一道，前去欢迎一般社会主义所追求的并为科学所证明的那种经济上的正义性。"③赫尔岑重视工人劳动组合，把它看成"流动村社"、工人联盟。他认为，由于相对的自由和流动性的存在，工人组合就成为城乡联系的环节，并且有助于村社基本原则的推广。劳动组合同村社一样，也是社会主义的胚胎。他写道：在一个劳动组合里，联合了几百有时到几千的手工业者——木匠、泥水匠和马夫。每过一年，工作者们按照个人的劳动和共同协议来分配总的工资。警察从来不能干涉他们的账目。劳动组合对每个组合的成员负责。

"劳动组合是我们屡次谈及的那种斯拉夫人与社会主义的自然的、本能的、感情的最好证明。劳动组合完全不像德国的行会，它既不要求独立，也不要求特殊的权利，它不是为了妨碍旁人而联合起来，它不是为了反对任何人，只是为了自己而独立。劳动组合——这是一个行业的自由人靠着共同力量以求得共同利益的联合。"④赫尔岑把俄国的劳动组合设想为根据共产主义原则而建立起来的组织，这是完全不正确的。恩格

---

① 瓦洛京：《俄罗斯的乌托邦社会主义》，政治书籍出版社1985年版，第40页。
② 1899年沙皇政府制定了劳动组合法案，法案对劳动组合这一概念具体化，将手工业、土地耕种等生产合作社归入劳动组合。
③ 《赫尔岑全集》第19卷，莫斯科出版社1954年版，第127～128页。转引自纳·皮鲁莫娃《赫尔岑的历史观点》，人民出版社1957年版，第106页。
④ 菲拉托娃：《赫尔岑和奥加略夫的经济观点》，三联书店1956年版，第326页。

斯批判了这种观点，他指出劳动组合是一种不发达的合作组织形式，它是"便利资本家剥削雇佣工人的手段"，"如果它不进一步发展，一旦与大工业发生冲突时，就必然要覆灭"。

赫尔岑进一步提出俄国社会发展道路，即俄国完全没有必要步西欧各国发展的后尘，跟在西欧社会的后面亦步亦趋，俄国可以自行地从村社发展到社会主义，没有必要再去经过一个资本主义阶段。用他自己的话说："俄国必须经过欧洲的一切阶段呢，还是俄国的生活要依着别的法则来前进呢"？"我完全否认有这种重复的必要。"

但是赫尔岑同时也指出，村社本身并不代表任何社会主义，它只是"现成的"未来制度的经济和政治细胞。许多世纪以来俄国人民一直在村社宗法制度下生活，人们逆来顺受，人们的视野被局限在家庭和村落之内。俄国是一个典型的专制国家，但是它具有村社日常生活的一切根基，这种根基如果能得到正确、科学的发展，俄国就能避免无产阶级并能够引导人民走向社会主义。赫尔岑认为，必须给村社注入西欧的科学和文明要素：工业、交通、农业技术、教育、民主、自由、人权等。只有掌握科学，借鉴西方的经验，才能消除村社中的不利和守旧的因素，使村社更快地实现向社会主义过渡。"我们所处的这个新时代的任务，是在科学的基础上有意识地发展我们村社自治的要素，使每个人得到充分的自由，跨越西方无法避免的社会发展形式。"[1]

车尔尼雪夫斯基赞同赫尔岑关于村社前途问题的看法，但他指出，俄国的农民村社，并不是特殊的俄国的现象。马克思和恩格斯曾不止一次地指出俄国村社和西欧村社的相同之点，指出在这些村社中缺乏独特的、纯粹的俄国因素。然而赫尔岑正是把俄国农民村社当作俄国历史特殊发展的基石。他错误地认定，人对土地的关系，"构成俄国的国民特征"，认定，"这点一开始就把俄国安置在社会基础上，并且是非常新的社会基础上。"[2] 无论赫尔岑还是车尔尼雪夫斯基，他们对村社社会主义

---

① 《赫尔岑文集》第14卷，科学出版社1958年版，第183页。

② 转引自纳·皮鲁莫娃著《赫尔岑的历史观点》，人民出版社1957年版，第99页。

的看法都是错误的。列宁谈到车尔尼雪夫斯基对农民村社的类似观点时认为车尔尼雪夫斯基是一个空想社会主义者，他幻想通过古老的、半封建的农民村社过渡到社会主义，他看不见，而且在前一世纪 60 年代不可能看见，只有资本主义和无产阶级的发展，才能创造实现社会主义的物质条件和社会力量。列宁的这个批判也适用于赫尔岑，赫尔岑和车尔尼雪夫斯基一样，看不见而且也不可能看见那个时代的农奴制俄国，除村社外，还有其他物质条件和社会力量来实现社会主义。

三　车尔尼雪夫斯基与合作社社会主义理论

尼古拉·加夫里洛维奇·车尔尼雪夫斯基（1829～1889）出生于萨拉托夫省东正教神甫家庭，1846 年入圣彼得堡大学文史系读书。大学期间，他阅读了费尔巴哈、赫尔岑、别林斯基和西欧空想社会主义者的大量著作。毕业后，他在家乡的中学任教。1853 年参加《现代人》杂志的编辑工作，不久后成为该杂志主持人之一。车尔尼雪夫斯基学识渊博，他懂得神学、黑格尔哲学、自然科学、历史学和政治经济学。他从各方面撰写文章抨击农奴制和专制制度，系统地阐明其革命理论。车尔尼雪夫斯基不仅在理论上利用合法刊物进行积极宣传，而且在秘密工作中亦发挥领导和鼓舞作用。19 世纪 60 年代初他与民粹派的秘密团体"自由和土地社"的主要成员都有来往，为他们出谋划策，帮他们分析行动方案。车尔尼雪夫斯基成为当时俄国革命的一面旗帜，受到人民的仰慕与赞扬。在俄国社会发展道路问题上，他同赫尔岑一样，认为村社是防止农民无产阶级化的一个手段，是俄国过渡到社会主义的一座桥梁。但是，与赫尔岑的那种对俄村社理想化的认识不同，车尔尼雪夫斯基强调：村社并非俄国的"天然的特点"，而是古代的残余，因为它只说明"历史发展的迟缓停滞"[1]。

---

① 徐毓枬：《车尔尼雪夫斯基的经济思想》，上海人民出版社 1957 年版，第 51 页。

如何通过村社使俄国过渡到社会主义社会？车尔尼雪夫斯基主张在农民革命胜利后，第一步先将土地国有，将土地交给村社占有和使用，但生产仍是个体的、分散的；然后积极创造条件，过渡到以公社为单位的集体生产。这些条件是：迅速发展耕作、改良耕作机械和其他生产方式，迅速发展工商业，改善交通运输状况，等等，其中主要条件则是提高人民的觉悟，使人民切身体会到集体生产方式的优越性。

这种以公社为单位的集体生产，车尔尼雪夫斯基称为合作社。合作社是车尔尼雪夫斯基心目中的社会主义的生产方式。每个合作社有人员1500～2000人，分为400～500家，其中有男工500～600人，女工500～600人。入社和出社都是自愿的。合作社有自己的住宅、学校、戏院、俱乐部、图书馆和医院等建筑，这些建筑的附近则是田地和工厂。每个合作社都同时兼营农业和工业。一切生产资料归合作社所有，合作社的产物一部分用以维持公共机构，一部分列为合作社的储蓄资本，其余则按照每个社员所完成的劳动数量来确定给付的报酬。合作社实行自治，它选举自己的行政管理人员，修改或填补自己的组织章程。

在车尔尼雪夫斯基对合作社的描绘中，有两点特别值得注意。第一，在车尔尼雪夫斯基设想的社会主义社会里，存在着两种生产资料所有制：国家所有制和集体所有制。土地属于前一范畴，其他生产资料属于后一范畴。他能预见到社会主义社会内有两种所有制的存在，这真是了不得的天才。第二，车尔尼雪夫斯基事实上是把社会产物分为三个部分，一部分用来满足社会需要，一部分用来抵偿消耗掉的生产资料和扩大再生产，最后一部分则作为收入，按劳动日多少和劳动好坏分配给合作社成员。在马克思的《哥达纲领批判》一书发表以前，能够对社会主义社会内社会总产物的用途和分配作如此明确的说明，在政治经济学上是前无古人的，是非常难能可贵的。

车尔尼雪夫斯基列举了合作社这种生产形势的优越性。他说："合作社是可以满足劳动人民的独立愿望的唯一形式，因此生产应该采取劳动人民的合作社的形式。"① 他接着解释什么是劳动人民的独立，他说，"劳动人民的独立的经济意义是，他们为自己的消费而劳动"。② 正因为合作社的生产是为了满足消费，所以合作社生产是没有经济危机的。资本主义下的生产尺度是销售市场，合作社生产之下的生产尺度则是消费；销售市场是变幻无常的，而消费则是经常的。因此，以销售为尺度的生产会有间歇状态，而以消费为尺度的生产则没有间歇状态，这就是说，合作社生产是没有危机的生产。

同样，正因为合作社的生产是为了满足消费，所以在合作社生产之下，劳动力可以得到更合理的分配，社会需要可以得到更大的满足。资本主义制度下的生产不是为了满足社会需要，而是为了替资本家赚钱，因此在资本主义制度之下，往往社会上对必需品的需要还没有得到满足，而有一部分劳动力却已从事于奢侈品的生产，这是不合理的。合作社生产则没有这种不合理现象。合作社生产既以满足消费为目的，那么合作社在决定生产什么、生产多少这些问题时，主要考虑的将不是价格，而是生产的潜力以及各种需要的重要性。车尔尼雪夫斯基说，合作社生产者将要考虑的问题是："我们有这么多劳动时间和劳动力可供支配，依何种比例把这些劳动力和劳动时间分配于各种生产，来满足我们自己的种种需求，对于我们最为有利。"他接着说，合作社生产将把各种需要加以分类，然后考虑："多少劳动可以用来满足某项需要，而不损害同等重要或更重要的需要。"③ 这里车尔尼雪夫斯基预见到了在社会主义制度下生产的计划性，这又是卓越的预见。

合作社生产的另一个优越性，车尔尼雪夫斯基认为是可以提高生产。他写道："生产的成效与劳动积极性成比例，而劳动的积极性与劳动者分占产品的程度成正比；所以当全部劳动产品归劳动者所有时，这是生产

---

① 车尔尼雪夫斯基：《经济著作选》第二卷，科学出版社 1948 年版，第 365 页。转引自徐毓枬《车尔尼雪夫斯基的经济思想》，上海人民出版社 1957 年版，第 56 页。

② 车尔尼雪夫斯基：《经济著作选》第二卷，科学出版社 1948 年版，第 365 页。转引自徐毓枬《车尔尼雪夫斯基的经济思想》，上海人民出版社 1957 年版，第 56 页。

③ 《车尔尼雪夫斯基选集》，季谦等译，生活·读书·新知三联书店 1959 年版，第 354 页。

的最有利情况。只有劳动者合作社才能提供这种情况，所以它应被认作是最有效的生产形式。"[1] 他说："非公社生产的公社占有与公社生产的公社占有，其间差别大得不可衡量。前者不过防止无产者，后者则除此以外，还能促进生产的提高。"[2] 车尔尼雪夫斯基指出当劳动者当了主人的时候，生产精力的增长，恰如奴役制消灭以后个人尊严感的增长。他认为在社会主义社会，劳动生产率将越来越高，"劳动将由一种沉重的非有不可的东西，转变为生理需要的轻松而愉快的满足……"[3]

合作社发展资金由政府提供，车尔尼雪夫斯基指出，政府既然可以向批发商和铁路公司提供补助，那么就不能把劳动阶级也有某种等待国家帮助的权利假想认为是过分的苛求。政府指定一笔与它财政能力相适应的款项作为创办工农业合作社的补助金。它可以从中获得利息，随着利润增加合作社将逐渐偿还国库贷款。不言而喻，政府资助无疑会加速合作社的发展。

车尔尼雪夫斯基知道，共产主义将经过两个阶段，低级阶段和高级阶段。合作社形式的、实行按劳分配的社会主义生产，只是共产主义的低级阶段。共产主义社会的组织形式的技术细节，车尔尼雪夫斯基认为不能由凭空的理论来决定，而须由实践、由执行情况、由地区条件来提供。

车尔尼雪夫斯基设想俄国可以不经过资本主义而直接从农民村社过渡到社会主义。他有这种想法，表示他还是一个空想社会主义者。列宁也认为车尔尼雪夫斯基是一个空想社会主义者。正如列宁在引文中所指出的，车尔尼雪夫斯基的空想社会主义思想是有它所以产生的历史条件的。当时俄国的资本主义刚从农奴制内部产生出来，无产阶级还没有成为一个强大的自为阶级，因而车尔尼雪夫斯基未能从正在发展中的俄国

[1] 《车尔尼雪夫斯基选集》，季谦等译，生活·读书·新知三联书店1959年版，第353页。
[2] 车尔尼雪夫斯基：《经济著作选》第二卷，科学出版社1948年版，第127页。转引自徐毓枬《车尔尼雪夫斯基的经济思想》，上海人民出版社1957年版，第57页。
[3] 车尔尼雪夫斯基：《经济著作选》第二卷，科学出版社1948年版，第127页。转引自徐毓枬《车尔尼雪夫斯基的经济思想》，上海人民出版社1957年版，第57页。

资本主义内部找出建立社会主义社会的力量，他在寻找俄国实现社会主义的力量时，很自然地把目光投向农民和农民公社。

尽管作为向社会主义社会过渡的合作社社会主义没能实现，但车尔尼雪夫斯基为后人对合作社理论的研究，做出了不可磨灭的贡献。俄国著名合作社研究专家 K. A. 巴日特诺夫认为："车尔尼雪夫斯基为后人留下了对合作社道路信仰不竭的源泉，正是他打开了俄国合作社理论研究的大门。"①

第二节　自由民粹派的合作社理论

自由民粹派坚信俄国可以绕过资本主义，通过农民村社直接过渡到社会主义。随着资本主义的发展，他们开始承认资本主义在俄国发展的事实，主张通过改革对现存社会体制进行变革。在此情形下，合作社引起他们的关注，认为合作社是可以与资本主义生产抗衡的组织和管理模式。

一　民粹派的出现及其主要理论观点

19 世纪 40 年代民粹主义开始出现在俄国的社会舞台上，当时的民粹派只是以零星个人和小团体的形式存在。沙俄在 1853～1855 年克里米亚战争中的失败，使社会上要求改革的呼声高涨。同时，由于教育的逐渐普及，在农民、市民、神职人员和小官吏当中产生了一个平民知识分子群体。他们来自社会下层，更接近人民，感受到人民群众不堪农奴制压迫和在沙皇专制制度下的苦难。沙皇自上而下的不彻底的农奴制改革，加重了农民的灾难，随之而来的资本主义又像头上的一把悬剑，以剥夺土地，令农民完全破产的前景，威胁着他们的生存。旧的农奴制罪恶还

---

① Фигуровская Н. Е.，Корелин А. П.，Кооперация страницы истории，Том 1：первая книга，30—40е годы XIX—начало XX века. Предыстория . М. Наука. 1999. с. 167.

没有从前门驱除,新的资本主义威胁又从后门潜入。究竟俄国人民摆脱灾难的出路何在?

这时,在探索俄国命运的先进知识分子面前,已不是19世纪30～40年代存在于斯拉夫派和西欧派之间的一般争论,而变成了一种更加紧迫的选择:是任俄国社会在农奴制改革后自然发展下去,让农民进一步丧失土地而沦为无产者,走一条"阴沉昏暗而血迹斑斑的"资本主义道路,还是保留俄国传统农民村社而避免西欧的资本主义?在这个事关俄罗斯命运的重大选择面前,俄国思想界出现了重大变化:先前的斯拉夫派和西欧派发生重组,一种更为强大的社会政治思潮——民粹主义开始形成并发展起来。如果说40年代的俄国民粹派还"只有单个者和不大的小组",那么60年代已经涌现出一个庞大的社会群体并形成了强大的社会思潮。

民粹派运动之所以在60年代爆发是因为以下三个原因。

首先,农民盼望已久的改革未能满足他们无偿获得土地和完全取消封建义务的要求,失望情绪愈演愈烈。

1861年农奴制改革,并没有彻底解决农民的土地和自由问题,保留了大量农奴制残余。改革后大部分土地仍归地主所有,同时政府用"割地"的方式又夺走了农民的许多土地。据27个省不完全的统计,地主割占农民原来使用的土地近400万俄亩,等于改革前农民拥有土地的16%。中部黑土地带各省割占的土地达20%以上,有些省则超过了三分之一。[1]农民所得的"份地"很少,却要缴付比实际地价高出好几倍的赎金,农民在经济上仍受地主的剥削和控制。此外,农民虽然因"法令"的颁布而获得了人身自由,但在法律关系方面却未能享有和其他一般人相同的法律地位。有关农民的诉讼属于特别法庭审理范围,只有特殊案件才送交一般法庭审理。在没有一部现代民法的情况下,地方法院按习惯法断案。农民不能享受与他人同样的个人财产保障。这样,农民完全受村社、乡行政人员的任意摆布。农民对改革严重不满,农民与地主、广大人民

---

[1]　孙成木:《俄国通史简编》(下),人民出版社1986年版,第122页。

与沙皇统治者之间的矛盾仍然十分尖锐，反抗风潮迭起。就在改革"法令"颁布之初，实行改革的43个省，就有42个省发生了农民骚动。仅1861年俄国农民骚动达1800多起。[①] 农民运动的烈火燃遍了俄罗斯、乌克兰、白俄罗斯、立陶宛和其他民族地区。暴动的农民要求地主把霸占的土地、森林、草原、房屋等，全部无偿归还给农民。

其次，农民民主主义者的理论影响是民粹派运动的重要思想因素。

最后，当时俄国资产阶级力量薄弱，尚不能在西方资产阶级民主理论指导下进行成功的资产阶级革命，以推翻沙皇专制制度和彻底消灭农奴制残余；而俄国的无产阶级尚未形成独立的政治力量，虽然此时已有个别马克思主义著作传入俄国，但是，还没有成为广大被压迫人民从事解放斗争的思想和理论武器。于是，车尔尼雪夫斯基等的农民民主主义为民粹派所接受，形成一种反映俄国农民思想的空想社会主义思潮，并且在这股思潮的推动下，掀起了既反对农奴制度和沙皇专制统治，也反对资本主义的运动——民粹派运动。

俄国民粹主义有各种各样的派别，有革命的和保守的，激进的和温和的，唯物主义的和宗教的。这一思想潮流是如此强大，以致到19世纪60年代中后期很快就成了社会思想的大潮，并在70年代一跃而占据了社会思想的优势地位。革命民粹主义者在70年代发起了一场颇具声势的"到民间去"运动。他们穿着农民的衣服、留着农民的发式，到民间宣传群众、动员群众。但这些知识分子毕竟不太了解农民，以致有些农民对他们抱着怀疑态度，有的甚至向官府告发，引起了官方对他们的抓捕和镇压。"到民间去"运动的失败，导致了70年代末80年代初民粹主义的危机和分化：一部分同沙皇制度妥协，走向自由主义，成为自由民粹派；一部分组成"民意党"，走上刺杀沙皇的恐怖主义道路；一部分则开始从工人中寻找新的革命力量，接受马克思主义，走上了无产阶级社会主义道路。

---

① 诺索夫主编《苏联简史》第1卷（下），三联书店1977年版，第339页。

无论民粹主义的流派如何多样复杂，也无论他们在其发展过程中如何演变、分化，作为一种同质的思想政治流派，他们有其共同的思想特征。

民粹派的目标是追求社会正义与社会平等，他们相信社会主义能体现这种正义与平等，故他们的最终目标是在俄国建立社会主义。他们代表农民和小生产者的利益，反对农奴制残余，反对地主贵族的剥削和压迫。根据小资产阶级经济学创始人西斯蒙蒂的理论，民粹派认为资本主义由于本身存在的先天不可调和的矛盾，除非依靠国外市场和小生产者，将不能实现其剩余价值。由于这两个致命的"先天缺点"，资本主义在俄国是种"偶然"现象，资本主义不会在俄国发展起来。

民粹主义之所以厌恶资产阶级，并怀有对资本主义的"恐惧症"，是由民粹主义所由产生、形成的社会历史条件决定的，也是由民粹主义固有的农民和小资产阶级的阶级性所决定的。民粹主义作为来自后进农民国度的、主要反映农民思想观念的思想体系，其代表人物——民粹派，面对19世纪中后期资本主义发展带来的血污和罪恶，看到西欧农民的破产，工人的赤贫，资产者的贪婪，以及资产阶级民主的极端虚伪性，这使他们很自然地产生了对资产阶级的厌恶和对资本主义的鄙弃，并为俄国正面临这种阴森可怕的前景而感到不寒而栗。1848年欧洲革命加强了他们的这种思想情绪。在他们看来，只有避免西欧的资本主义道路，直接过渡到社会主义，才能使俄国人民幸免此难。民粹派的所有努力，都是为了实现这一目的，他们也坚信能够达到这一目的。所以，民粹派认为："我们是迟到的民族，而正是这一点使我们得救了。我们应该感谢命运，我们不曾有过欧洲的生活。欧洲的不幸，欧洲的绝境对我们是个教训。"还说，"我们研究了欧洲的经济和政治制度；我们看到他们的情况并不妙，我们明白，我们完全可以避免当代欧洲的可怜命运"。[1]

---

① 《俄国民粹派文选》，人民出版社1983年版，第9页。

二　克利文柯与人民富裕问题

谢尔盖·尼古拉耶维奇·克利文柯（1847～1906），民粹派运动杰出的理论家和实践家，属于自由民粹派。自由民粹派的形成有着社会经济和社会心理的前提。首先是1861年改革后农民的态度。尽管所有农民都不满意改革的结果，尤其是不满意沉重的份地赎金和地主的"割地"，但他们并不愿采取革命的行动。这是因为改革后的农民仍停留在宗法制的状态，他们仍然相信"好沙皇"，他们认可沙皇安排下的有秩序的改革，而不是会引起动荡不安的革命。同时，一部分知识分子也在改革后的农村基层机构找到了自己的位置，如农技推广、医疗卫生、教育等工作，这些知识分子也有着类似的情绪。这样，农民和这部分知识分子的利益和情绪就成为自由民粹派产生的温床。

当然，自由民粹派的形成也有其政治实践上的前提。19世纪70年代"到民间去"运动的失败，导致一方面产生了"民意党"，另一方面也产生了自由民粹派。它使一部分民主知识分子清醒起来，使他们对俄国农民素来喜欢以激进方式解决社会问题的认识破灭。而1881年民意党人对亚历山大二世的刺杀，引来的不是齐声赞扬，却几乎是社会舆论的一致谴责。他们原以为现存专制制度只不过是腐烂的、奄奄一息的东西，没料到它竟是如此稳固。随着民意党人的失败，加之亚历山大三世政府所实行的镇压政策，这部分民粹派分子认识到，重要的问题还是要对农民进行教育，而做这些工作完全可以是合法的。这样，上述因素就强化了自由民粹主义这一特别倾向，使其在八九十年代大众化、普及化。

尽管自由民粹派从开始产生起就没有什么统一的教条，但大体上最初的自由民粹派仍具有一些共同的特征：他们号召知识分子最好先了解自己人民的民族特点，认为在道德上人民比知识分子要更加高尚，不是人民向知识分子，而是知识分子应当在人民那里补上道德功课；他们不再督促知识分子到人民中间进行革命工作，去鼓动农民暴动；一些人认为革命的理论是借用西方的、其他民族的东西，不适合俄国人民尤其是不适合俄国农民的精神与民族特点，要求知识分子在观察俄国现实时不要再戴"欧洲的眼镜"；另一些人主张通过和平方式先为知识分子争得西方已有的那些政治自由，然后借助于政治自由（首先是出版自由）再为人民谋取各种利益；但所有这些人都承认他们一切活动的基础是为农民"做小事"——帮助农民巩固村社以对抗瓦解村社的资本主义关系，扩大农民份地、降低赎金和各种税收以改善农民的经济状况，帮助农民组织信贷合作社与销售合作社，落实各种农艺和农技革新措施，为农民提供司法、教育和医疗援助，等等；在某些场合，特别是在涉及需要巩固农民村社时，他们并不认为向沙皇政权呼吁是可耻的。①

他们坚信俄国可以绕过资本主义，通过农民村社直接过渡到社会主义，把农民村社看作是社会主义的萌芽和基础。所以他们的理论核心是"农民社会主义"，其所设计的未来社会理想方案与合作社联系密切。

克利文柯出生于坦波夫省的贵族家庭。青年时代在军队学习并任职，后由于对军队生活不满，辞去军职。改革期间，农民问题成为各界讨论焦点，克利文柯在这一时期参加了当地的农业协会。该协会旨在通过合法途径改善人民生活，使人民摆脱官僚阶层的压迫和剥削，并采取一系列措施向农民提供援助。协会在组织农业生产、向农民提供医疗服务、在农民中普及法律知识方面作为颇多。该协会还打算建立模范实验村，在这里普及农业科学知识，建立一种平等、公正的社会关系，但在地方政府干涉下实验未能展开。1873 年克利文柯来到圣彼得堡，在俄国当时思想界最前沿的杂志《祖国纪事》工作。

克利文柯十分关注农民问题。1876 年瓦西里契科夫在《俄国及欧洲国家农业与土地制度》一书中对农民问题展开论述，他写道，俄国农民的份地数量并不少，税收体制不完善是导致农民贫困的主要原因。对此，克利文柯表示强烈反对。他指出，"中部省区的贫困与农民份地数量少有

---

①　曹维安：《简论俄国的自由民粹派》，《陕西师范大学学报》（哲学社会科学版）2001 年第 3 期。

直接联系，即便是国有农其份地数量也不足 5 俄亩"。① 他进一步指出，除了份地不足外，农业生产率低下也是导致农民贫困的原因之一，俄国每俄亩土地上的粮食产量仅为欧洲的五分之一，但引进高产作物需要耗费大量的精力和物资，这是地主和农民做不到的。考虑到这一点，克利文柯建议增加农民份地数量，改进农业生产方式。针对瓦西里契科夫提出的通过向农民提供专门贷款购买地主土地的方案，克利文柯表示反对。他指出，每俄亩土地价格高达 100～200 卢布，这将使农民陷入另一种奴役。只有通过增加农民份地数量、平均地主与农民土地税才是改善人民生活的可行之路。

此外瓦西里契科夫认为，组建贷款合作社是改善农民生活状况的有效措施。根据他的设想，如果给俄国人民每人 1 卢布，饥饿就会消失，俄国土地上将会出现一片生机盎然的景象。根据计算他指出，如果每人向合作社存入 1 卢布，这一年他们能得到 20 卢布贷款，用这笔钱可以购买种子，改善生产。对此克利文柯指出，向 6000 万农民每人提供 20 卢布，一年需要 12 亿卢布，农民没有这笔钱，政府也不可能提供这笔资金。况且俄国的贷款合作组织面向的是中高收入者，而没有惠及下层百姓。且贷款多用于贸易经营而非生产性需求，这种情况下贷款合作社变成一种剥削工具，因此依靠贷款合作社改善人民生活水平是不现实的。他进一步指出，期望通过贷款合作社医治西欧各国盛行的、危及统治阶层的无产阶级溃疡是不能实现的。在德国无产阶级不但没有减少，相反每年都在增长。贷款合作社完全不能根治使上亿人走进贫困的社会毒瘤。如果说农民改革后十年间俄国有六分之一居民成为贫困者，那么 20 年后将有六分之二居民成为无产阶级。②

1865 年鲁金尼兄弟在科斯特罗马省建立了俄国历史上第一个贷款—

---

① С. Н. Кривенко. Новые всходы на народной ниве. Народная экономическая литература, М. Наука，1958，С. 365.

② С. Н. Кривенко. Новые всходы на народной ниве. Народная экономическая литература. М. Наука，1958，С. 365.

储蓄合作社，并成为各地学习的榜样。从1866年到1873年，俄国共建立了上百个贷款—储蓄合作社。面对成绩，克利文柯并没有感到骄傲，他指出，无论在合作社参加人数、资金流动，还是贷款数额方面俄国均落后于德国，仅仅在资金积累和股息方面优于德国，在利润上比德国高。但利润并不是衡量贷款合作社发展成绩的最终指标，因为贷款合作社的组建目的是向人民提供贷款，追求利润不是它的宗旨。俄国贷款合作社的平均利息为12%，有些合作社为13%，甚至更高。利润率可达39%、45%、72%、79%。①克利文柯认为这是不正常的，他指出，只有以投机经营为本性的股份公司才把追逐利润视为其运作宗旨和发展成绩的证明，而惠及全民的信贷合作社应遵循的原则是——以尽可能低的利息向人民提供贷款。他接着写道，俄国合作社缺乏平等精神，在多数合作社中实行的规则是贷款数额与股金数目挂钩，拥有50卢布股金的成员可获得300卢布贷款，而拥有5卢布股金的成员只能得到30卢布的贷款额。②

由此可见，克利文柯对组建贷款合作社持保留态度。与瓦西里契科夫相反，他不认为资本主义制度下，合作社是使人民摆脱贫困、解决社会问题的万能药。尽管当时贷款—消费合作社有了一定程度的发展，但克利文柯指出，合作社参加者多为富人，在同大资本舞弊行为的竞争中，以自助为基础的合作社还不能惠及全民。由此他认为合作社将导致富人更富、穷人更穷。不可否认，刚刚建立的俄国合作社在初期发展阶段，难免会出现各种弊病，但不能因此而否认它的积极作用。

然而，原则上克利文柯并不反对合作社组织。在他看来以共同劳动和分配为基础的合作社生产是未来社会的组织形式。只有采用高科技、使用大机器生产的合作社生产才能战胜资本主义大工业。他进一步指出，在俄国建立这样的组织并不难，"为了同恶劣的自然条件斗争，为

---

① С. Н. Кривенко. Новые всходы на народной ниве. Народная экономическая литература. М. Наука，1958，С. 360.
② Отчёт комитеа о сельских ссудо—сберегательных и промышленных товариществах. СПБ，1873，С. 97.

了生存，俄国人民自古以来就有集体生活的习惯，他们组成劳动组合共同劳动"。① 当今社会阻碍俄国建立合作社的障碍是工人贫困，没有低利息贷款。

三　沃龙佐夫的 "人民生产" 理论

瓦西里·巴甫洛维奇·沃龙佐夫（1847~1918），出生于叶卡捷琳堡军官之家。早年求学于圣彼得堡交通学院，1868 年赴圣彼得堡外科医学研究院继续深造。他参加过大学生暴动，毕业后在诺夫哥罗德等地当过医生。19 世纪 80 年代回到圣彼得堡，在铁路部门工作，同时还在《祖国纪事》《俄罗斯财富》《俄罗斯思想》等思想界的前沿杂志社工作，并积极参加自由经济学会和圣彼得堡农村贷款—储蓄和工业合作社的活动。沃龙佐夫反对巴枯宁和拉甫罗夫的革命理论，主张实行温和的改良，重视对农民的启蒙教育和培养农民的独立思维能力。

面对资本主义在俄国的发展，沃龙佐夫认为它在俄国是没有根基、没有前途的。认为马克思把资本主义作为社会经济的一个发展阶段的理论，不适于俄国，只适于西欧某些国家。他断言，资本主义经济不可能在俄国经济中占优势地位。在其主要著作《俄国资本主义的命运》中，他认为，资本主义在西方是一个历史过程，而在俄国则是移植和模仿。俄国农民是国家经济中的主要生产力，它 "不是按照欧洲政治经济学的法则"，而是为满足自己的需要来经营自己的经济的，它不需要资本主义的工业、银行业和铁路。只要解决农民土地不足的问题，就不会形成破产的无产阶级。资本主义的生存不仅要依靠国内市场，而且必须还依靠国际市场。因此不能发展为大规模的有效的生产，只能保持一种剥削制度。沃龙佐夫的结论是：资本主义组织形式在俄国陷入了恶性循环，资

---

① Н. Е. Фигуровская, А. П. Корелин. Кооперация страницы истории, Том 1: третья книга: 70е годы XIX—начало XX века. Развитие кооперативного движения в России. М. Наука, 2006, С. 49.

本主义生产的发展导致人民贫困，而人民的贫困又危害这种工业形式的存在。俄国没有发展资本主义的基础，企图在俄国培植资本主义的一切努力都将是枉费心机。

他把希望寄托在巩固和发展"人民生产"即农民经济上，其核心是组织发展合作社。沃龙佐夫指出："随着商品经济在农村的渗透，农民村社已遭到破坏，因此以家庭为单位的小生产模式不再是农村发展的保障，它就像伫立在沙漠中的楼阁一样，随时都可能被资本主义摧毁"①。因此发展合作社生产是当务之急，合作社中的互助精神可以使人们联合在一起。针对农民份地数量少、土地贫瘠的现状，沃龙佐夫建议进行农业改革，通过强行收购地主土地，实行国家土地所有制，将国家土地交给农民耕种，但他们没有所有权，只有使用权。他们以村社为单位共同使用生产工具、运输肥料，一起在土地上耕作、收割庄稼。他认为合作社生产可以废除耕地纵横交错，便于新技术的应用，有利于提高农民生活水平，是俄国农村发展的基石。在此基础上将农业与手工业生产相结合。这种"人民生产"可以大大提高劳动生产率，是与资本主义对立的经济潮流，它能使劳动阶级避免资本主义的灾祸，使他们获得健康、繁荣生活的种种福利；政府应该支持和保护"人民生产"。

沃龙佐夫指出："合作社生产是最合理的非资本主义经济管理模式，它既兼顾了集体经济，又不损害劳动者的个体利益，并有利于劳动生产率的提高，且将大生产的优势——劳动分工，同小生产的优势——生产独立性兼顾起来。"② 合作社生产模式下，工人工作时间缩短、人口和生产密集的不良影响被克服，不使用儿童甚至是妇女劳作。俄罗斯将成为世界各国改革的榜样，它的功绩在于真正实现了自由与平等，为人类和谐发展创造了良好的条件，使人由机器的附属变为独立的个体。

① В. П. Воронцов. Судьбы капитализма в России. Народная экономическая литература. Избранная литература. М. Наука, 1958, С. 417.

② В. П. Воронцов. Судьбы капитализма в России. Народная экономическая литература. Избранная литература. М. Наука, 1958, С. 115.

上述改革方案实质上是在资本主义与非资本主义长期共存的情况下，在二者间展开竞争。在工业生产中这种竞争表现为资本主义大工业生产同手工业生产间的竞争。沃龙佐夫指出，"在未来社会里，小生产将是工业生产的中心，大型生产将处于从属地位"，[①] "不是大工业吞噬小生产，而是小生产在大工业中成长起来。"[②] 原因在于，在合作社企业中，工人是工厂的主人，他们的劳动热情空前高涨，劳动生产率也因此大大提高。沃龙佐夫指出在政府扶植下，通过使用新科技新工艺、完善经济管理是可以实现的。

综上所述，沃龙佐夫的"人民生产"理论，实质上就是将国家所有制与合作社生产相结合，即将资本主义生产改造为国家和合作社生产。通过国家调节与合作社生产相结合的方式，根除农奴制，取消市场，在生产与消费间建立起直接的有计划的组织，使城市与农村可以直接进行产品交换。俄国合作社研究专家 A. A. 伊萨耶夫指出，这种国家所有制与合作社相结合的经济管理模式是无法实现的。首先，需要深化民主改革；其次，较之合作社企业，资本主义企业更具有灵活性；最后，沃龙佐夫的理论否认商品—货币关系及市场规律，违背了经济发展规律。尽管沃龙佐夫的方案具有空想性，但他提出的国家调节生产、合理分配劳动产品是值得肯定的。

第三节　贵族—知识分子的合作社理念之一

空想社会主义者为国家发展道路献力献策之时，俄国的现状也令贵族—知识分子深感不安，合作社自然也引起了他们的关注。与前者不

---

① В. П. Воронцов. Судьбы капитализма в России. Народная экономическая литература. Избранная литература. М. Наука, 1958, С. 185.

② В. П. Воронцов. Наши направления. Обзор будущего в социально—экономической мысли конца XIX—началаXX. Избор произв. М. Наука, 1994, С. 78.

同，后者不是要推翻资本主义制度，而是主张在现有体系框架内，借助合作社为小生产者迈入市场经济创造条件，培养中间阶层，进而完善资本主义制度。在此情形下，贷款储蓄合作社和消费合作社引起了他们的关注。

一 1861年改革与农民问题

众所周知，1861年改革废除了地主对农民的封建统治权力，赋予农民法律权利，将农民从农奴制桎梏中解放出来，使其成为村社自由民。他们可以经商、办厂、加入各种行会组织、进入教育机关。改革促进了俄国资本主义经济的发展，但同时也保留了大量农奴制残余，农民的经济活动和法律权利依然受制于村社。土地归村社共同使用，在改革的前9年内，农民不能自由脱离土地，被束缚在村社内。《赎买法》第165条规定，农民只有交付赎金、经村民大会许可方能离开村社成为土地主人或完全脱离土地。但这一程序极为复杂，改革40年间只有15万个农户享受到这个权利。政府和村社限制农民自由出走，外出打工要经过村社许可，并且要有身份证明。乡法院可以对农民进行体罚。可见，农民虽然从地主的监控下摆脱出来，却受控于地方行政机构，它们直接或通过村社公职人员监控农民的一举一动。

改革实质上是地主阶级对农民的一次大规模掠夺。改革后全俄每个农民平均分到3.4俄亩土地，根据俄国学者丘卡夫金的计算，黑土带每户农民家庭维持最低生活需要的份地数量为8.5俄亩，非黑土带每户需要9～9.5俄亩方可维持生计。[1] 较之改革前，改革后黑土中心区约有50%的农民份地数量减少。[2] 在非黑土中部工业区6省约有43万农民份

---

① 张广翔：《俄国农业改革的艰难推进与斯托雷平的农业现代化尝试》，《吉林大学社会科学学报》2005年第5期。

② Б. Г. Литвак. Русская деревня в реформе 1861 года. Черноземный Центр. 1861—1895г. М. Наука，1972，С. 153.

地减少 57.3%。① 此外农民还要支付大量赎金，"国家从地主手中赎买的土地平均价格为每俄亩 38 卢布 50 戈比，将土地转手出售给农民时每俄亩价格高达 63 卢布，每俄亩土地国家得到'纯利润'24 卢布 50 戈比。换言之，国家为发放的每一卢布贷款得到 63 戈比利息"。② 《从远古到现在的苏联历史》一书作者指出："分 49 年付清、包括资本利息在内的赎金大大地超过份地的市场价值。"③ 在非黑土地带，赎金比土地实际价格高出 120%，在黑土地带高出市价 56%。这样 2 月 19 日法令实施的结果，农民不但失去大量原来耕种的土地，而且由于缴纳巨额赎金而负债累累，难以进行简单再生产。列宁指出："臭名远扬的'解放'，是对农民的无耻掠夺，是对农民施行一系列的暴力和一连串的侮辱。"④

土地重新分配后，农民分得的多是劣等份地，数量也在减少。在库尔斯克省，土地重新分配后农民的割草场被地主占领；在梁赞省和坦波夫省农民的上等耕地被地主侵占。在梁赞省丹科夫县的诺瓦亚村，地主 H. П. 穆罗姆采夫将土地重新分配后，农民得到的是完全不中用的土地。整个村社农民一致决定不耕种那块土地，为此 70 个农民（全村有 374 个农民）受到法院审讯。在该县的特罗依茨克村，地主 А. П. 梅杰姆夺去 206 个农民的 75 俄亩耕地，将带有大量石头和沟壑的土地分配给他们。⑤ 此外，改革前地主和农民共有的水塘、牧场及森林也都归地主所有。宅园旁地是农民份地中最有价值的一块土地，它距离农民住所近，便于灌

---

① Б. Г. Литвак. Переворот 1861 года в России: почему нереализовалась реформаторская альтернатива. М. Издательство политической литературы, 1991, С. 160.

② Б. Г. Литвак. Русская деревня в реформе 1861 года. Черноземный Центр. 1861—1895г. М. Наука, 1972, С. 38

③ Б. Д. Греков, С. В. Бахрушин, В. И. Лебедев. История СССР: С древнейших времен до конца XVIII века. М. Издательство политической литературы, 1968, Т5. С. 81.

④ 列宁：《"农民改革"和无产阶级—农民革命》，《列宁全集》第 20 卷，人民出版社 1989 年版，第 173～174 页。

⑤ А. М. Анфимов. Крестьянское хозяйство Европейской России（1881 - 1904）. М. Наука, 1980, С. 229.

溉、耕种和施肥，因此作物产量较高，是唯一的一块由农户世袭使用的土地，也是农民"自己的"土地，农民可以根据自己的意愿进行经营。"但在奥尔洛夫省1/14的宅园旁地被迁移，而在梁赞省1/9的宅园旁地被迁移，农民失去了最好管理的宅园土地。"①

同时农民还要背负沉重的税务负担。俄国农民缴纳的直接税有国家赋税（赎金）、地方自治税、村社税、保险税。除此之外，农民购置土地还要缴纳国家土地税和契约税。地方自治改革建立地方自治机关后，农户还要承担增补的赋税，随着地方自治局活动范围的拓展，地方自治局的税收也大幅度增加。据 B. Ф. 卡拉瓦耶夫统计，在实行地方自治的省份从1868年至1890年地方自治税增加总计达221%，平均每年增加10%。②除支付国家赋税、地方自治税、村社税和保险税外，以酒、糖、烟草、煤油和火柴消费税为表现形式的间接税大幅度提升，农民生活苦不堪言。1912年欧俄农民人均收入42.196卢布，人均纳税6.126卢布，人均纳税额占收入的14.6%，人均税后余额36.07卢布。③结果，农民手里的剩余收入仅够勉强度日。

综上所述，不难发现改革后俄国农民生存状况未能得到改善。据财政部税收局统计资料，1900年欧俄地区一半省份的农民财政支出大于收入，最好的时候，也只是收入与支出相当。1905年8月24日《乌拉尔》杂志指出："在北高加索、萨拉托夫、图拉省，农民年收入与支出相平，没有剩余；在诺夫哥罗德省农民平均年收入为255卢布，支出271卢布；在弗拉基米尔省农民年均收入为217卢布，年支出为230卢布；在赫尔松省农民年收入为430卢布，支出为480卢布；在小俄罗斯省，农民年均收

---

① Б. Г. Литвак. Русская деревня в реформе 1861 года. Черноземный Центр. 1861 – 1895г. М. Наука，1972，C. 402.

② Т. В. Еферина. Социальныепроблемыкрестьянстваимоделисоциальнойподдержкинаселения（втораяполовина XIX -конец XX в.）. Саранск．. изд-во. Мордовскогоуниверситета，2003，C. 44.

③ 张广翔：《19世纪 — 20世纪初俄国税制与经济增长》，《吉林大学社会科学学报》2004年第3期。

入为 432 卢布，支出为 435 卢布。"①秋天农民以劣质粮的价格出售粮食，为的是支付税收，春天以高价购买粮食用于播种，在这种情况下从事企业生产是不可能的，粮食收入主要用于交税而不是扩大再生产。

综上所述，改革后随着物价上涨、卢布贬值、税款激增，农民生活苦不堪言，为了维持生存他们不得不低价出卖粮食等农产品，有时甚至出卖牲口和农用工具。迫于生存压力，他们组成劳动组合去城市打工，但结果常常是一无所获，有时甚至负债累累。农民不满情绪日益增长，改革后农民骚动不断。农奴制废除前的三年间俄国农民共爆发 1512 次起义，1861 年 2 月 19 日法令颁布后，由于改革与农民愿望相背，导致骚动不断升级，仅 3~4 月就爆发了 1370 次起义，且规模呈扩大趋势。土地极度匮乏、粮价下降、反对赎买条件、反对捐税和高额赋税是起义原因。可见解决农民生存问题、维持社会稳定、防止农民无产阶级化已成为一个刻不容缓的社会问题，这种情形在合作社引起人们的关注。

二　捷尔涅尔的改革方案

费多尔·古斯塔沃维琪·捷尔涅尔（1828~1906），俄国早期合作社研究领域与车尔尼雪夫斯基齐名的倡导者。1850 年毕业于圣彼得堡大学，1851 年到外交部任职。作为财政领域杰出的专家，捷尔涅尔在财政部享有很高的声望，维什涅格拉德斯基退位后曾力荐他担任财政大臣。1888~1902 年捷尔涅尔一直担任财政部副部长。他的第一部著作《俄罗斯对外贸易》曾获得皇家地质学会金奖，另一部著作《俄罗斯生产力解析》是当时俄国统计领域中最系统的一部著作，全面地展示了俄国社会经济全貌，第一次对俄国生产力进行了科学划分。19 世纪末，他积极参与农业小额贷款问题的讨论，并负责领导农村工业需求专门会议附属下的小额贷款筹备工作。

---

① А. П. Корелин. *Россия сельская на рубеже XIX в-начале XX века.* М. Росспэн，2004，С. 247.

19 世纪中叶围绕国家发展道路问题，俄国思想界展开激烈争论。以车尔尼雪夫斯基为代表的革命民主派主张通过农民革命推翻沙皇专制统治，然后以村社为基石通过发展合作社，绕过资本主义发展阶段，直接过渡到社会主义。捷尔涅尔对此进行批判，并提出了自己的主张。

首先，他反对革命和社会主义，认为暴力革命的社会主义是对人类文明的破坏[1]，是不可能实现的。他承认资本主义制度下贫富分化严重、人民生活困苦，主张通过调整收入分配来解决这一问题。他反对富人越来越富、穷人越来越穷，主张限制私有制，在资本主义制度下通过发展合作社，尤其是生产合作社，对资本主义体制进行改革，"用友好竞赛取代阶级对抗，根除暴力和掠夺，进而实现个性解放和独立，发展国民经济"。[2] 其次，他不认为村社是过渡到社会主义的一座桥梁，指出村社只是一种过渡形态，自然经济是其发展的前提条件，在商品—货币关系没有入侵、土地没被资本化的情况下，村社是保护农民的组织。

捷尔涅尔还对村社土地所有制进行了深刻批判。他指出，土地重新分配时，由于土地从一个人手中转移到另一个人手中，以前土地使用者将不能继续耕种原来的土地，因此懒惰的人可能获得质量好的土地，贫瘠的土地则分给了辛勤耕种者，这种交换是对劳动者的剥夺、对懒惰者的纵容。这种体制下人们的工作热情会大打折扣，他们不再关心如何改善土地经营，只关心收入。只有在土地肥沃，不需要对其进行施肥、改良的条件下这种体制才是无害的。然而随着土地地力衰竭，需要投入资金改良土壤、改革技术，这时村社土地所有制越发不合时宜。第一，它限制了土地的完善和劳动生产率的提高；第二，由于不公正，人们的劳动热情受到打击；第三，最终不愿加入公有制的成员要求脱离村社。公有制的最终结果是抑制农村经济发展，降低土地劳动生产率，不能给村社成员带来福利。20 世纪初期斯托雷平土地改革正是对村社土地所有制的否定。

与车尔尼雪夫斯基一样，捷尔涅尔主张在俄国发展合作社，但由于

---

① М. Блауг. Экономическая мысль в ретроспективе. М. 1994，С. 200.

② М. Блауг. Экономическая мысль в ретроспективе. М. 1994，С. 174.

二者的立场不同，他们的合作社理论大相径庭。针对车尔尼雪夫斯基提出的在村社土地公有制基础上的合作社生产，捷尔涅尔表示强烈反对。首先他承认，村社中的互助精神、连环责任是合作社发展的基础，但他反对直接从村社土地所有制过渡到合作社生产。因为"合作社是以个人为主体的资金与劳动的联合，没有私有制就谈不上个体的联合，因此只有实行私有制后才具备向合作社迈进的条件"①。另外合作社建立原则之一是自愿联合，而公有制下无论人们是否愿意都得加入合作组织，这违背了合作社组建原则。

工业革命不仅是一场技术革命，更是一次深刻的社会变革，它对社会产生了巨大的影响。由于采用机器进行生产，工厂越建越多，工厂规模不断扩大，工人人数激增，实现了大批生产。工厂制度建立后手工工场和手工业作坊逐渐被挤垮，工人地位也随之发生改变，他们除了出卖劳动力外，再也没有任何其他收入来源，沦为无产阶级。"生活困苦、食不果腹迫使工人们团结起来为生存而斗争，因此工人问题已成为19世纪西欧各国的主要社会问题。"② 针对上述情况，捷尔涅尔指出，相较于大部分欧洲国家，俄国还很落后，还没有形成威胁统治阶层的无产阶级溃疡。但随着改革的深入和国家资本主义经济的发展，如不采取措施，无产阶级溃疡终会波及俄国。因此他建议政府扶植、组建合作社，希望通过合作社防止无产阶级出现。他认为俄国具备开展合作社运动的条件：第一，西方合作社组建时就已存在无产阶级，与它们不同，俄国尚未出现无产阶级，不会为贫困所累，因此更容易建立、发展合作社。第二，可以借鉴西方经验。第三，俄国具备建立合作社的基础，合作社顾名思义就是进行联合，而在俄国联合思想自古就有，尤其在劳动组合里这种思想体现得最为明显，因此从某种意义上说，合作社是对俄国传统习俗

---

① Н. Е. Фигуровская, А. П. Корелин. Кооперация страницы истории, Том 1：первая книга. 30—40е годы XIX—начало XX века. Предыстория. М. Наука, 1999, С. 205.

② Н. Е. Фигуровская, А. П. Корелин. Кооперация страницы истории, Том 1：первая книга. 30—40е годы XIX—начало XX века. Предыстория. М. Наука, 1999, С. 224.

的发展和完善。①

捷尔涅尔强调，合作社是使人民摆脱贫困的一种新型组织，工人将零散资金合在一起组成生产单位，建立生产合作社。在使用雇佣劳动、剥削工人的资本家企业里，只有少数人享有特权，工人不受重视，生活没有保障。生产机械化使工人只知道从事简单的固定流程，已变成机器的附属品，他们跟随机器运转而失去了劳动上的主动性、创造性，智能发展受到极大的阻碍，同时由于企业经营好坏与己无关，因此他们对生产漠不关心。而在工人自己建立的生产合作社中，工人独立参与企业生产管理，共同的利益和目标将他们紧紧联合在一起。他们关心合作社收入，劳动热情高涨，更有责任感、主动性和创造性。他们住在宽敞的房屋里，生活有保障，自然不再酗酒闹事，从而提高了他们的道德品质。这也正是生产合作社的经济价值和道德价值之所在。

合作社企业中工人以独立、自主、互助为准则，劳动生产率更高。但工人生产合作社的建立不是一蹴而就的，它需要一个长期的过程。首先合作社发展需要时间，向工人提供更多的好处，尤其是物质利益，这是合作社发展的长远目标。但合作社发展初期不仅不能直接增加工人收入，相反还会要求成员做出牺牲，他们可能在 10~15 年内得不到什么好处，因此不是所有人都愿意加入工人生产合作组织的。只有工人阶级中觉悟高的，具备高度的道德素质，能完全意识到独立的重要意义的工人才能建立这样的组织。

由于工人资金不足、能力有限，因此初期他们只能组建一些简单的、小成本的生产合作社，而生产复杂、规模较大、需要大量资金的工厂则不容易组织成工人生产合作社。况且使所有工人都加入生产合作社是不可能的。因此第二类合作社——工厂主资本家—工人合作社更易被工人接受。这类合作社的优势很多。首先，工人参与合作社管理，同时也是合作社的领导，他们努力工作，收入可观，更有责任感。其次，可以缓

---

① Н. Е. Фигуровская, А. П. Корелин. Кооперация страницы истории, Том 1: первая книга. 30—40е годы XIX—начало XX века. Предыстория. М. Наука, 1999, С. 280.

解阶级对立，在合作社企业中工人积极劳动，不再与工厂主对立，双方建立了良好的合作关系。由此可见生产合作社不仅工人积极性优于资本家企业，在发展前景和性质方面也更有优势。在这种体制下，工人生活水平得以提高，道德品质也较为完善，不再闹事，这种新型的生产组织形式防止了资本主义制度下阶级对立、贫富分化，有利于社会发展和进步，可以调节资本主义矛盾，从而也就达到了对资本主义社会进行改革的目的。捷尔涅尔认为，生产合作社是医治手工业生产向大工业生产转换过程中人民创伤的最有效方式。

1848 年在共产主义和社会主义思潮影响下，法国工人建立了生产合作社。捷尔涅尔指出该合作组织的优点在于工人参与企业利润分配；缺点在于，利润分配平均化。这也正是社会主义企业失败的原因。[①] 由此他指出，合作社应从空想中脱离出来，从共产主义与社会主义中脱离出来，走向一条可以实现的道路。捷尔涅尔承认合作社在解决社会问题优点的同时，并没有夸大它在资本主义社会中的作用，指出它不是解决社会问题的万能药。他承认合作社的市场经济性，又认为其与资本主义企业有本质区别——不存在剥削。捷尔涅尔希望统治阶层促成合作社发展，并使之与资本家企业抗衡。

除生产合作社外，捷尔涅尔认为信用合作社对改善工人的生活也有很大的帮助。在信用合作社建立之前，除美国和英国外，其他国家均没有向工人和手工业者提供贷款的机构。原因有二：第一，大部分手工业者和工人进行贷款时，没有物质担保，唯一的保证是劳动和诚信度，但这两个因素的准确度很难确定。第二，银行多从事大额贷款，而手工业者和工人贷款额较小，为此需要进行特别的核算。最早的专门向手工业者提供贷款的合作社产生于德国，尽管在生产合作社和消费合作社发展上德国落后于英国和法国，但德国信用合作社的发展却首屈一指。

自 19 世纪 30 年代工业革命的序曲在德国拉开后，德国工业发展步

---

① М. Е. Салтыков—Щебрин. Критика и публицистика. М，1970，С. 389.

入正轨，与此同时手工业也繁荣发展。为了扩大生产规模，手工业者对生产资金的需求增长，他们希望得到贷款。早期德国小额贷款机构——慈善储蓄所，产生于 19 世纪 40 年代中叶，其建立目的是向城市手工业者提供贷款。但当时大部分手工业者除了简单的生产工具外别无所有，因此管理者认为自己有义务帮助他人，向贷款者贷款。由于贷款具有慈善性，借款人不偿还贷款的事情时有发生，结果导致储蓄所资金越来越少，贷款人得不到贷款。

随着生产的发展，人们对小额贷款的需求越来越强烈，尤其在普鲁士。虽然当时存在一些抵押贷款机构，但它不适合手工业者，况且随着灵活性贷款的发展，抵押贷款成为一种负担。为了满足人们的需求，一些贷款机构开始办理现金贷款业务，向手工业者和农民提供贷款，但这样的贷款机构并不多。因此手工业者多向高利贷商贷款，但高额利息常使之望而却步，因此建立一种既能保证贷款者偿还贷款，且贷款利息较低的新型贷款机构迫在眉睫。

1850 年舒尔茨在捷里奇市建立了德国第一个信用合作社，要求成员每月向合作社交纳 3 银币存款，成员贷款利息为 5%～10%，合作社只向本社成员贷款。但由于周转资金不足，所以成绩平平。此时在当地和叶琳布尔克成立的信用合作社，由于实行连环责任制，逐渐发展壮大。第一年就吸引了 9000 银币存款，第二年存款达到 13500 银币。此后连环制成为信用合作社运作原则。1853 年舒尔茨对捷里奇合作社章程进行修改，实行连环制，合作社不断发展壮大。1853 年前由于经营不善，成员人数由 117 人减少到 30 人，实行连环责任制后到 1853 年末人数达到 382 人；合作社本金从 47 银币增长到 4930 银币，增长近 100 倍；资金周转额从 1851 年的 827 银币增长到 1858 年的 41597 银币。此外，红利分配不再平均化，而是与存款挂钩。仅在 1853～1854 年存款额就从 145 银币增长到 533 银币，年存款额增长比例高达 33.3%。从 1856 年起年存款额减少，这是因为老成员已经完成月存款义务。此后其他地区开始以舒尔茨制定的合作社章程为模板，纷纷建立信用合作社。至 1860 年德国信用合作社组建数量超过 100 个，大部分合作社贷款期限不超过 3 个月。

表 1-1　1850～1858 年舒尔茨—捷里奇信用合作社资金周转

年份	1850～1852	1853	1854	1855	1856	1857	1858
成员人数	17～30 人	175 人	210 人	256 人	301 人	350 人	382 人
贷款数额	827 银币	8440 银币	15012 银币	19810 银币	24532 银币	30958 银币	45197 银币
基本资金	47 银币	195 银币	793 银币	1673 银币	2787 银币	387 银币	4930 银币
利润		8.3 银币	87 银币	148 银币	231 银币	281 银币	392 银币
红利		25 银币	149 银币	682 银币	1542 银币	2411 银币	3353 银币
红利比例		33.3%	58.2%	20.3%	15%	11.7%	14.7%
月存款额	47 银币	145 银币	533 银币	753 银币	955 银币	912 银币	853 银币
周转资金	230 银币	2067 银币	3560 银币	5096 银币	6039 银币	978 银币	12987 银币

资料来源：Фигуровская Н. Е.，Корелин А. П.，Кооперация страницы истории，Том 1：первая книга. 30—40е годы XIX—начало XX века. Предыстория. М. Наука. 1999. с. 259.

德国的信用合作社主要有两种类型：一种是面向小手工业者的合作社，这类合作社贷款利息不高，实行短期贷款，核算简单，成员可以独立管理合作社事务。另一种是面向实力较为雄厚的手工业者，这类合作社以长期贷款为主。起初政府并未干预上述两类合作社的业务，然而随着合作社规模壮大，政府开始对合作社章程进行监察。在一些地区，政府严厉干预合作社事务，比如合作社在接受非社员存款时要经过警察局同意。政府的严厉监控影响了合作社的发展。在此情形下肯尼克合作社向法院提出诉讼，要求取消政府监控，获得法院许可。但法院规定合作社要有经营证，有义务向政府提交合作社章程。此后政府取消了对合作社的监控，但汉诺威政府依然对其进行严厉监控，导致许多合作社中止业务。

1855 年舒尔茨根据多年的观察和实践，出版了关于建立信用合作社的小册子——《人民的银行——信用合作社》，主要内容如下。

连环责任制：信用合作社建立的目的是向工人和手工业者提供贷款，但只向本社成员贷款。不是所有人都可以加入合作社，他们需要具备一定的条件——有劳动能力，并且可以按期偿还贷款。成员间实行连环责任制，即当某个成员不能偿还贷款时，其他社员替他偿还。这个原则不但可以使成员认真履行义务，还可以博得投资者信任，有利于获得投资。连环制是成员不用物质担保获得贷款的唯一保证。连环制下，成员互相监督彼此的经济状况。此外，为了顺利吸收存款，舒尔茨提出两个措施，一是合作社存款利息高于其他银行，二是借款者在出资人需要资金时应尽快偿还贷款。上述两个措施使小资本家愿意把钱托付给这样的合作社。

贷款数额、期限和担保：贷款数额一方面取决于贷款人的实际需求，一方面取决于合作社的资金数额。合作社建立初期贷款额不大，随着资金增多贷款数额开始增长。针对小手工业者的合作社贷款期限不超过三个月，大手工业者合作社贷款日期较长。为确保贷款偿还，首先在成员入社前应详细考察他的生活状况，尊重委员会成员的选举。此外担保人是唯一有效的对贷款进行监察的方式。担保人通常是社员的亲人和朋友，他们对借款人的经济状况更为了解。工人往往会在自己的圈子里找到担保人，担保人在贷款时同样也需要担保，因此担保是相互的。如果哪个人找不到担保人，这说明他的财产状况有问题，或是贷款金额较大，如果这时合作社向他提供贷款，需要其提供物质担保。事实证明，在德国对工人来说最耻辱的事儿，是给担保人带来麻烦。

贷款利息：最起码应能弥补合作社支出，包括合作社支出的存款利息、管理者工资、储备资金消耗。从合作社角度看，作为贷款人为了赢利，贷款利息越高越好。但合作社建立的目的是尽可能多地向贫困者提供贷款，因此高利息是不合理的。它将导致成员人数减少，限制合作社发展。合作社建立初期由于耗费大，所以利息稍高一些，约为14%，后期通常为8%～10%，这个比例完全可以弥补合作社支出。通常情况下合作社支出比例为，存款利息4.5%、2%管理费、其余用作红利，还可以拿出一部分用作储备资金。如果减少红利，贷款利息可降到7%，甚至是6%。

备用资金：备用资金是合作社发展的保障，主要包括成员入社费。

合作社经营初期，备用资金多是老成员的利润。成员退社时不返还备用资金，这是合作社的集体资产，直到破产时方可返还给成员。

管理制度：合作社一切事务由成员通过全体大会解决，具体事务交由管理局负责。

附　录

捷里奇信用合作社章程

成立目的：为手工业者提供低利息贷款。

合作社事务管理：合作社事务由全体成员大会共同解决，具体事务交由管理局负责，管理局每年选举一次，由主席、出纳员、秘书和陪审员组成。合作社每年召开 4 次全体大会对管理局工作进行检查。在会议上管理局就一些问题做出解释并呈递存款与贷款详单。在必要情况下，管理局可以召开紧急会议，但要获得四分之一以上成员的同意。

管理局的权利和义务：成员贷款时要向管理局提交贷款申请，管理局负责收集资金，有权在任何时间要求出纳员出示财务明细表，对储蓄所进行检查，管理局还有权利签订借款和接受存款的条约。除定期会议外，主席有权召开紧急会议。出纳员负责接受存款并开具票据，需要有主席和成员的签字。出纳员每年每月都要公示财务明细表。秘书负责记录会议内容，还可检查钱柜。管理局执行全体会议和管理局会议的决定，是合作社对外事务的代表。

合作社成员的权利和义务：选举和讨论问题时有发言权和表决权，有获得贷款的权利，参与红利分配。每月必须存入 6 戈比，积极帮助合作社建立资金，为债务负责，不能违背章程和损害合作社利益。合作社和成员基本股息为 20 马克，退社时将股息返还。

贷款条件：不超过 10 马克的贷款不需要担保，大于这个数字要有担保人，如追加贷款需获得担保人同意。

进入合作社与退出合作社：进入合作社由管理局委员会决定，如果委员会不同意可以呼吁召开全体大会决定是否录用。对于不认真履行章程的人，尤其是两个月未交纳存款者，合作社可将其开除。成员可自愿退出合作社，合作社会返还股息，但当年的红利不予返还。

荣誉成员：对合作社有贡献，并不享受合作社利润者被视为荣誉成员，每年向合作社存款不少于40卢布，他们在全体大会上有发言权，合作社解散时（需要2/3以上成员同意），名誉成员对此不发表意见，但要求返还其提供的资金。

三 瓦西里契科夫与信用合作社

1861年改革后俄国进入了一个新的发展时期，与此同时贷款领域也出现了新的发展迹象，以商业为基础的信贷体系开始建立。1863年圣彼得堡建立了俄国第一个互助贷款协会，1864年政府参与建立了第一个股份商业银行——圣彼得堡商业银行，此后股份商业银行数量不断增长。[①]改革后社会发展的新迹象为贷款储蓄合作社的组建创造了条件。然而这一时期统治阶层更多关注的是工商业贷款。克里米亚战败后，为维护强国地位，沙俄政府采取了加速发展国内工业的方针。19世纪60～90年代先后由赖腾、本格、维什涅格拉德斯基、维特领导的财政部为加快国家工业化，进行了大刀阔斧的改革。铁路是发展工业的大动脉，是建立现代机械工业的催化剂，有鉴于此从60年代起俄国掀起了"铁路热"。1861～1880年，铁路全长增长了14倍，达21000俄里。90年代出现了第二次"铁路热"，铁路里程几乎增长了1倍，1895～1900年，俄国铁路网平均每年超过3000俄里，到1900年铁路总长达49227俄里。根据财政部公布的国家预算，1875年投入铁路、港口建设的资金为6.1636亿卢布，到1892年增长为10.0888亿卢布，几乎占了整个国家支出的1/10。[②]

铁路网的修建加上政府的大力扶持促使俄国工业迅速发展。1860～

---

① В. С. Дякин. Деньги для сельского хозяйства. Аграрный кредит в экономической политике царизма. СПб. Санкт—Петербургский государственный университет，1997，С. 12.

② 西里尔·E. 布莱克等：《日本和俄国的现代化》，周师铭等译，商务印书馆1984年版，第227页。

1890 年，俄国煤产量从 1830 万普特增加到 3.672 亿普特，增长近 19 倍；生铁产量从 1960 万普特增加到 5520 万普特，增加近 2 倍；钢产量由 1250 万普特增至 5.2 亿普特，增长 40 倍。1870 ~ 1890 年石油产量从 180 万普特增加到 2.41 亿普特，增长 132 倍。[①] 1866 ~ 1890 年的 25 年间，俄国工厂数从 6891 家增加到 19946 家，其生产额从 2.7 亿卢布增加到 10 亿卢布。19 世纪 80 年代末俄国工业革命基本完成，至 90 年代中叶俄国由工业弱国发展一跃为工业强国。工业飞跃发展的同时农业却停滞不前，重视工业而忽略农业，甚至以牺牲农业为代价，导致在工业化快速发展的情况下，农业的落后面貌不但没有改变，反而进一步恶化了。受重工轻农思想的影响，长期以来政府对农业关注不够，向农业提供贷款未受到重视，建立农村贷款体系没能被提上日程。他们认为"地主利用手中的赎金可以顺利实现向新型经营模式的转化，农民通过开垦获得的土地也能适应这个转变"[②]。但随着商业资本的渗透、农村高利贷资本日益猖獗，农民面临破产的威胁，发展农村经济、向农民提供贷款迫在眉睫。

在此情形下，贷款储蓄合作社引起知识分子的关注，瓦西里契科夫就是代表之一。亚历山大·伊拉里奥维琪·瓦西里契科夫（1818 ~ 1881），贵族后裔，出身名门望族。他关心农民生活，用他自己的话说："我一生的大部分时间都是在农村度过的，我的足迹遍布俄罗斯大部分地区，到过诺夫哥罗德、普斯科夫、卡文斯克、坦波夫、沃罗涅日、萨拉托夫等地考察、了解农民生活和农村现状。"[③] 农奴制改革后国家发展问题引起公爵关注，他指出："改革虽然废除了封建制度，但残余势力依然很顽固，俄国人民并未实现真正的独立与自由。"[④] 他反对资本积累

---

① А. П. Корелин. Сельскохозяйственный кредит в России в конце XIX—начала XX вв. М. Наука, 1988, С. 202、204.

② А. И. Крелин, Сельскохозяйственный кредит в России в конце XIX – начала XX в. М. Наука, 1988, С. 68.

③ А. Ю. Давыдов. Князь—кооператор А. И. Васильчиков. Вопросы истории. 1993, No. 8.

④ Фигуровская Н. Е., Корелин А. П., Кооперация страницы истории, Том 1: вторая книга, 60е годы XIX—начало XX века. Возникновение кредитной кооперации в России. М. Наука, 2001, С. 68.

过程中对农民的残酷掠夺，指出只有人民富裕、健康、充满活力国家才能强大。他认为实现人民富裕的措施是"重新分配财产、改革继承权、发展人民贷款——不仅面向贵族与商业阶层，更要扶植小生产者"①。

雅科夫列夫是贷款储蓄合作社理论研究领域与瓦西里契科夫齐名的另一位倡导者。亚历山大·瓦西里耶维奇·雅科夫列夫（1835～1888）出身于贵族家庭，他一生都在为提高俄国人民的生活水平和培养他们的独立意识而奋斗。19世纪60年代末雅科夫列夫成为圣彼得堡小组最积极的参与者之一，从这时起他将所有的精力都投入到贷款储蓄合作社事业的普及中。作为圣彼得堡小组最活跃的成员之一，雅科夫列夫不仅是诸多方案的制定者，还是一个坚持不懈的实践家。他在第二届全俄农村经济会议上作了关于小额、短期贷款的报告，根据这份报告会议决定建立由莫斯科农村经济协会领导的合作社事务专门委员会。他还参与贷款储蓄合作社模板章程的制定，该章程直到19世纪末仍被广泛使用。1871年12月30日圣彼得堡农村贷款储蓄和工业合作社建立后，雅科夫列夫担任秘书一职。1872～1873年他在莫斯科农村经济协会担任主席一职，1875年参与消费合作社模板章程的制定。

瓦西里契科夫认为，现存的贷款机构虽向农民贷款，但其服务对象主要是富人，贷款时以动产和不动产作为抵押，而对大部分没有抵押资历的农民而言，贷款只是一纸空文，而贷款储蓄合作社的建立可以解决这一问题。② 经过多年实地考察后，瓦西里契科夫对贷款储蓄合作社建立的条件、性质、管理等问题进行了详细的论述。

瓦西里契科夫认为，贷款储蓄合作社的建立应具备地方性、个人性和小额性三个条件。只有满足上述三个条件后，贷款才能称得上是人民贷款。地方性是指，合作社的设置点应距离居民居住点较近（以乡为单位），如果距离太远，农民贷款需要耗费大量时间和精力，这样贷款就会

---

① А. Ю. Давыдов. Князь—кооператор А. И. Васильчиков. Вопросы истории. 1993，No. 8.

② Б. И. Подколзин. Петербургский куржок князя А. И. Васильчикова и зарождение кооперативного кредита в России. М. Росспэн，1994，С. 137.

得不偿失。个人性是指，贷款者素质，他应该热爱劳动、认真勤恳，这也是农民获得贷款的唯一保证。小额是指，贷款合作社发展经验证明，大额贷款与小额贷款同时存在的条件下，后者常常被忽视，资金多用于大额贷款，因此人民贷款只适用于小额贷款。

　　什么样的农户可以加入合作社？瓦西里契科夫通过观察后指出，有一头牛或是一匹马的农户具备加入合作社的经济条件，如果连最后一头牛或是马匹也被卖了，又没有土地，那么这样的农户已失去独立性，不具备加入合作社的经济条件。① 什么是农户偿还贷款的保证？对此瓦西里契科夫指出，连环责任是唯一的贷款担保。连环责任制下，如果贷款人不能按期偿还贷款，其他需要贷款的人会询问贷款人姓名和住址，并实地考察贷款人经济状况，这是促使成员偿还贷款的重要因素。

　　合作社发展需要三方面的扶持：个人、自治局和政府。个人可以在合作社建立初期负责筹建管理，自治局可以为合作社提供初期贷款，政府应简化合作社章程办理手续，并帮助合作社与高利贷资本竞争，向合作社提供贷款担保。针对合作社发展过程中出现的问题，如农民文化水平较低，在管理上容易出现纰漏，瓦西里契科夫建议合作社与学校互相帮助，合作社出钱请教师向他们传授知识。

　　针对瓦西里契科夫提出的贷款储蓄合作社理论，反对者提出了质疑。他们（主要是乡银行拥护者）认为，首先，农民受教育程度低、没有文化，不能独立管理贷款事务。其次，合作社以股息作为基本资金和入社条件之一，但农民收入微薄，沉重的税收更导致农民生活雪上加霜，他们甚至没有钱交纳税款，在此情况下何来资金交纳股息呢？因此贷款储蓄合作社很难发展，只有乡银行才是向农民提供贷款的唯一机构。对此雅科夫列夫指出，章程规定社员交纳的股息额不多，每年 1.8 卢布，分三次交清，每次交纳 60 戈比，因此农民完全可以应付这笔开支。至于农

---

① Н. Е. Фигуровская, А. П. Корелин. Кооперация страницы истории, Том 1: вторая книга, 60е годы XIX—начало XX века. Возникновение кредитной кооперации в России. М. Наука, 2001, С. 107.

民能否独立管理贷款事务，雅科夫列夫以鲁金宁建立的俄国第一个贷款储蓄合作社为例，驳斥了反对者的质疑。

雅科夫列夫对乡银行运行机制进行了考察，阐述了其经营不力的原因。他指出，首先，农民加入乡储蓄所并非出于自愿，而是受行政力量的强迫。其次，银行管理人员多为政府官员，他们垄断银行业务，借机营私舞弊。再次，由于成员利益与银行经营好坏无关，因此他们只关注个人利益，对银行事务漠不关心。最后，银行贷款要求苛刻，农民每贷款 5 卢布需由一人进行担保，担保人在担保期间无贷款权。根据规定农民最高可获得 60 卢布贷款，需要 12 个人作担保，也就是说 1 个人得到 60 卢布贷款的同时，将有 12 个人不能获得贷款 。[①] 相比之下，合作社以自愿为准则、贷款权平等、实行无抵押贷款和连环责任制、遇事共同协商，因此成员更关心合作社事务、责任心更强。这正是合作社的魅力所在，也是它能够立足的根源。

关于合作社是否需要扶持，雅科夫列夫赞同瓦西里契科夫的主张，指出合作社的发展需要私人扶持，没有他们的援助合作社很难在居民中普及。对合作社而言，初期小数目存款不能保证其正常运转，因此需要获得物质扶持，个人或自治局可以向合作社贷款，经过一两年发展后，合作社将偿还自治局贷款，此时不受自治局的监察和领导。[②]

雅科夫列夫进一步指出，合作社的发展与成员素质有很大关系，因此入社前应对成员素质进行考察，这是合作社发展的前提条件。成员间利益的一致性是合作社稳定发展的重要条件，连环责任制是获得贷款的唯一保证，是合作社得以发展的现实条件，是一种保险手段。股息平等、建立者与老成员没有特权是合作社发展的重要原则，这一特征是由现实条件决定的，因为合作社建立的目的不是获得利润，而是向成员提供贷

---

① Н. Е. Фигуровская, А. П. Корелин. Кооперация страницы истории, Том 1: вторая книга, 60е годы XIX—начало XX века. Возникновение кредитной кооперации в России. М. Наука, 2001, C510.

② А. В. Чаянов. Основные идеи и формы организации сельскохозяйственной. кооперации. М. Наука, 1991, C. 310.

款。换句话说合作社是一个非资本主义性质的、在市场经济环境中运作的企业。他指出，合作社章程及其活动中的任何偏差（非资本主义因素）都有可能导致其变为资本主义企业。

同时合作社又是一个遵循市场规则建立的企业，股息是保证合作社业务开展的基础，是获得贷款利息的保证。个人贷款和存款利息是合作社吸引成员的优势。与行会和村社不同，自愿联合是合作社的特征。合作社的另一个特征是建立"备用资金"，备用资金由每年利润的一部分组成，它归合作社所有，用途由合作社决定。雅科夫列夫指出，作为一种经济自卫组织，合作社的出现是自然发展的结果，是人类发展需求的产物。合作社的种类包括生产合作社、消费合作社和贷款合作社。他认为，通过建立生产合作社来变革社会经济制度还不现实，因为在市场经济影响下，资本和劳动联合的生产合作社将逐步变为股份公司。他指出，在不同的经济环境中发展合作社的类型也不相同，城市适合发展消费合作社，手工业发达地区适合发展生产合作社和贷款合作社，农村是合作社最理想的栖息地。

他指出，合作社作为一种经济组织形式，其发展前景不可估量，尽管它不是根治一切经济疾病的工具，但合作社中包含许多"进步因素"（独立、平等、启蒙），这些都是现代社会发展所需要的。他反对简单模仿、照搬照抄西欧合作社章程。

四　圣彼得堡小组的理论指导

1869～1870年，在著名自治局活动家瓦西里契科夫公爵家中聚集了许多杰出的经济学家、财政专家以及自治局活动家，他们成立了"圣彼得堡小组"。小组以建立"人民"贷款机构、向小生产者提供贷款、促进贷款储蓄合作社的建立和普及以及推动商品经济发展作为活动目标，期望通过发展合作社解决从自然经济向商品经济转化过程中遇到的各种问题，进而完善国家资本主义经济的发展。[①] 小组成员主要包括：科斯特罗马省大地主亚历山大·瓦西里耶维奇·雅科夫列夫，他是 1861 年改革的拥护者；杰出化学家弗拉吉米尔·彼得罗维奇·鲁金宁兄弟，他们建立了俄国历史上第一个贷款合作社；卡留巴诺夫，曾在德国向舒尔茨请教合作社问题；以及财政部委派的官员。作为小组领导者，瓦西里契科夫认为合作社是促进经济发展、社会进步和提高人民精神文明的重要手段，合作社可以减轻资本主义发展进程中资本掠夺给人民带来的苦难，减轻农奴公民化进程中的赤贫现象，防止农村无产阶级化。圣彼得堡小组活动家们受过高等教育，见识广博，掌握多门外语，经常到国外学习，对农业、财政和社会问题有独到的见解，工作能力强，积极从事社会活动，除从事自治局工作外，他们还参与自由经济协会、俄国地理协会、莫斯科农业协会的活动。他们的活动揭开了俄国合作社历史发展的新篇章。

1871 年 12 月莫斯科农村贷款储蓄合作社和工业合作社委员会得到政府认可，并在圣彼得堡建立了分委员会，其中心成员是圣彼得堡小组成员。他们负责收集各地贷款储蓄合作社发展资料，在理论上对各地合作社的建立和发展进行指导，制定合作社章程模板。圣彼得堡分委员会以鲁金宁兄弟建立的贷款储蓄合作社章程和 1869 年里夫连斯克省贷款合作社章程为参照，制定了模板章程，该章程直到 19 世纪末仍被使用。与政府机关贷款机构不同，贷款储蓄合作社章程具有全等级性，规定成员间是平等的，领导人由选举产生，合作社组织规模不大，活动范围在 1~2 个乡。章程基本内容如下：（1）所有成员股息平等；（2）合作社不是慈善机构，不进行慈善贷款；（3）实行连环责任制；（4）贷款只面向本社成员，每人的贷款额都是一样的；（5）实行个人、短期、无抵押贷款；（6）贷款需要有担保人。章程制定者指出，合作社建立的目的不是获得利润，而是尽可能地保证低利息贷款，股息不仅是合作社资金来源，更是合作社独立、稳定发展的保

---

① М. И. Туган – Барановский. Социальные основы кооперации. Берлин. Слово，1921，С. 375.

障。股息平等、贷款平等和表决权平等是合作社民主性的表现。① 雅科夫列夫指出，"成员贷款权利平等是俄国贷款储蓄合作社与德国贷款合作社的不同之处"，这是因为，在俄国农村贫困居民占多数，因此必须保证贷款不被富人控制，实行平等的贷款原则。② 但实际上，多数合作社并未遵循该章程，1895 年小额贷款法令规定根据成员能力确定贷款额。

在成员不懈努力下，贷款储蓄合作社获得自治局的支持，1872 年获得从国家银行贷款的权利，1876 年圣彼得堡分委员会参加布鲁塞尔国际合作社展览会，获得"四年间建立 500 多个合作社奖"③。1878 年全俄共有 800 个贷款储蓄合作社，成员达到 15 万人，增长速度比德国还快。圣彼得堡分委员会是全俄合作社发展的中心。

19 世纪 70 年代贷款储蓄合作社迅速发展，90 年代走向衰落，只有少部分人继续留在圣彼得堡分委员会继续工作，他们的坚持使合作社中心组织得以保存。在谈及西方国家合作社快速发展原因时，委员会认为，从小农经济向商品经济转化过程中西欧国家实现了农业生产集约化，它们更新农业生产技术、改善土地耕作技艺、使用先进的机器和肥料，因此需要大量资金，所以贷款合作社对小农经济吸引力更大，同时由于技术更新，农民收入提高了，这为贷款提供了保证。这些同公民自由、政治自由密切相关，是农业小额贷款合作社成功运作的基础。而在俄国还不具备上述条件，合作社的推广在很大程度上具有人为性。

尽管后来自治局和社会各界对合作社的扶持力度减轻，合作社数量不断减少，但圣彼得堡分委员会仍继续工作，这为合作社继续发展奠定了基础。1880 ~ 1890 年，奥西波夫、索卡诺夫成为第二代领导人。他们参与了《1895 年小额贷款法令》的制定。法令采纳了他们的建议，规定建立无股份贷款合作社、扩大合作社业务范畴。

---

① A. П. Корелин. Зарождение кооперативного движения в России: взлеты и падения 1860 – е—середина 90 - х годов XIX в. М. Экономическая истрия ежегодник, 2004, C. 432.

② Русские общественные вопросы. СПБ, 1871, C. 44.

③ A. И. Крелин. Сельскохозяйственный кредит в России в конце XIX – начале XX—В. М. Наука, 1988, C. 99.

19 世纪 60 年代至 20 世纪初的 40 年是俄国合作社运动的初期发展阶段，是人民逐渐了解、认识合作社的一个探索时期。正是在这一时期政府和自治局对合作社有了进一步的认识，没有这一准备时期就没有 20 世纪初俄国合作社运动的蓬勃发展。在这一时期圣彼得堡分委员会的贡献功不可没，它在合作社思想普及以及合作社组织的建立中发挥了重大作用，为俄国合作社的理论研究和实践发展奠定了基石。

第四节　贵族—知识分子的合作社理念之二

一　消费合作社理论研究

俄国消费合作社理论研究的代表人物是吉彼勒。尼古拉·伊万诺维奇·吉彼勒（1844~1888），出生于苏达克塔夫里切斯克省，青年时代就读于基辅大学法律系，曾是本格的学生。1869 年他撰写了《消费合作社》一书，该书对消费合作社的组建原则、发展条件、组建意义进行了详细的论述，现将其主要内容概括如下。

组建原则。他指出，消费者在购买商品时所支付的高于商品实际价值的那部分附加值就是商业利润，零售商建立店铺正是为了获得这部分利润。如果消费者绕过中间商直接到商品生产地或批发地购买所需物品，零售商所得的利润就转入到消费者手中。但如果只是以个人形式直接与生产商进行买卖是不划算的，这时消费合作社的价值就体现出来了。通过合作社社员不但能购买到廉价的商品，而且还能获得利润。吉彼勒进一步指出："如果合作社只将商品出售给本社成员，不允许非社员参与买卖或是不让其参与利润分配，合作社业务不会得到发展。只有允许非社员参与利润分配，合作社业务才能不断扩大，吸引更多人加入，进而也就实现了其社会意义。"吉彼勒通过表格向我们清晰地展示了合作社的经济意义（见表 1–2）。

表 1-2 消费合作社资金周转

按每次周转利润为10%计算

周转次数	批发商品资金总数（卢布）社员	非社员	出售后总收入（卢布）社员	非社员	利润（卢布）	资本利润为1% 社员	非社员	消费利润（卢布）社员	非社员	
1	1000	—	1100	—	100	10	—	90	90	—
2	1100	—	1210	110	110 卢布	11	—	90	99	9
3	1201	9	1331	231	121	12	9 戈比	90	109	19
4	1303	28	1464	364	133.10	13	28 戈比	90	120	29.8
5	1406	58	1610	510	146.41	14	58 戈比	90	132	42
6	1510	100	1771	677	161.05	15	1	90	145	55
7	1615	156	1948	848	177.16	16	1.56	90	159	64
8	1721	227	2143	1043	194.87	17	2.27	90	175	85

资料来源：Фигуровская Н. Е., Корелин А. П., Кооперация страницы истории, Том 1: первая книга, 30—40е годы XIX—начало XX века. Предыстория. М. Наука. 1999. С. 621.

　　表 1-2 展示了 8 次周转后合作社的发展状况。按每次周转利润为 10% 计算，假定合作社建立时购买 1000 卢布的商品，商品出售后的总收入为 1100 卢布金额。很明显多出的 100 卢布是合作社利润，其中 10 卢布是成员根据存款额获得的利润（以下简称资本利润），90 卢布是消费利润（根据成员购买的商品数量进行分配）。但成员不想马上将利润进行分配，他们把钱存在合作社储蓄所以便下次继续采购商品。于是第二次周转时采购资金为 1100 卢布，商品出售后获得 1210 卢布金额，利润为 110 卢布，假定本社成员商品需求量与上次相等仍为 1000 卢布，因此多出的 110 卢布（1210 卢布 - 1000 卢布 - 100 卢布）是将商品出售给非成员的利润。在这 110 卢布中 11 卢布为资本利润，99 卢布为消费利润，但这次消费利润除在成员间进行分配外，还允许非成员参与利润分配，99 卢布中 90 卢布是成员消费利润，9 卢布是非成员消费利润。可见，无论成员还是非成员均可获得利润。

　　第三次周转时采购资金为 1210 卢布，商品出售后获得 1331 卢布金额，利润为 121 卢布，其中 12.1 卢布为资本利润，108.9 卢布为消费利润，这里 90 卢布为成员消费利润，18.9 卢布为非成员消费利润，此外在这次采购行为中，非成员由于在上次采购中获得 9 卢布消费利润，因此这次他们有 9 卢布的采购资本，这时利润分配包括 4 个部分，成员与非成员的资本利润以及二者的消费利润。继续周转，非成员的采购资本为 28 卢布，资本利润为 28 戈比，消费利润为 29.8 卢布，成员采购资本为 14 卢布 1 戈比，资本利润为 14 卢布 6 戈比，消费利润仍为 90 卢布。依次循环，到第 8 次采购结束时，成员与非成员购买的商品额几乎相差无几。成员仍是原来的 1100 卢布，非成员达到 1043 卢布，消费利润分别为 90 卢布和 85 卢布。8 次周转后成员资本利润增长快于非成员，消费利润也在增长，但要慢于资本利润。这样消费合作社不断吸收新的成员，合作社资金不断增长，规模不断扩大，实现了联合的意义。

　　吉彼勒指出，在实践中上述理论并未得到充分运用，俄国大部分消费合作社完全不允许非社员参与采购行为和利润分配。而在英国非成员可以参与利润分配，因此英国消费合作社数量不断增长。由此可见消费合作社的发展必须吸收新成员，允许他们加入利润分配。

建立条件。地理、气候因素都会影响到消费合作社的发展。吉彼勒认为，在一些经常举行集市贸易的地方不宜组建消费合作社，原因很简单，在这些地区消费者可以直接与生产者进行买卖。严寒地带也不利于合作社的发展，在这些地区冬季气候寒冷，食品容易冻坏，不好储藏，因此需要对这些物品进行专门的存储，这就需要一部分花费，有时甚至会亏损；而在温带即便在冬季物品也容易储存。据德国消费合作社统计，温带地区消费合作社发展更快。另外合作社体制对合作社发展也有影响，在少数成员存款比重大的合作社，一旦他们需要退还存款时合作社资金流动就会受到影响。因此消费合作社应大量吸纳成员，并且规定存款额不宜过高，这样可以避免不幸。同时为防止意外，可以将多余的钱积累起来，以备不时之需。

组建意义。吉彼勒指出，消费合作社的建立有利于培养工人形成良好的生活习惯。首先，他们用现金购买物品，不再赊欠。合作社商店建立前工人由于工资没有保证、消费缺乏计划性，因此多到零售店赊欠商品。合作社建立后工人可以低价购买所需物品，他们能按时支付钱币，生活也有了一定保障，酗酒行为自然就减少了。合作社实践经验也使工人意识到节约的重要性。其次，合作社成员经常聚集在一起讨论合作社事务，开始关心合作社利益，成员间联系也更密切，有利于人与人间建立良好的相处氛围。英国合作社成员经常定期举行聚会，他们听音乐、跳舞、喝茶。最后，合作社的建立有助于改善买主与卖者之间的关系，他们不再怀疑对方在欺骗自己，彼此间相互信任、不再敌对。

吉彼勒还对其他国家的消费合作社进行了研究。他指出，英国消费合作社的基本规则如下：入社金额低，1～4便士不等；股息不少于3先令，不多于100英镑；利润每年分配4次，资本利润占5%，其余为消费利润；允许非社员参与利润分配。每个月召开一次全体成员大会，会上成员有发言权。管理局由全体成员大会选举产生。根据1862年8月7日法令，合作社享有法人权利，资金达到 200 英镑的合作社免交徽章税和收入税。合作社可以自行解决社内争端，可以租赁、购买土地。

1848 年法国里尔地区建立了全国第一个消费合作社，它也是西欧大陆第一个消费合作社。起初合作社具有慈善性，低价向社员提供土豆、面包、木柴、木炭等生活用品。由于合作社不以自助为准则，主要靠富人施舍，不久便开始亏损。对合作社管理进行改革后，以自助为准则，成员人数不断增长。与英国不同，法国合作社没有仓储，它事先向成员征询所需商品，然后同生产商签订合同；商品出售价格低，不允许非社员参与购买行为。利润除少部分用于合作社储备资金外，其余在成员间直接分配，并不储存在合作社内。仅次于英、法，德国在消费合作社发展中居第三位，这是因为德国工业发展落后于英、法。德国消费合作社发展的特点是不从事销售，只关心采购所需物品。即便有少数进行销售的组织，其价格也非常低。此外，合作社没有注册商标。

俄国消费合作社的建立始于 19 世纪 60 年代下半期，其章程多种多样，混合着英、德规则。入社条件简单，服从合作社规则，交纳一定金额股息即可。利润分配上，大部分合作社不允许非社员参与利润分配，有些合作社甚至没有红利。有些合作社既没有利润分配，也没有红利。商品出售多以现金为主，合作社中富裕的人占多数。通过对欧洲各国消费合作社的了解可以得出以下结论：英国消费合作社的发展最为完善，允许非社员参与利润分配，存款数额低，股息百分比确定，根据购买额进行利润分配；相比之下俄国消费合作社混杂着各种规则，既不允许非社员参与利润非配，又以低价出售商品，这严重破坏了合作社规则。

二 合作社发展诸要素

合作社的发展除需正确的理论指导和标准章程外，还离不开倡导者的努力。合作社发展历史表明，倡导者在合作社发展进程中有着至关重要的作用。众所周知，贷款储蓄合作社的建立与舒尔茨密切相关。舒里采的贡献在于将合作社原则运用到小额贷款事业中。他虽然没有令人仰慕的学识，没有崇高的社会地位和雄厚的资产，但他一心想帮助那些在经济危机打击下对生活失去信心的工人和手工业者。凭着坚强的毅力和过人的才能，舒尔茨贷款储蓄合作社终于取得了成功。

19世纪50年代末意大利各大杂志开始宣传舒尔茨合作社思想。在此情形下大学教授鲁查德对意大利贷款储蓄合作社的建立与发展发挥了重要的作用。他出版了《人民银行的普及与贷款》一书，在民众中宣传贷款储蓄合作社思想。鲁查德并不是简单地照搬照抄德国贷款储蓄合作社章程，鉴于知识分子与富有阶层积极加入贷款储蓄合作社的特点，鲁查德认为严格的连环责任制会导致他们远离合作社，没有他们的扶持贷款储蓄合作社无法发展，因此意大利限制连环责任制。鲁查德不仅是意大利贷款储蓄合作社的倡导者，还是贷款储蓄合作社常任主席，作为参议员他在议会中力挺贷款储蓄合作社，对各地合作社的建立与发展提供意见和帮助。可见意大利贷款储蓄合作社的发展与鲁查德的努力分不开，他被称为"意大利贷款储蓄合作社之父"[1]。

舒尔茨和鲁查德建立的贷款储蓄合作社面向的主要群体是城市手工业者和工人，因此加入该组织的农民人数不多。然而深受高利贷资本剥削的农民尤其需要获得贷款，但由于受教育程度有限、文化水平低，他们对新事物的接受缓慢。如何使农民相信并接受合作社，是一个难题。在此情形下德国一个普通的村社管理者拉法金发挥了重大作用。1864年拉法金建立了格杰斯布尔贷款合作社。后来成为多数农村建立贷款机构的典范，并被传播到世界各地。与舒尔茨贷款储蓄合作社不同，该机构的主要特征是：规模不大，主要以村社为组织单位，实行连环责任制，不仅向成员提供贷款还为他们采购必要的生产用具和原料，并且出售农产品。起初农民对连环责任并不相信，拉法金以其坚强的毅力，克服了

[1] Н. Е. Фигуровская, А. П. Корелин. Кооперация страницы истории, Том 1: третья книга, 70е годы XIX—начало XX века. Развитие кооперативного движения в России. М. Наука, 2006, С. 427.

重重困难,他走遍了各个村庄,对农民进行热情洋溢的宣传,同村庄中有威望的人进行交谈,使他们相信加入合作社有助于提高生活水平。即便是只有一个信徒,拉法金也不会停止工作,有着这个信念和执着的精神,他终于取得了成功。

上述各国合作社建立、发展的资料表明,倡导者的才能和孜孜不倦的精神对合作社的发展和普及有着不可估量的作用,他们抓住时代脉搏,制定与社会发展需求相适应的方案,通过自己的社会影响或是宣传使人们意识到该方案的重要意义。但即便是最好的方案也要通过实践检验,要在合适的土壤中生长。作为一个大多数人的联合组织,作为不同利益集团的统一体,合作社的发展离不开倡导者、宣传者的努力。合作社运动的迅速发展取决于当地是否有大批知识分子,他们是否愿意为此效劳、贡献自己的力量。德国、意大利合作社的顺利发展源自于什么?是不是因为在这些国家中有大批知识分子,他们随时准备对每一个有益的倡导给予扶持呢?毫无疑问,在德国、意大利聚集着大批知识分子,正是他们对合作社的建立进行了大量的宣传。俄国也不例外,如果没有圣彼得堡小组的努力与支持,合作社的发展很难想象。

意大利贷款储蓄合作社的发展再次充分证明了上述论点。意大利作为资本主义和启蒙运动的发源地,继承了优秀的文化基因和商业基因。这里多个世纪以来商业教育和技术教育深入普及,造就了意大利人精明、谨慎的作风。尤其是意大利城市的贸易繁荣,培养了大批愿意从事商业实践的人。历史传统使他们从青年时代起就热衷于宣传,像鲁查德一样,把为人类谋取利益当作一件幸福的事。农村合作社的发展尤其需要这样的人,在农村农民文化水平低、对新事物接受慢,这需要倡导者有耐心,意志要坚定,能够不厌其烦地劝导农民。如果他们了解农民,使他们相信自己,事情就容易成功。毫不奇怪,在德、意、法合作社主要是由当地的学校老师、地方神甫、医生、乡管理局秘书等有知识的人领导负责。大批热衷于合作社事业,并为此贡献自己力量的实践家是合作社运动成功发展的必要条件。

　　居民受教育程度、文化水平是影响合作社普及速度的另一个重要因素。较之于文明程度低的地区，在受教育水平高的地区，人们经常读书、看报，容易接受新事物，合作社的宣传自然容易被接受。这些地区具备发展合作社的良好土壤和基石，因此合作社容易建立。在意大利的不同地区，经济、文化发展水平差异较大。北方地区工业发展堪与德、法媲美，人民受教育程度和文化水平也较高。南部地区经济发展落后，人民受教育水平低。因此第一批合作社组织首先在北方建立，随后才慢慢向各地普及。即便在意大利第一个贷款合作社建立后的30年，南部地区的合作社发展依然落后于北部地区。

　　此外，人民群众是否习惯共同协作也是影响合作社发展的因素之一。在人口分散、人民习惯独自管理、经营经济的地区，合作社不容易组建。相互协调、服从集体决定、服从领导安排是长期磨合的结果。法国、瑞士、意大利乳制品合作社的建立与当地习俗有关。早在几个世纪前农场主之间就进行简单的联合，夏天他们合伙雇用牧人去山区放牧，牧人同时还是乳制品生产行家，放牧时他们将奶制成奶酪，然后根据牧场主所拥有的牲畜数量分配奶酪。现今这些合作社仍采用以前的某些习惯，如共同放牧，但奶制品生产技术更为完善。

　　随着发展规模的壮大和活动范围的扩展，合作社的职能也开始拓展。为了满足更多需求，人们希望建立更为高级的联盟。合作社联盟的意义在于，通过建立联盟，中央机构可以充分动员各地区合作社组织的力量，向发展弱的合作社提供扶植。如贷款合作社联盟建立后，中央机构可以自由调配资金，对发展弱的合作社提供资金支持。消费合作社联盟建立后，可以以更低的价格采购商品，生产大众所需的商品。联盟中央机构还对各地合作社的发展进行监察与领导，制定统一的发展方案保证合作社运动的区域统一和全国统一。合作社联盟可以增强合作社抗风险能力，通过联盟加强各个合作社实力。正是基于上述考虑，许多国家都建立了合作社联盟。首先进行区域联盟，然后发展为全国联盟。

小　结

合作社思想在俄国的传播同国家发展道路问题紧密相连，从彼得拉舍夫斯基到赫尔岑、车尔尼雪夫斯基再到民粹派，他们的合作社理论均是其社会主义思想中的一部分。他们反对农奴制度和资本主义制度，向往社会主义，认为合作社是未来社会的组织形式。彼得拉舍夫斯基深受傅立叶学说影响，是坚定的傅立叶主义者。他在自己的村庄建立了傅立叶所主张的"法郎吉"，农民按照和过去的生活方式不同的新办法共同生活。他的社会主义是和平的、田园诗式的乌托邦—社会主义。彼得拉舍夫斯基派和睦地、充满幻想地讨论如何按照新的编制安置人类。彼得拉舍夫斯基相信，就是在君主专制制度下也可以在俄国实现傅立叶的社会主义。[1] 他终生都在为实现社会主义而奋斗，但不幸的是，1849 年彼得拉舍夫斯基派遭到沙皇逮捕。

如果说彼得拉舍夫斯基的社会主义理论是西方空想社会主义在俄国的反映，那么赫尔岑、车尔尼雪夫斯基及其继承者民粹派的社会主义思想则更具本土化气息。他们将农村公社理想化，企图使俄国不经过生产力的累积，以农村公社为基石，借助合作社生产直接进入社会主义。人们共同劳动同时兼营农业和工业，这里没有剥削和压迫，人与人之间平等相处；作为主人，社员为自己工作，全部劳动产品都归劳动者所有；他们劳动热情高涨，劳动生产率也因此大大提高了，"劳动将由一种沉重的非有不可的东西，转变为生理需要的轻松而愉快的满足……"[2] 对此恩格斯写道："毫无疑问，公社，在某种程度上还有劳动组合，都包含了某

---

[1] Н. Е. Фигуровская, А. П. Корелин. Кооперация страницы истории, Том 1: первая книга, 30—40е годы XIX—начало XX века. Предыстория. М. Наука. 1999. С. 122.

[2] 车尔尼雪夫斯基：《经济著作选》第二卷，科学出版社 1948 年版，第 127 页。转引自徐毓枬《车尔尼雪夫斯基的经济思想》，上海人民出版社 1957 年版，第 57 页。

些萌芽，它们在一定条件下可以发展起来，使俄国不必经受资本主义制度的苦难……实现这一点的第一个条件，是外部的推动，即西欧经济制度的变革，资本主义在最先产生它的那些国家中被消灭……对于俄国的公社能否成为高级的社会发展的起点这个问题，是这样回答的：假如俄国经济制度的变革与西方经济制度的变革同时发生，'从而双方互相补充的话，那么现今的俄国土地占有制便能成为新的社会发展的起点'。"但是，恩格斯不无惋惜地指出，马克思当年所"假如"的情况并没有发生，"如果在西方，我们在自己的经济发展中走得更快些，如果我们在10年或20年以前能够推翻资本主义制度，那么，俄国也许还来得及避开他自己向资本主义发展的趋势。遗憾的是，我们的进展太慢"。① 在1893年10月17日致丹尼尔逊信中，恩格斯更加明确地指出："在俄国，从原始的农业共产主义中发展出更高的社会形态，也像任何其他地方一样是不可能的，除非这种更高的形态已经存在于某个国家并且起着样板的作用。这种更高的形态——凡在历史上它可能存在的地方——是资本主义生产形式及其所造成的社会二元对抗的必然结果，它不可能从农业公社直接发展出来，只能是仿效某处已存在的样板。"② 此外，无论车尔尼雪夫斯基还是沃龙佐夫，他们均否定商品货币关系和市场规律。车尔尼雪夫斯基指出，合作社生产之下的生产尺度是消费，而不是销售市场；沃龙佐夫认为，合作社生产模式下不需要市场，只需在生产与消费间建立起直接的有计划的组织，使城市与农村可以直接进行产品交换。

由此可见村社社会主义理论是一种空想社会主义思潮，这种理论的支持者看不到当时的村社已经成为保护富农利益、维护专制制度的工具和束缚破产农民的羁绊。他们也没有意识到农民虽然对现实不满，有改善生活处境的要求，但对于"社会主义"来说却仍然是陌生的东西。而且，许多农民对沙皇仍然有幻想，不相信沙皇会让农民破产。"民粹主义思想家们无法理解，也无法正确地断定，资本主义式社会发展的一个客

---

① 《马克思恩格斯选集》第4卷，人民出版社1995年版，第724页。
② 《马克思恩格斯与俄国政治活动家通信集》，人民出版社1987年版，第673页。

观的、合乎规律的阶段，是通向社会主义运动的过程中一个不可避免的阶段。他们认为，资本主义在俄罗斯是一种退步、一种衰落，他们以为，资本主义在俄罗斯的土壤上无立足之根，也就是说，他们反对作为一种社会体制的资本主义。"①

如果说空想社会主义者试图通过革命手段，在新的社会制度下实行合作社生产的想法没能实现，那么代表统治阶级利益的贵族—知识分子所倡导的合作社理论则是俄国合作社运动的发源地。他们关注英、法、德、意等西方国家的合作社理论、法令和实践，主张在资本主义制度下通过发展合作社来解决社会问题。经过几十年的摸索，俄国的合作社理论终于从空想走向现实，迈向了一条可以实现的道路。

贵族—知识分子的观点是适应形势的。因为当时的俄国还不具备实现社会主义革命的条件。

首先，如前文所述，俄国不具备从农村公社向社会主义过渡的因素。其次，19世纪五六十年代之交的农民运动，就其规模和烈度而言，与俄国历史上三次农民战争相比，远未达到能够威胁现存国家存在的程度。最后，俄国的农民运动不具有社会主义性质。它只是对农奴制压迫的本能反抗，其目的是摆脱农奴制依附地位，争取自由，但同时又具有浓厚的皇权主义性质，保持着对沙皇的天真信念，而没有推翻现存制度的企图。他们没有提出任何明确的社会政治和经济纲领，他们甚至不能理解和接受自认为代表他们利益的革命者。因此19世纪中期的俄国农民运动并不代表新的生产力，而只是一种不满现状的破坏性力量，就像俄国历史上的农民起义和农民战争一样。②

---

① M. P. 泽齐娜：《俄罗斯文化史》，上海译文出版社1990年版，第210页。
② 姚海：《19世纪中期俄国发展道路选择问题探讨》，《史学月刊》2007年第4期。

第二章 19 世纪 60~90 年代中叶：
合作社运动的起步

19 世纪 60~90 年代中叶是俄国合作社运动的萌芽期。在合作社工作者的宣传和指导下，从 60 年代中叶起，贷款储蓄合作社、消费合作社以及劳动组合陆续开始建立。这一时期合作社发展缓慢，农奴制残余未泯、商品经济欠发达、广大民众的首创精神和主动性不足、受教育程度和文化水平低，加之政府态度摇摆不定是制约初期合作社发展的主要因素。尽管如此，在不懈的坚持和努力下，改革30 年间俄国的合作社建设依然积累了一定经验，一些地区的成功范例使人们对合作社充满希望，合作社的思想宣传和实践活动为其发展奠定了基础。

第一节 合作社的组建

这一时期建立的合作社以贷款储蓄合作社和消费合作社为主。19 世纪 80 年代前贷款储蓄合作社组建数量不断增长，但从 80 年代中叶起其发展呈现衰退迹象。至 90 年代中叶政府批准建立的 1500 多个贷款储蓄合作社中，仅有 700 个仍继续运转。较之前者，消费合作社的发展更为缓慢，至 90 年代其总数仅有 200 多个。

一　贷款储蓄合作社

俄国历史上第一个贷款储蓄合作社建立在科斯特罗马省的罗日杰茨文斯克乡。1865 年大地主斯维托斯拉夫·费多洛维奇·鲁金宁从德国考察回来后，根据罗日杰茨文斯克乡的实际情况，打算以舒里采建立的贷款合作社为模板，在当地建立贷款储蓄合作社。他在父亲的领地上向农民宣传建立合作社的益处，同一些有进取心、诚实、聪明的农民商讨合作社事宜。结果有 21 人表示愿意组建合作社，他们讨论并制订了合作社章程。这 21 人中有 1 名教师、7 名领地工作人员（办事员、文书、土地测量员），12 名农民，1 名退休士官。1865 年 10 月 22 日合作社章程获得政府批准，但遗憾的是斯维托斯拉夫·费多洛维奇·鲁金宁去世了，他的哥哥弗拉吉米尔·费多洛维奇·鲁金宁继续弟弟未竟的事业。

1866 年 7 月 17 日罗日杰茨文斯克贷款储蓄合作社召开了第一次全体成员大会。会议决定每个成员每月向合作社交纳 15 戈比作为入社股金；在管理上合作社实行自治，一切职务由选举产生，接收新成员和解决合作社问题时实行无记名投票；为了保证成员按时偿还贷款，合作社实行连环责任制。会上选举领地会计出任合作社出纳员，头三年合作社不向他支付薪金。会议还选举出了合作社管理人和合作社监察委员会，他们负责监管合作社的各项工作。委员会由 6 人组成，其中 5 名是农民，1 名是退休士官。在这次会议上又接收了 11 名成员，7 月 24 日合作社召开了第二次全体成员大会，再次接收了 11 名成员，截止到 8 月 1 日前合作社共有 40 名成员，大部分是农民。

1866 年 8 月 1 日合作社开始办理业务。合作社成立资金为 1000 卢布，是弗拉吉米尔·费多洛维奇·鲁金宁的父亲免利息借贷给合作社的，还款期限为 10 年。第一年合作社共召开了 7 次会议，内容均是投票表决是否接收新成员。起初成员不能按月交纳股金，后来根据实际情况，也是为了便于核算，规定股金每半年交纳一次，金额为 90 戈比，不按时交纳者将被开除。在合作社工作人员的不懈努力下，至年末所有成员都交纳了股金，大多数成员能按时偿还贷款。只有几次向乡管理局寻求帮助，督促欠款成员还款。至 1867 年 8 月 1 日，合作社人数达到 138 人，利润额为 210 卢布，根据章程这笔金额用作备用资金。从 1866 年 8 月至 1867 年 8 月一年间合作社共向成员提供贷款 4388 卢布。随着人数增加原有的 1000 卢布资金不够用来维持合作社业务，因此领地办事处又向合作社贷款 1250 卢布，利息为 6%，年末时合作社已偿还 450 卢布。[①] 至 1868 年 8 月 1 日前，合作社成员达到 180 人，共有备用资金 334 卢布，成员股金存款达到 665 卢布。合作社每周办理一次业务，出纳员和监察委员对合作社财务核算进行核对。

图 2-1 罗日杰茨文斯克贷款储蓄合作社社员

起初农民对合作社持怀疑态度，认为这是地主在进行投机，通过合作社欺骗农民的钱财，因此他们不愿意缴纳股金、不向合作社存款，只是希望从合作社获得 12% 的低利息贷款。随着对合作社业务的了解，他们开始关心合作社事务。1868 年 6 月 22 日弗拉吉米尔·费多洛维奇·鲁

---

① Н. Е. Фигуровская, А. П. Корелин. Кооперация страницы истории, Том 1: вторая книга, 60е годы XIX—начало XX века. Возникновение кредитной кооперации в России. М. Наука. 2001. С. 290.

金宁主持召开会议，解决利润分配问题。根据章程，除第一年的利润用作储蓄外，以后每年的利润在成员间根据股金进行分配，考虑到这样做不利于合作社发展，因此他建议将利润用作股金存款，建议得到了大部分成员的支持（45 人支持、5 人反对）。会上一位农民的发言使鲁金宁感触颇深，"许多家长将合作社视为为孩子积累资金的工具，如果父亲去世，根据章程其子女可获得双倍的股金，没有比这更可信的盈利机构了"。后来他又建议寡妇也可以享受同男人一样的权利，投票表决后该提议获得通过。这些均证明成员意识到合作社是他们自己的组织。

罗日杰茨文斯克合作社财务核算体制：[①]

（1）每个成员都有一本小册子，里面记录成员拥有的股金数额，股金交纳日期以及相应的红利；贷款数额以及偿还日期。根据小册子成员可以了解合作社经营状况和贷款偿还日期。

（2）现金出纳簿，包括：①现金核算，采用复式计账法，一页记载每次业务周转后的现金余额，另一页记载合作社债务；②合作社备用资金；③成员应支付的贷款利息；④向成员提供的贷款；⑤合作社债权人账单；⑥合作社的基本资金；⑦成员股金和红利。合作社根据现金出纳簿进行年终核算，每年 8 月 1 日向成员公布合作社账目。

（3）记录担保人的小册子。

（4）合作社全体大会会议记录，参加会议的人员名称、发言人姓名，他们对接收新成员以及合作社经营的建议。

（5）成员的贷款和还款记录。成员在进行贷款时如果上次欠款没还清，加上本次贷款总额不超过 80 卢布，可以向他提供贷款。

通过对罗日杰茨文斯克合作社的阐述，可见农村贷款储蓄合作社的发展应具备以下几个条件：

（1）合作社领导者要熟悉银行业务、对合作社业务进行监管。他有

---

① Н. Е. Фигуровская，А. П. Корелин. Кооперация страницы истории，Том 1：вторая книга，60е годы XIX—начало XX века. Возникновение кредитной кооперации в России. М. Наука，2001，С. 297.

义务在农民中宣传合作社精神，同他们一起制定合作社章程。他有责任使农民关心合作社运转，选择优秀的人进入监察委员会，这样合作社才能稳定发展。此外，合作社创办者还有义务筹集资金、唤醒农民的自主意识，让他们学会独立管理合作社事务。除精明、能干的领导者外，合作社的发展还需要外部扶植。如果没有1000卢布的免利息贷款、出纳员和管理者的无偿服务，罗日杰茨文斯克合作社很难发展。合作社独立运转，不受乡管理机构的约束，成员认真履行义务，这是贷款储蓄合作社与乡银行的不同之处，也是它吸引农民加入的原因。

（2）为保证贷款业务正常运转，启动资金越多越好，贷款利息不能高于5%。

（3）优秀的出纳员薪金每年不超过100卢布，最好由教师、医生或是有知识的人担任。

（4）利润最好不要在成员间进行分配，而是将其用作股金。

（5）成员不能按时还款时，合作社应向乡管理局寻求帮助，因为姑息会将合作社带入绝境。

（6）成员股金不容侵犯。

图2-2 合作社章程制定时的场景

罗日杰茨文斯克合作社章程[①]

创办目的：帮助当地农民积累小额资金、向农民提供低利息贷款。

章程内容

1. 每个农民都可以加入合作社，但要服从章程条款。

2. **基本资金**：合作社建立本金为1000卢布，是鲁金宁的父亲免利息贷款给合作社的，还款期限为10年。

3. **股金**：每个成员每月最少向合作社缴纳15戈比股金，达到50卢布时不再缴纳股金。股金是合作社流动资金的一部分。

4. **利润分配以及储备资金**：年末根据股金存款数额在成员间进行利润分配。如年末时，一位成员的股金为5卢布，另一位成员的股金为7卢布，利润分配时根据每卢布可获得20戈比红利计算，前者可得到1卢布红利，后者可得到1.4卢布红利。为了保证合作社的发展，第一年合作社利润不用来分配，而是将其作为储备资金，目的是弥补合作社的亏空和欠款。

5. 只有合作社成员才有权利获得贷款。

6. 贷款最高额为80卢布。

7. 在没有担保人的情况下，最多只能贷到股金1/3的贷款额。

8. 要获得大额贷款必须有两名成员作担保。

9. 贷款偿还期限为6个月。

10. **贷款利息**：每卢布每月的利息为1%，一年为12%。

11. **贷款延期问题**：6个月后成员如果不能按期偿还贷款，在担保人同意后，或是又有两名新担保人担保后，可以延期3个月。延期贷款应额外支付0.5%的利息，这笔资金用作合作社备用资金。

12. 贷款期限不足1个月，利息按足月计算。

[①] Н. Е. Фигуровская, А. П. Корелин. Кооперация страницы истории, Том 1: вторая книга, 60е годы XIX—начало XX века. Возникновение кредитной кооперации в России. М. Наука, 2001, С. 291.

13. 贷款利息从当日起开始生效。

14. 如果还款期限已到，担保人不同意延期，或是没有找到新的担保人，这时合作社可以通过乡管理局出售欠款人的动产（澡堂、暂时不住的房屋），如果出卖物品的钱仍不够偿还贷款，就要由担保人补上。

15. 流动资金：包括基本资金1000卢布、成员股金、合作社借贷的债务和他人存款，备用资金的一半也可以用于资金周转。

16. 债务：如果合作社在申请延长还款日期3个月后仍不能偿还债务，那么每月要支付0.5%的利息。

17. 存款额最高为50卢布，存款利息为4%。

18. 合作社如果不能偿还债务，债务由成员均摊。

19. 成员提出申请离开合作社半年后可以退社，申请后不再缴纳股金，成员退社时股金和利润返还给他，股金按足年计算。备用资金不返还给成员，到期不缴纳存款者视为退社。

20. 合作社业务办理时间为每周日上午10点至下午2点。

21. 合作社事务由管理局负责，管理局成员由选举产生，管理局负责贷款、借债、吸收存款。为保证合作社稳定发展，存款和贷款数额不能超过合作社本身资金的2倍。

22. 管理人生病或不在时，成员选举助手代替他，监察委员会由6人组成，每月召开一次会议，检查出纳处现金和合作社财务表。

23. 合作社全体大会每3个月召开一次，会议听取财务报告、讨论章程的补充和修改，以及是否接收新成员。第一年为了便于成员了解合作社业务，每月召开一次会议。

24. 章程修改要经过全体成员大会讨论决定，要获得出资人的同意。

25. 成员大会上参加人数达到1/3时，通过的决议视为有效。如果出资人不同意合作社决议，可以撤回借贷给合作社的资金。

26. 合作社开办头三年，如果利润不多，由出资人负责向会计提供薪金。

27. 出纳处钥匙由管理人掌管，没有他不能进行贷款、存款业务。

28. 管理人和会计可获得1/12的纯利润作为薪金。

29. 合作社偿还完出资人的借款后，出资者不再参与合作社事务。

30. 接收新成员由全体大会投票表决，不需经过出资人同意。

31. 合作社解体时首先应偿还债务，剩余的钱根据成员股金分配。

32. 社员死后 6 个月股金交还给继承人，继承人是否可以加入合作社由成员投票表决。

图 2 - 3　2005 年 6 月在科斯特罗马省、罗日杰茨文斯克乡鲁金宁庄园
举办了纪念俄国第一个贷款合作社成立的仪式

图 2 - 4　俄罗斯贷款合作社建立 150 周年纪念册

罗日杰茨文斯克贷款储蓄合作社建立后，其他地区也相继建立了贷款储蓄合作社。根据统计，1871~1877年全俄共建立了966个贷款储蓄合作社，参加人数从19世纪70年代起逐渐增加。自治局也开始对合作社的发展给予扶植，诺夫哥罗德、普斯科夫、特维尔、斯摩棱斯克、莫斯科、雅罗斯拉夫、科斯特罗马和弗拉基米尔省自治局纷纷召开小额贷款会议，向合作社提供贷款。自治局还派专人对合作社工作进行指导。值得一提的是，在合作社管理委员会中地主和教士占据核心位置，在各地召开的贷款储蓄合作社代表会议上出席的几乎都是地主，难怪这一时期的合作社被称为"贵族合作社"。1876年圣彼得堡农村贷款—储蓄和工业合作社在布鲁塞尔国际合作社会议上获得促建大奖，4年间在委员会指导下共建立500多个贷款储蓄合作社。19世纪80年代末欧俄地区500个县有295个县建立了贷款储蓄合作社，参加人数达到27万，合作社共向社员提供贷款2.3亿卢布。① 政府也对合作社的工作给予一定的支持，1872年准许国家银行增加合作社贷款金额，并延长合作社还款日期。圣彼得堡委员会每年从国家获得1万~1.5万卢布津贴，政府还特许合作社免交手续费。

但从19世纪80年代下半期起，合作社发展呈现衰退迹象。大部分贷款变成长期贷款，成员欠款成为合作社发展难题，存款亦受到影响。截至1895年，政府批准建立的1500多个贷款储蓄合作社中，仅700个仍继续运转，占合作社总数的44.3%；657个关闭，占41.2%；231个未曾办理业务就解散了，占14.5%。50万成员中有11万人自愿退出合作社，4万人由于不能偿还债务而被开除。大部分继续运转的合作社其成员多为富有农民。合作社工作者在不了解实际需求的情况下盲目组建合作社、富人为了获得利息跟风出资建立合作社，由于缺乏经验合作社在管理上存在失误，上述问题是导致合作社衰退的主要原因。

合作社现状令知识分子沮丧不已，鲁金宁将合作社交由管理局管理，

---

① B. A. Вдовин. Создание сельских ссудосберегательных товариществ в России. Вестник Московского университета. Серия 8. История. 1964. No. 4.

瓦西里契科夫也对合作社失去信心。自治局逐渐对合作社失去兴趣，国家银行开始缩减向合作社提供的贷款数额。从 1885 年起，贷款储蓄合作社要向企业一样支付 3% 的利润追缴税。贷款缩减、优惠取消使合作社发展困难重重。至 19 世纪 90 年代中叶只有 65 个合作社还能获得国家贷款，但其债务额已达 23 万卢布。这一时期合作社贷款约有一半用于家庭开支，1/3 用于商业支出、1/10 用于农业生产，合作社向成员提供的贷款额平均为 56 卢布。无论在城市还是农村，这一时期贷款储蓄合作社的比重均不大。俄国合作社的发展远远落后于西方国家，同一时期，德国共有 11000 个贷款合作社，社员人数超过 100 万，向成员提供的贷款额大于 20 亿马克。奥地利共有 2029 个贷款合作社，成员人数 70 万。匈牙利共有 7500 个贷款储蓄合作社，成员人数达到 30 万。[1]

二 消费合作社

俄国第一个消费合作社建立于 1864 ~ 1865 年，关于该合作社的发展资料尚无。此后各地相继开始建立消费合作社，但发展缓慢，至 90 年代其总数不过 200 个。[2] 究其原因，首先，消费合作社发展的条件还不成熟，改革后农村主导的经济形态依然是自给自足的自然经济，商品经济不发达、农民对商品的需求非常有限。其次，广大民众文化水平低、对合作社不甚了解，没有做好加入合作社的准备。再次，罗虚戴尔原则遭到破坏。主要表现为合作社入股金额高、不按市场价格出售商品、赊欠之风盛行、收入分配根据股金而不是购买额、不允许非社员参与利润分配。最后，成员对合作社态度冷淡，管理局对合作社监管力度不够，领导者不热心合作社事务。这一时期建立的消费合作社可分为 4 种，农村消费合作社，官吏消费合作社，都市消费合作社以及工厂、铁路消费合作社。其中农村消费合作社和官吏消费合作社数量不大，后者以为官员

---

① Новый энциклопедический словарь. Пг, 1915，Т. 22. C. 658 – 659.
② 〔日〕泽村康著《苏俄合作制度》，唐易庵、孙九录译，商务印书馆 1935 年版，第 29 页。

服务为目的而建立，缺乏消费合作社最根本的民主主义精神，算不上是真正的消费合作社。因此这一时期的消费合作社以都市消费合作社和工厂、铁路消费合作社为主。

表2-1　1865~1890年消费合作社数量

种类 ＼ 年份	1865年	1865~1870年	1871~1875年	1876~1880年	1881~1885年	1886~1890年	总计
都市消费合作社	3	62	8	6	14	19	112
工厂、铁路消费合作社		5	10	16	25	39	95
农村消费合作社		1	2	3	6	7	19
官吏消费合作社				1	3	5	9
总计	3	68	20	26	48	70	235

资料来源：泽村康著《苏俄合作制度》，唐易庵、孙九录译，商务印书馆，1935，第28页。

工厂消费合作社最早建立于乌拉尔基诺夫工厂，该类合作社名为厂主为工厂工人建立，但实际上合作社由厂主支配，社员为工厂高级职员，工人因为规定的出资数额过大而不能加入。合作社不遵守罗虚戴尔原则，利润分配时非社员即便参与采购也不能获得利润，因此可见工厂消费合作社实际上是厂主变相剥夺工人的一种手段。通过表2-2可以清晰地了解工厂主通过消费合作社对工人的剥夺。[①]

表2-2　消费合作社

社名	普的罗工厂消费合作社	金刚矿山消费合作社
社员人数	150	100
参与商品购买人数	1350	1385

资料来源：泽村康著《苏俄合作制度》，唐易庵、孙九录译，商务印书馆，1935，第30页。

这一时期西伯利亚地区的消费合作社发展较为突出，19世纪六七十年代该地区的消费合作社初步发展起来，到80年代其组建数量不断增加，成立最多的是工厂消费合作社。由于它能帮助工厂解决粮食问题，经常出现这样的情况，工厂绕过政府去支持消费合作社。1872 年政府批准建立了西伯利亚地区第一个铁路消费合作社，建立在贝利托夫，它是由尼古拉耶夫斯克铁路工人建立的。

到 80 年代在西伯利亚几乎每年都有一个工厂消费合作社建立，1886～1914 年共建立了 19 个这样的组织。最初合作社资金不足，其活动能力很有限。西伯利亚大铁路的铺设为西伯利亚消费合作社的建立提供了契机。由于工程浩大且地处偏远、人烟稀少，不得不从外地招募工人，这就要为工人提供生活必需品：食品、衣物等，还要有运输、管理建筑材料的部门。政府鼓励在铁路沿线建立消费合作社。1898～1899 年在铁路沿线（后贝加尔和乌苏里斯克铁路沿线）出现了第一批消费合作社，从结构和活动来看，这些消费合作社不是完全意义上的消费合作社，因为它是按照政府的意志建立的。铁路修成后，由于铁路建筑地带距离居民点远，供应生活必需品困难，于是这些组织继续存在，继续发挥作用。

19 世纪 90 年代前消费合作社发展特点如下：合作社多由贵族、地主等社会上流阶层出于人道主义精神而建立，民众自发建立的几乎没有，合作社指导者不了解民众生活、自身也不为生活所困扰，因此其组建热情不长久。另外，消费合作社建立的目的是排除中间商盘剥，但当时合作社指导者与中间商常有往来；加之消费合作社发展的条件还不成熟，普通百姓没有必须建立消费合作社的需求，因此当时建立的都市消费合作社不久就关闭了。这一时期建立的 112 个消费合作社中，至 1901 年仅有 22 个继续运转，其余的均已关闭。

第二节　劳动组合

劳动组合早在古罗斯时期就已存在，它的组建包含以下三个要素：签订协议、按时完成工作和明确工作性质。从古代到近代劳动组合的发展经历了演变：起初，它只是简单的合伙经营，存在期短，大都事情办完即自行解散，没有明确的规则，直到 1799 年劳动组合章程中才确定了某些组织规则。到了 19 世纪随着合作社的发展，许多劳动组合也随之更改组织变为合作社，并有了一定的发展。

一 古代劳动组合

所谓劳动组合，就是几个人为完成某项工作将资金和劳动联合起来，或是仅仅通过劳动联合进行的合伙经营。劳动组合存在期短，大都事情办完即自行解散，因此不足与合作社等量齐观，但可视作合作社之原始状态。实际上合作社发展时即有许多劳动组合随之更改组织，成为合作社。在俄国又有一种习惯将以生产为目的的合作社称为劳动组合，因此，合作社与劳动组合无严格区别。20 世纪初，政府颁布法令规定生产合作社属于劳动组合。

俄罗斯人的祖辈们在与东方进行贸易往来时采用的就是劳动组合，最早的关于劳动组合的官方记载出现在 12 世纪初期。当时诺夫哥罗德省公爵卡夫里授权当地人民在教堂生产蜂蜡，有上千名体力劳动者在此工作，产品主要出售给当地或是外地商人。公爵将蜂蜡出售权授予了商人伊万，为获得经营权他需要缴纳 50 银卢布和上千匹呢绒。在蜂蜡生产团队中有 3 名班长负责管理蜂蜡的生产和出售事宜，商品出售后利润分为两部分，一部分归商人伊万所有，另一部分在成员间进行分配。

关于劳动组合的法令最早出现在 17 世纪中叶，狭义意义上的劳动组合指的是成员在协商后决定共同从事某项劳动，他们间的关系是平等的。劳动组合的建立包含以下三要素：组合要签订协议，组合有责任保证按时完成某项工作，组合要明确工作性质——从事哪项工作。[①] 为了全面展示劳动组合的特征，下文将对不同种类的劳动组合进行阐述。

1. 纤夫劳动组合。在所有的劳动组合中纤夫劳动组合发展程度最低，

---

① Н. Е. Фигуровская, А. П. Корелин. Кооперация страницы истории, Том 1: первая книга, 30—40е годы XIX—начало XX века. Предыстория. М. Наука, 1999, C. 310.

纤夫们拖着装满货物的船只从一个港口徒步到另一个港口。组合成员主要是不会手艺的百姓，他们在农闲季节来到伏尔加河靠出卖体力为生。尽管工作量不一样，但工资平均分配。组合以本村成员为主，通常由 10～45 人组成，组合受雇于他人并签订合同，合同中最重要的是工资和货物运输，5 名工人的运输重量一般不超过 1000 普特。班长负责管理组合日常事务，他的工资稍高。成员不许酗酒，要为运输的安全负责，要防止火灾，如果有人违反规定，将被开除。组合自己解决伙食问题，日常开支共同协商，班长负责购买粮食，这部分费用由主人支付。为防止班长中饱私囊，购买粮食时会派一名成员随同。班长由于负责管理日常生活和建立组合，因此有奖金。成员酗酒打架将受到处罚。有时由于气候因素运输被延迟了，这时纤夫获得的工资就会缩减，他们可以同主人进行评论或是诉诸法律。

2. 小商贩劳动组合。在俄罗斯最为普及和众人皆知的劳动组合就是小商贩劳动组合，由 6～10 人组成，班长负责筹集货物和钱币，负责支付税收以及获取经营许可证。出发前组合成员在班长家集合，班长向每人发放商品和一些钱财并约定好集合的时间和地点。然后他们向不同的方向前行，从事流动性的商贩交易，班长带着剩下的钱和商品乘坐大车去集合地。成员在旅途中用随身携带的商品换取诸如鬃毛、旧铜器等便宜又易于出售的物品，然后在指定的时间、地点会合，向班长汇报成绩，此时班长要做出公正的裁决。如果由于醉酒或是其他个人因素导致经营不善，要对其进行惩罚，如果效益好就对其进行奖赏，然后再分发商品继续上路。这样组合最远可以到达黑海、亚速海沿岸，整个行程用时约一年，他们时聚时散，每个人的成绩取决于自身努力和个人素质。人们将卖得的钱平均分配，如果谁不努力就扣除一部分，班长得到的多一些，用酒宴方式庆祝商路结束。

（旧时乌克兰贩运盐、鱼、粮食等商品的）劳动组合，贩运劳动组合以小俄罗斯地区最为发达，他们用大车或是牲畜运送粮食、盐、鱼等物品。组合分为两类：一类是成员自己组建的组合，它们在邻近的港口和城市出售自己的商品后购买其他物品带回本地出售。另一类是由主人出资组建的组合，这类较为普及。俄罗斯南部地区贩运组合最为发达，该地盛产小麦且种类繁多，除用于当地消费外，大部分在邻近的港口出售。商人在冬初派管家到大的村庄组织建立劳动组合，组合人数约为 15 人。管家将定金支付给班长，然后签订合同并由乡管理局进行证明。成员可以从班长处支出一部分定金用于缴纳税款或是购买生活必需品。春耕结束后，组合来到贸易点装运麦子、盐、鱼等用品，到达指定地点后将麦子出售。

3. 交易所劳动组合。在诸多劳动组合中交易所劳动组合最为发达，这是因为该组合制定了自己的规章制度，并且遵循这个指导规则。交易所劳动组合人数为 25～100 人，其主要工作是装送、搬运商品和看管仓库。组合实行连环责任制以便保证成员履行义务，同时每个成员还要交纳担保资金为自己的过失负责。组合收入在成员间进行平均分配，离开组合时返还担保金。工资由主人——组合出资者定期支付，班长记录并保存每个成员的工资。工资发放前可以向班长借用一部分资金用于日常需求，组合支出由成员共同支付。财务归班长管理，工资发放时班长有义务公布收支表，并接受成员的检查。班长在成员大会上由选举产生，任期不超过一年，他的主要职责是保管财产、分配工作，不经班长允许任何成员不准擅自选择工作种类。班长换届选举时，老成员有优先权。如果推荐人由于某些原因不能担任班长职务，仍由前一任班长担任，班长的薪水高于普通成员。

除班长外，组合还有出纳员，薪水也较高。成员不听从班长安排，酗酒、打架都要受到处罚，情形严重者将被开除。班长和出纳员犯错同样要接受惩罚或被撤职，对成员进行惩罚是为了使雇主相信他们。成员如果由于天灾或是工作等原因生病，组合会支付给他 6 个月的工资，但如果是因为个人原因生病则没有工资，成员也没有权利对此采取法律诉讼。

莫斯科交易所劳动组合规章制度①：

（1）一切纳税等级都可以加入交易所劳动组合，地主农民要经过地主的许可方可加入。新成员加入组合需要经过组合同意，并要缴纳保证金。班长和文书负责管理组合内部事务，他们除日常工资外，还有奖金，任期为一年，期满后由组合决定他们是否可以连任。组合成员与班长共同解决组合问题，组合大会有权利确定罚金数额和开除不认真工作的成员，偷窃组合财物的人将送交法律制裁。

（2）班长和文书的义务。班长是组合的直接管理者，他有责任督促成员认真履行义务、按时上班，负责召开全体成员大会、整顿财务核算、定期向成员公示组合财务明细表，定夺员工工作分配。文书负责记录员工工作任务和工作时间及相应的工资。组合进行法律诉讼时，班长有义务就此提出申请，必要时可以选出委托人。任期结束前班长和文书有义务出示任期内的财务核算，包括主人支付的费用、组合收入以及成员工资支付表，并由组合对其进行检查。

（3）成员义务。成员必须忠诚于主人、认真完成主人布置的工作任务，这也是组合的座右铭。如果损坏或是弄丢了主人的物品，要进行赔偿。成员要服从班长的安排，没有班长的吩咐不能擅自工作。新成员要尊重老成员，不能直呼他们的名字和在其面前大声喧哗，不许争吵、打架、迟到。被送交法庭审讯期间成员不能参加工作，直至宣告无罪时方可开始工作。其间的工资组合不负责支付，成员应向法院索赔。

（4）处罚。对触犯组合制度的成员进行财政处罚，或是将其赶出组合。矿工一天，夏季罚款 2 卢布、冬季罚款 1 卢布。

除上述组合外，还有打鱼劳动组合，其规模不大，在有河流和湖泊的村庄都可以组建这样的组合。如果本村没有河流就得到其他村庄去用钱或是用打来的食物进行租赁。更大规模的打鱼劳动组合在白海地区，组合由成员自己建立，通常由 8～20 人组成。劳动时每人都有确定的分

---

① Н. Е. Фигуровская, А. П. Корелин. Кооперация страницы истории, Том 1: первая книга, 30－40е годы XIX—начало XX века. Предыстория. М. Наука, 1999, С. 361－365.

工，收入平均分配。

真诚是劳动组合最重要的因素。尽管劳动组合在古代就已产生，但直到 1799 年在组合章程中才体现出某些组织规则。大部分组合遵循这些规则，根据规则进入劳动组合必须自愿，组合成员相互负责，每个组合都有班长和文书，他们有责任向成员出示工作账目和获得的钱，在成员间进行钱财分配。临时组成的劳动组合成员人数不少于 6 人，没完成工作组合不能解散，成员要服从组合规则。1812 年法令规定，劳动组合成立时应缴纳 40 卢布手续费。

二 十二月党人与劳动组合

1825 年 12 月 14 日起义失败后，十二月党人被搜捕、审判。根据统计，提交法庭审判的十二月党人多达 579 人，被最高刑事法庭判刑的达 120 人。最终，判处 5 人十二月党人绞刑，判处 102 人流放到西伯利亚[①]，13 人被贬为士兵遣送到高加索。[②] 从 1826 年 7 月开始，他们分批出发，戴着脚镣，乘坐马车（只有 3 人步行），由一个信使和 4 个宪兵押送去西伯利亚。其中 82 人先要服不同年限的苦役，住在囚室；其余的被单个地安置在西伯利亚最荒僻的极北地区居住，只准他们靠耕种分得的 15 俄亩土地来维持生活。他们的境遇比服苦役的更坏。到 1836 年，十二月党人几乎服满了苦役，居住在西伯利亚的城乡各地。到 1856 年 8 月 26 日新继位的沙皇发表宣言，大赦十二月党人并允许他们离开西伯利亚时，据十二月党人罗津和巴萨尔金回忆，只有 25 人幸存。[③]

流放到西伯利亚后，十二月党人放弃了立即发动革命的想法，他们提出了改造西伯利亚的政治、经济和文化纲领的主张。十二月党人的政

---

① 实际上，流放到西伯利亚的十二月党人共 100 人左右。

② М. В. Нечкина. Движение декабристов. Т. 2 М. Наука，1955，С. 405 – 409。

③ И дум высокое стремленье. с. 179 – 181，261，225。转引自吴美芬《流放到西伯利亚的十二月党人》，《中山大学学报》1987 年第 2 期。

治纲领可概括为两个方面：一是反对封建专制，要求取消君主专制政体；二是消灭对西伯利亚各族人民的殖民压迫，改革其行政管理机构，使西伯利亚享有充分的自治权。[1] 为了获得自治权，十二月党人波利根为农民领袖米·弗拉索夫被害一案同警察局进行了不懈的斗争。米·弗拉索夫为了反对乡政府的舞弊和强暴行为，曾率领大批库尔干州农民闯进乡政府，惩治了许多贪官污吏，在农民中享有极高声誉。1843年4月他被逮捕，6年后被残杀。[2] 当地警察局长为息众怒，诡称弗拉索夫酒后与同村人斗殴致死了事。当时在库尔干州法院任职的十二月党人波利根，坚决支持弗拉索夫的正义斗争，决心为其申冤，经过深入调查后揭露了此事的真相。他指出：弗拉索夫长期以来就是乡政府的眼中钉，他们为杀害他曾进行了一连串的阴谋活动，最后唆使一名凶手将他杀害，事后又勾结警察局长包庇凶手。波利根的调查结果得到公众舆论的支持，同时也引起了库尔干州官吏的恐慌。总督下令撤销波利根的职务，并于1850年6月将其发配到土林斯克。[3]

为了改善农民的生活，十二月党人主张取消国家对土地的垄断专卖权，奖励农民垦荒，组建模范农场，开办农业学校和农业银行。据记载：自从十二月党人移居到这里，当地的播种面积开始增加，农业逐渐向雅库茨克推进。十二月党人不仅说服农民增加了耕地面积，而且亲手开垦那些当地农民认为不能产粮的荒地。移居在巴尔古津的M.丘赫里别克尔就进行过这种工作。他把亲属寄来的全部款项用于开办农场和发展耕地。维格林在斯列坚斯克、斯皮尔多夫在德洛金斯科伊乡开办模范农场。十二月党人首次使西伯利亚的农民熟悉并使用农业机械。例如：托尔松在色楞格斯克安装了打麦机、风车、选种机。斯皮尔多夫制造了新的松土铲地工具。安德烈耶夫在奥列克明斯克首次开办了利用水力推动磨盘的

---

① 王忠：《十二月党人在西伯利亚的活动及其影响》，《学习与思考》1982年第3期。
② 王忠：《十二月党人在西伯利亚的活动及其影响》，《学习与思考》1982年第3期。
③ 王忠：《十二月党人在西伯利亚的活动及其影响》，《学习与思考》1982年第3期。

制粉厂。[①] 十二月党人别斯屠热夫兄弟，为改善外贝加尔沙土地的灌溉，努力改进了带钩斗的抽水轮，把河水引进田地。他们还从乌拉尔山以西订购了大批优良菜籽送给农民，同时教农民如何照料菜园和温室。他们还教农民学会栽培烟叶，加工大麻油，养育细毛羊等。此外，十二月党人还就发展西伯利亚地区的工商业提出了许多有益的建议。

十二月党人还在西伯利亚地区开展文化教育活动。众所周知，16 世纪前西伯利亚的居民中并没有欧洲人，即俄罗斯人、乌克兰人、白俄罗斯人等。那时西伯利亚约有 30 个土著民族，总人数 20 万 ~ 22 万人。在俄国入侵以前，一些西伯利亚民族从属于西伯利亚汗国，叶尼塞吉尔吉斯人统治着周围的小民族，布里亚特—蒙古人统治着邻族通古斯人。西伯利亚广大民族在西伯利亚大地上自由自在地创造着物质文明和精神文明，但据现有资料，尚没有发现他们从事教育方面的活动。这些生活在严寒地带，从事传统猎捕业的民族在文化方面的一个特点就是他们大多没有文字，也没有教育教学机构和培养下一代的具体纲要，即使是那些发展程度较高的民族在文化方面也是落后的。在漫长的、没有书面语言的时期里，这些民族的儿童只能靠长辈的言传身教和生活实践中的自然模仿来获取生存本领。他们的早期教育只能在生产劳动实践中进行，其主要内容就是骑射、狩猎与畜牧业生产技术。16 世纪末，沙皇俄国开始向西伯利亚地区进行领土扩张。从这时起，一批批军人、商人和渔猎者越过乌拉尔山进入西伯利亚地区。

进入西伯利亚的俄国侵略者每到一处就在那里建立殖民机构，进行行之有效的管理。除此之外，沙俄政府还大量收集有关西伯利亚的资料，为编制西伯利亚地图提供依据，同时也为俄罗斯人继续深入西伯利亚以及对西伯利亚进行开发提供条件。俄罗斯人在对西伯利亚经济开发的同时，也为西伯利亚带来了文化知识，使这里的广大居民有可能、有机会接受来自欧俄的教育。尽管如此，到 19 世纪初期，西伯利亚的教育仍处

---

① 王忠：《十二月党人在西伯利亚的活动及其影响》，《学习与思考》1982 年第 3 期。

于较为落后的阶段,其发展速度极为缓慢。1800 年,西伯利亚仅有 2 所中学、9 所小学以及 1 所附属于托博尔斯克中学的鞑靼语学校。此后不久,依照 1804 年教育章程,在西伯利亚设立了 3 所中学和 32 所小学。[①]

十二月党人到达流放地后,为了继续同封建制度斗争,他们经常与当地居民接触,希望通过提高当地民众的教育水平,达到继续发动革命的目的。因为在十二月党人看来,未受过教育的人参加革命是有危险的。只有通过教育活动提高当地居民的文化水平,才能获得当地人民的理解与支持。[②] 为此,他们提出了自己的教育纲领,即依靠当地居民自愿捐款建立广泛的小学校网;正式授予流放犯教育孩子的权利;增加中等学校的数量;给首都高等学府拨款,用以接收西伯利亚各中学的毕业生;在伊尔库茨克省立中学创办培养西伯利亚公职人员的专科班。[③] 此外,十二月党人在自己的教育纲领中还提出应开办西伯利亚大学。十二月党人所提出的这些计划虽然在当时没能完全实现,但他们为此做出了不懈的努力。

十二月党人在西伯利亚的许多地方开设了学校,如亚卢托罗夫斯克、奥隆基、赤塔、米努辛斯克、维柳伊斯克、彼得罗夫斯克、小拉兹特、托木斯克、纳济莫沃、巴尔古津、托博尔斯克、色楞格斯克,以及一些以前从未有过学校的地方。他们的教育活动面向所有阶层。在西伯利亚,十二月党人无论是在学校还是在家里对当地各阶层居民子女进行教育都一视同仁。他们招生面向当地所有的阶层和民族,不分贫富贵贱。从表面上看,十二月党人所开设的学校是收费的,但从十二月党人的角度来说,这也是迫不得已的。首先,十二月党人被流放到西伯利亚时,面临的一个最经常的问题就是经济拮据,他们每人每月仅能从公家获得 3 戈比的生活费。其次,他们收费的对象常常是那些家庭生活条件好的学生。

---

① 瓦西里耶娃:《西西伯利亚教育史》,《十二月党人与西伯利亚学校的现代化》,//www. rspu. ruazan. ru ～pedag 3 3 3 Pokrov201 p04。
② 李淑华:《十二月党人在西伯利亚的教育活动》,《西伯利亚研究》2009 年第 3 期。
③ 徐景学:《西伯利亚史》,黑龙江教育出版社 1991 年版,第 245～246 页。

　　十二月党人的教育活动使西伯利亚的广大儿童学到了基础知识，成为有知识的人。十二月党人不仅教育儿童而且对许多没有受过任何教育的青年进行教育。在亚库什金所办的学校就曾有1840名学生。

　　在沙皇政府的严密控制下，被流放的十二月党人仍然在西伯利亚最偏僻的地方开展教育活动，他们是近代西伯利亚教育的先驱。他们的办学活动和启蒙教育活动在落后的西伯利亚边区极具意义。十二月党人在西伯利亚的教育活动对后世产生了巨大的影响，如 B. 拉耶夫斯基在奥隆基所办的学校，到苏联解体前依然存在。在西伯利亚还有以拉耶夫斯基命名的十年制学校和图书馆。① 同时，十二月党人在西伯利亚的教育活动，使广大居民能更容易地接受进步思想，为革命思想在西伯利亚的传播创造了条件。所以说十二月党人的自身努力，他们的事业才后继有人。十二月党人亚·伊·奥陀耶夫斯基在《答普希金诗〈致西伯利亚〉》一文中写道："我们悲惨的事业将不会落空，星星之火必将燃成烈焰。"

图 2 - 5　1827 年十二月党人建立的图书馆

---

　　①　李淑华：《十二月党人在西伯利亚的教育活动》，《西伯利亚研究》2009 年第 3 期。

流放到西伯利亚服刑，政府的贫乏供给和亲人的资助是革命志士唯一的经济来源，因此维持生存是摆在十二月党人面前的难题。早在起义前十二月党人就采用劳动组合的形式组建军人俱乐部，讨论国家和社会问题。在军官"神圣劳动组合"里，谢苗诺夫军团采用这种方式管理军官和士兵的生活。1832～1836 年在西伯利亚后贝加尔斯克服役的 76 名义士，为了摆脱困境组建了劳动组合，并且制定了章程。"以自愿为准则，保证公平、公正"是章程的核心思想。

劳动组合的组长是 Н. В. 巴拉尔金、出纳员是 И. И. 普辛、采购员是 П. В. 阿夫拉莫夫，上述领导由成员投票选举产生。组合建立的目的是"保证有一定数目的资金满足成员需求，满足组合花销"。组合资金包括成员个人资金和国家补给两部分。所有成员权利平等，他们共同管理经济，每个成员都有权离开组合。组合设有常任委员会和临时委员会，临时委员会由 5 人组成，负责年度预算，对组合经济和行政事务进行监察。根据常任委员会的建议，临时委员会可以集会讨论一些措施和建议，就上述建议投票是否对章程进行修改。常任委员会成员包括组长、采购员和出纳员，他们管理组合经济，负责财务分配和经济制度的调整。章程明确规定了劳动组合的活动规则和职员的义务。组长负责预算调节、管理支出，并向临时委员会汇报购买的商品价格，安排值日生轮流值日，组长生病时由出纳员代替他的工作。采购员负责购买粮食、盐等生活用品。出纳员负责制定财务报表，并按月汇报。加入与离开组合一样实行自愿，递交一份书面文件即可，有时行政职务经常由一人担任。组合公共设施由组合出资组建。

十二月党人劳动组合章程

建立目的：多年流放经验证明必须合理使用资金以满足每个人的需求，保证这些钱不被浪费。

组合资金包括捐款、国家补给，资金用于购买粮食等生活用品。组合临时委员会由 5 人组成，制定这一年的资金预算，审查章程并对其进

图 2 - 6

行修改。常务委员会由 3 人组成，包括组长、出纳员和采购员，他们对临时委员会指定的预算有表决权，负责资金的分配和使用。

组长任期一年，负责制定下一年的预算，预算由临时委员会批准。组长负责管理组合收支情况，向临时委员会汇报商品价格数量。他有责任检查厨房卫生、安排值日生。采购员每周两次去店铺采购，任何人不准以债务形式要求采购员代购商品，采购员生病时由组长代替其工作。出纳员负责记录组合资金，每周 3 次进行资金核对。菜园主由常任委员会选举，他制定菜园财政预算，负责菜园管理。

管理规则：组合根据临时委员会制定、经过大多数人同意的规则进行管理。任何建议如果不经过临时委员会通过，视为无效。每个人都有权利对章程提出修改意见，如果提出意见的成员人数达到 1/3，常任委员会则负责召开会议讨论该意见。选举事宜，常任委员会通知组合成员将要进行临时委员会选举，并要求成员决定是否投票。临时委员会负责管理组长和出纳员的选举，常任委员会负责采购员和菜园管理者选举，选举顺序依次为组长、出纳员、采购员、菜园主。

三 近代劳动组合

19 世纪 60 年代初期在杜勃留波夫和车尔尼雪夫斯基的倡导下，在圣彼得堡、奥捷萨、哈里科夫等地相继建立了木工、鞋匠、装订、缝纫等行业的手工业劳动组合。它们共同采购生产原料、接受订货、销售产品，为此还建立、租用了厂房，由于资金不足劳动组合发展不佳。60 年代中期自治局开始扶植手工业劳动组合，向其提供贷款，在自治局帮助下建立了上百个制靴、打铁、钉子生产等行业的手工业劳动组合。查列沃克县自治局 1880～1893 年共向 725 个伐木工劳动组合、432 个焦油提炼劳动组合和 125 个木雕品劳动组合提供帮助。除提供贷款外，自治局还帮助劳动组合销售产品，帮助它们采购原料。① 在南部地区自治局还帮助贫困、没有役畜的农户组织农业生产。通过劳动组合的方式将这些农户组合在一起，向他们提供马匹、工具和种子，每个农户都可以轮流使用马匹和农用工具进行生产，约有一半的农户加入劳动组合。每个劳动组合设置一名监管员负责监管成员的工作。此外，农民还以劳动组合的形式共同租种土地。但由于能力有限上述劳动组合常常不能偿还贷款，不久就解散了。

这一时期还建立了奶制品和干酪制造劳动组合，该类组合的发展与维列夏金的努力密不可分。维列夏金出生于诺夫哥罗德省的一个贵族家庭，毕业于军事院校。1865 年他和妻子来到瑞典学习奶酪生产，并了解了当地奶酪生产劳动组合的规则和章程。他们向自由经济协会写信，建议在俄国创立奶酪劳动组合，建议得到自由经济协会的批准，并向其提供了 11000 卢布的贷款。当年冬天二人回国后在一个村庄租赁了两间屋子，挖出一个地下室开始生产奶酪，在他们的影响下，周边农民开始加入生产，两年后劳动组合的数量达到 12 个。1868 年亚历山大洛维奇公爵

---

① С. Н. Прокопович. Кооперативное движение в России: его теория и практика. М, 1913, С. 71.

偶然拜访了奶酪劳动组合，并对其给予肯定，此后奶酪组合获得社会认可，并多次获得自由经济协会和莫斯科农业协会颁发的各种奖项。政府也开始向其提供贷款，地方自治局亦提供资金教授手工业者生产奶酪。1871年在政府和自治局的帮助下建立了奶酪生产培训学校，25年内共培养上千名学生。

1866～1872年在维列夏津等人的共同努力下，特维尔、诺夫哥罗德、圣彼得堡、雅罗斯拉夫、阿尔汉格尔斯科、沃洛格达、维亚特卡等地共建立了40个奶制品和干酪制造劳动组合厂。但从19世纪70年代中叶起组合发展遇到困难，相继倒闭，到1876年特维尔省建立的13个干酪制造劳动组合，只有3个继续生产。① 究其原因，劳动组合生产技术不完善、领导人才和专业人才缺乏，多数人从学校毕业后到国家或是私企任职；组合资金不足、产品运输流程不完善；地主在组合中处于领导地位，农民逐渐被排挤出劳动组合，许多劳动组合变成私人企业。

小　结

19世纪60～90年代是俄国合作社运动的起步期，这一时期合作社发展缓慢的因素有很多。

首先，《1861年2月19日法令》颁布后，农民的法律地位得到认可，农民从农奴制桎梏中解放出来，成为自由民，他们可以经商、办厂。法令废除了农民对地主的依附，赋予农民公民权，改变了他们原来的从属地位。但事实上这些权利的实行受到诸多限制，农民的经济活动和法律权利受制于村社，他们虽然从地主的监控下摆脱出来，却受控于地方行政机构。尽管改革使农民在法律上成为自由人，但强化了农民等级性和村社监察职能。

---

① С. Н. Прокопович. Кооперативное движение в России: его теория и практика. М, 1913, С. 71.

改革后农民很难离开村社，主要困难在于，转入其他等级应预先解脱份地。1870年前这种解脱不容易，此后情况稍有好转，地主的监督作用弱化。作为国家行政体制最基层环节的村社开始更多地介入农民脱离村社和转入其他等级问题。同改革前相比，改革后农民脱离土地和摆脱村社的条件更为苛刻。1893年不许割让农民份地的法律严重地限制了农户将地块分开的可能性。如果说转入市民的农民为数不多，那么这并非意味着广大农民不想这样做，主要是阻力太大。第一，政府制定出苛刻的离开规定，目的是抑制民间的这种进步过程；第二，当农民希望摆脱农村和试图到城市谋生时，政府便对农民直接采取警察般的强制和禁令。

可见，改革只是在有限范围内扩大了农民的权利，农奴制残余仍保留在农民与地主的相互关系中，农民从依赖地主到依赖村社和官吏。[1] 农民经济并没有完全脱离地主领地；在地主手里仍掌握着农民的"割地"、森林、牧场和喂牲口的土地，这些土地嵌在农民耕地中，农民被迫以做工来租土地。1898年在上交给大臣委员会的报告中维特指出"农民法律观念淡薄、发展经济热情匮乏，他们虽然从奴隶占有中解放出来，但却处于听从命令和无知状态中"[2]。

1898年10月维特再次向沙皇递交报告，希望使农民从政府和村社的监察中解放出来，但这意味着，国家将失去30亿卢布的财政收入，因此他的建议再次未获通过。直到1899年和1901年的农业歉收和工业财政危机，1902年春、夏的大规模农民起义发生后，尼古拉二世才被迫成立农村问题委员会，重新审察农业政策。在这个委员会中起重要作用的是，普列韦领导的内务部农村法制编辑委员会和维特领导的农业工业需求专门委员会（1902年1月22日至1905年3月30日）。农村问题委员会成员包括自治局代表、各地土地所有者、租户和农民。农村状况尤其是中部省，令人头痛。地区代表在评价中部省问题时指出，农民不仅物质保障下降，更严重的是农村传统生活开始解体，旧制度消失、村社解体趋

---

① 张广翔：《俄国农民外出打工与城市化进程》，《吉林大学社会科学学报》2006年第6期。

② А. П. Корелин. Россия сельская на рубеже XIX в – начале XX века. М. Наука，2004，С. 262.

势明显、父权制家庭难以维系。据委员会统计，在中部省只有 21% 的工人与农村经济有联系。农村居民土地不足，土地收入不能满足农民生活需求。

改革后农村的状况使政府意识到了改革的必要性，首先，改革农民法制。但统治阶级对改革必要性存在分歧，各部门间展开激烈争论。普列韦担任主席的编辑委员会是保守力量的中心，他们只是赞同略微改革传统制度，希望保存传统的农民等级制度，认为村社不可侵犯，份地不可剥夺。在此情形下广大民众的首创精神和主动性不足，加之受教育程度和文化水平低，因此他们尚未做好加入合作社的准备。其次，改革初期大部分民众由于不能适应商品货币关系和自由竞争而迅速贫困化。1860～1870 年与 1888～1898 年，农民纯粮食剩余量从 20.6 普特缩减到 15.7 普特。[①] 无力适应新情况的中部和北部农民经济困难重重，铁路网迅速扩大和贸易基础设施的现代化导致竞争激化，传统上以种植饲料作物（黑麦、燕麦）为主的中部农业区明显不敌南部农业区。因世界农业危机，1881～1896 年粮价下跌 1/3，使情况更为复杂。生活标准的改变、农村消费工业品的稍许增长、直接税和间接税的一再增高等情况迫使农民向市场抛出更多粮食，但以减少自身消费为代价。[②]

农奴制虽然被废除了，但高额赎金加上各种赋役导致农民入不敷出。1861 年废除农奴制以后，农民可以赎买份地。多数农民受限于经济能力而无法一次性付齐赎金，政府成立农民土地银行向农民提供贷款。根据《关于摆脱农奴制依附的农民赎买他们的宅园地及政府协助农民实现土地私有的法令》，"农民在贷款发放后 49 年内通过支付赎金的方式偿清贷款"。农民赎取份地的赎金取决于自身的代役租，有些地区的赎金比土地的实际价值高出 1～2 倍。未交齐赎金的农民就会失去份地，甚至被逐出

---

① A. П. Корелин. Сельскохозяйственный кредит в России в конце XIX—начале XX вв. М. Наука，1988，C. 46.

② 张广翔：《俄国农业改革的艰难推进与斯托雷平的农业现代化尝试》，《吉林大学社会科学学报》2005 年第 5 期。

村社或遭到体罚。黑土区各省农民赎买的进程并不同步，1861～1865 年进行赎买的农民最多，1871～1880 年赎买速度普遍变缓，由此政府于 1882 年 12 月 28 日出台了强制赎买法令。20 世纪初，政府迫于国内革命形势宣布废除赎金，至此地主农民向国库支付本息共约 16 亿卢布，其中黑土区地主农民上交约 2.95 亿卢布（比实际赎买贷款多 1.15 亿卢布）。[①]巨额赎金耗尽了农民的财力，使农民长期处于贫困或破产状态。

此外，1875 年赖腾任财政大臣后宣布征收国家土地税，村社土地和农民个人土地都要交税。土壤成分是决定收成的关键因素。地主和农民都需要优质的黑土地，但只有地主有能力控制更多肥沃的土地资源，农民实际使用的土地面积不断减少，使用土地付出的代价也越来越大。到1900 年，沃洛涅日省农民平均耕种 1 俄亩土地要交纳包括土地税在内的直接税税款 1 卢布 96 戈比，库尔斯克省为 2 卢布 86 戈比，奥廖尔省为 2卢布 54 戈比，坦波夫省为 2 卢布 63 戈比。加之其他税种，上述四省男性人口人均直接税分别为 12 卢布 1 戈比、12 卢布 69 戈比、11 卢布 59 戈比和 12 卢布 90 戈比。"农民土地税是地主土地税的 10～20 倍，甚至 40倍，当时地主经济的税款占其全部经济收入的 2%～10%，而农民经济50% 多的收入用于交税。"[②] 国家征收土地税增加了农民的经济负担，对农民经济的发展产生很大阻力。

赋役是各种赋税和租役的总称，改革后农民承担的国家赋税有直接税和间接税两种，履行的租役由劳役租、代役租和混合租变成单一的代役租，同时附之以各种实物义务。改革前农民承担的国家赋税分两种，一是作为直接税的人头税，二是作为间接税的酒税、盐税等。人头税产生于 18 世纪初期。彼得一世在位期间，军事改革及对外战争导致军事开支连年增加，当时按户征税的税收体制已无力保障征得大量税款，转而

---

① Б. Г. Литвак. Русская деревня в реформе 1861 года（черноземный центр 1861 - 1895гг）. М. Наука，1972，С. 403.

② П. И. Лященко. История народного хозяйства СССР - Т. 2. Капитализм. М. Государственное изд - во политическойлитературы，1956，С. 65.

采取了向个人征收的人头税。征税对象是所有登记在册的成年男性人口，从此人头税成为农民的沉重负担，直到1887年除西伯利亚以外的俄国各地才废除了人头税。废除人头税是俄国税收史上的重大事件，但在1861年农民改革初期，人头税仍是农民的沉重负担。1862年人头税提高了0.9%，从而为国库增加了100万卢布的收入。到1863年达到人均25戈比，共为国库补充了600万卢布资金。1867年达到人均50戈比，为国家带来1000万卢布收入。① 改革后人头税持续增长，不过欠税比例也不断提高，到1881年1月1日，欠税比例占年税的18.8%。② 废除人头税已是时代所趋。政府注意到了问题的严重性，成立专门会议讨论废止人头税的问题，1887年人头税最终被废除。间接税中以酒税最为突出，政府采取包征捐税的形式，通过酒品生产者和经营者取得酒类税收。

农民还承担着对地主的各种租役，主要包括劳役租、代役租和混合租，以及完成各种实物义务。劳役租亦称徭役租，是指农民用自己的工具为封建主进行一定时限的无偿劳动。最早产生于基辅罗斯，剥削对象以霍洛普③为主。15世纪末16世纪初，随着商品货币关系的发展而几乎波及所有依附农，农民要为封建主耕地、运输、割草、修缮房舍等。17世纪和18世纪上半期，劳役租和实物代役租成为封建主剥削农民的主要形式。④ 随着粮价上涨，土地价格大幅攀升，地主逐渐将农民土地转收到自己手中，采取了极端的剥削形式即月役制。农民在地主土地上无偿劳动，按月领取食品和衣物，实际上这些给养仅能维持农民个人的最低生活需要。1861年沙皇亚历山大二世宣布废除农奴制，废除劳役租和月役租，但其残存形态工役制形式一直保留到1917年十月革命之前。

代役租是封建地主以产品或货币形式攫取农民剩余劳动的封建剥削

---

① Н. И. Ананьич. К истории отмены подушной подати в России//Исторические записки. 1974, № 94.

② А. Н. Анфимов. Экономическое положение и классовая борьба крестьян Европейской России 1881 – 1904. М. Наука, 1984, С. 58.

③ 霍洛普是10～18世纪初俄国的一种封建依附者。

④ 陈之骅主编《苏联历史词典》，吉林文史出版社，1991，第236页。

方式。9～11 世纪基辅罗斯时期的"巡行索贡"即是向农民征收实物代役租的表现。13～14 世纪，实物代役租不断加强，而在商品货币关系比较发达的诺夫哥罗德地区则流行货币地租。16～17 世纪初，国际市场需要从东欧市场采购大批粮食，粮价日益升高，俄国封建主为生产更多商品粮，代役租成为劳役租的补充形式。从 17 世纪起，代役租流行于宫廷土地、寺院土地和国有土地上。18 世纪下半期，随着工商业和市场关系的发展，代役租主要集中在非黑土区，同时也逐渐出现在黑土区地主领地上。19 世纪上半期，地主土地上出现代役租和劳役租兼而有之的混合租，其中黑土区仍以劳役租为主。1861 年农民改革后，代役租逐渐被赎金代替。[①]

改革后俄国政府继续执行严厉的税收政策，向农民征收各种直接税和间接税，直接税包括国税、地税、村税、保险税等内容，间接税范围更大，涉及盐税、火柴税、糖税、茶税、煤油税等税种。黑土区农民背负的各种赋税中，直接税带给农民的经济压力最大。1880～1891 年地方统计数据显示，沃洛涅日省农民每年要支付赎金和代役租 4148028 卢布，缴纳国税 932870 卢布，缴纳地税 1002765 卢布，承担村税 1227302 卢布。库尔斯克省相应为 3196362 卢布、2136691 卢布、1147572 卢布、1371394 卢布。坦波夫省相应为 3202414 卢布、2390955 卢布、754412 卢布、1097801 卢布。可见俄国农民赋税压力之重。[②]

农民想方设法赚钱交税，农业、畜牧业和手工业是农民创收的三条重要渠道，前两项收入以实物为主，手工业收入以货币为主。农民根据具体经营条件和季节特点综合利用这三种方式。由于各省经济发展水平不同，三项收入在农民总收入中的比例存在差异。以沃洛涅日省为例，农民总收入中 42.5% 来自农业，19.7% 来自畜牧业，19.2% 来自手工业。而货币进款的 15.1% 来自农业，21.5% 来自畜牧业，41.8% 来自

---

① 陈之骅主编《苏联历史词典》，吉林文史出版社，1991，第 74～75 页。
② П. А. Викторович. Крестьянское хозяйство центрально-чернозёмных губерний России в 60 – 90 е годы XIX века. Воронеж，2006，С. 407.

手工业。① 通常，农业收入即耕种土地的收入对于农民缴纳货币税意义不大，以奥廖尔省叶列茨克县为例，1 俄亩土地通常能收入 5～15 卢布，但国有农每俄亩地交 2 卢布 56 戈比土地税，赎买土地后成为自由人的原地主农民交 3 卢布 87 戈比，临时义务农则要交 4 卢布 8 戈比。加之其他税种，农民仅靠土地的收入很难维持正常的经济生活。人均份地少于 1.5 俄亩的所有农村中，农业收成仅够家庭糊口及喂养家畜，所以只能通过其他途径获得更多货币。② 畜牧业收入指农民将喂养的家畜及畜产品出卖，以获得交税的货币。以沃洛涅日省 230 户农民家庭为例，如果农民从事畜牧业生产，那么赋税支出占总收入的 10.8%，如果单纯从事农业生产，那么赋税支出占总收入的 62.6%。并且役畜数量越多，赋税支出在总收入中所占比例越低。有 1 头役畜农户的赋税支出占总收入的 14.1%，如果农民单纯从事农业生产，赋税支出是总收入的 1.24 倍。有 5 头役畜的农户这一比例相应为 9% 和 67.4%。③

可见，畜牧业收入缓解了农民的经济压力。从事手工业活动是农民获得货币收入最直接最快捷的途径，手工业收入高低与役畜数量多少呈正向相关。役畜少的农户多从事私人手工业，役畜多的农户多从事运输业及工商业。整体上，49.3% 的工业收入来自私人手工业，这也间接说明农民役畜保障程度不高。④ 上述三种收入仍无法保障农民顺利交付高额赋税，欠税现象屡见不鲜，其中黑土区欠税比例居欧俄之首。1890 年之前，只有库尔斯克省欠税比例较低，沃洛涅日省和坦波尔省欠税比例接近税额的 50%，而奥廖尔省欠税已达 81%。19 世纪 90 年代初农业连年

---

① Н. Н. Кореневская. Бюджетные обследования крестьянских хозяйств в дореволюционной России. М. Госстатиздат, 1954, С. 122 – 125.

② П. А. Викторович. Крестьянское хозяйство центрально-чернозёмных губерний России в 60 – 90 е годы XIX века. Воронеж, 2006, С. 409.

③ П. А. Викторович. Крестьянское хозяйство центрально-чернозёмных губерний России в 60 – 90 е годы XIX века. Воронеж, 2006, С. 410.

④ А. В. Перепелицын, В. Н. Фурсов. Крестьянское хозяйство центрально-чернозёмных губерний России в пореформенныйпериод. С. 185.

歉收，各省欠税比例均大幅升高。①

1882年3月财政大臣本格在呈递给国务会议的报告中指出，农民欠缴税款居高不下，1866年、1880年和1881年分别为790万、2050万和2340万卢布。② 即便变卖牲畜，农民依然无力偿还欠缴税款。除支付国家赋税、地方自治税、村社税和保险税外，以酒、糖、烟草、煤油和火柴消费税为表现形式的间接税的大幅度提升，导致农民的生活苦不堪言。据官方统计资料，几乎一半的帝国农民入不敷出。③

这一时期，政府大力发展工业和铁路运输业，实行关税保护政策。19世纪初，战争的阴影笼罩着欧洲大陆。1805年俄国站到了拿破仑法国一边，随后的《提尔西特条约》使俄国同法国结成了反对英国的联盟，俄国加入到了针对不列颠群岛的大陆封锁体系。这对俄国是极其不利的，它几乎失去了英国这个出口市场。要知道，从1802年至1806年底，俄国全部出口亚麻的91%，盐的77%，大麻的73%，鬃类的80%，布类的72%和铁的71%都是运往英国的。④ 结果靠出口农产品获利的地主阶级蒙受了巨大的损失。在这种情况下，俄国出台了1810年的禁止性税率，俄国整个对外经贸联系因此被大大削减了。1815年拿破仑帝国遭到重创后，俄国国民经济开始慢慢恢复。英国和普鲁士为拓宽同俄国的贸易联系对俄施以重压，俄国被迫于1819年实行自由贸易政策，该政策导致外国商品充斥了俄国市场。由于俄国工厂竞争能力较弱，导致很多企业纷纷破产，企业主对此表示强烈不满。出于贵族和资产阶级的压力，1822年3月俄国政府开始实行禁止性关税政策。⑤ 1822年税率在19世纪上半期起

---

① Перепелицын А. В, Фурсов В. Н. Крестьянское хозяйство центрально－чернозёмных губерний России в пореформенныйпериод，С. 189.

② 斯捷潘诺夫：《改革家本格的命运》，莫斯科，1998，第127页。

③ 张广翔、袁丽丽：《19世纪下半期俄国税收改革的若干问题——斯杰潘诺夫博士吉林大学讲学纪要》，《世界历史》2008年第2期。

④ 勒·弗·库普利雅诺瓦：《19世纪40—80年代保护关税政策和俄国业主们》，莫斯科，1994，第8页。

⑤ Л. В. Куприянова. Таможенно-промышленный протекционизм и российские предприниматели（40－80е годы XIX века）М. Институт российской истории РАН, 1994, С. 12.

主导作用，随着俄国工场手工业的发展，这种政策的缺陷也就暴露无遗，主要的弊端是限制了俄国商品出口，同时也抑制了俄国工业发展。[①] 1850年俄国政府调整了关税税率，但没有破坏关税保护的总原则。

1873 年经济危机重创了俄国的纺织业、黑色冶金业和燃料工业。国家信贷体系异常混乱，多家商业银行相继倒闭，国家财政状况一落千丈。俄土战争迫使俄国大举借债，国家银行大量发行纸币，战争经费预算惊人。此时工业发展停滞不前，粮食连年歉收，复杂的国内外局势迫使沙皇命令财政部尽快采取措施解决危机。[②] 1876 年财政大臣向沙皇上疏，强调俄国的信贷和支付能力已遭到债权国的怀疑，指出解决这一问题的根本措施是实行金币关税制。[③] 因急需缓解外债偿还压力，财政部认为必须限制进口，用金币征收关税是达到这一目的最有效的措施。这种措施既能增加财政收入，又能保护本国工业的发展，这意味着赖腾赞同强制性保护关税政策。[④] 自 1877 年新税率实施之后，俄国几乎所有进口商品的关税增加了 30%，其保护关税程度可见一斑。金币关税制严重冲击了德国对俄的商品出口，至 1887 年进口德国商品所占的比例降至 29%。[⑤]

德国对俄国提高关税的做法极为不满，作为报复德国政府也提高了俄国粮食的进口关税，这为俄德关税战埋下伏笔。德国对民族农业实施保护关税的运动迅速席卷了法国、意大利、奥地利等其他国家。从 1880年开始，几乎所有国家都展开了保护关税战，这对俄国关税的不断提高起了推波助澜的作用。1880 年、1882 年、1884 年和 1885 年，沙皇政府

[①] М. Н. Собелев. Таможенная политика России во второй половине XIX века. В двух частях Ч. I. М. РОССПЭН, 2012, С. 31.

[②] Л. В. Куприянова. Таможенно-промышленный протекционизм и российские предприниматели (40－80 е годы XIX века). М. Институт российской истории РАН, 1994, С. 81－82.

[③] В. В. Витчевский. Торговая, таможенная и промышленная политика России со времени Петра Великого до нашей дней. СПБ, 1909, С. 106.

[④] П. И. Лященко. История народного хозяйства СССР. Т. I. 3－ое издание. М, Госиздат., 1952, С. 187－189.

[⑤] С. А. Покровский. Внешняя торговля и внешняя торговая политика России. М., Международная книга., 1947, С. 299.

又连续或局部或全面地追加关税。于是，在 1877～1880 年，所有进口商品的关税达到其自身价格的 16.1%，1881～1884 年达到 18.7%，1885～1890 年已达到 28.3%，1891 年税率则几乎达到禁止的程度。1891～1900 年所有进口商品按照 1891 年税率计算，进口关税等于其自身价格的 33%，而有些商品的关税达到 100% 甚至还要多。[①]

纵观保护关税政策所走过的一个世纪的历程，总体上它促进了俄国经济的发展，保护和扶植了脱胎于封建经济内部的工商业资产阶级的利益，不断促使其发展壮大。在实行禁止性保护关税的年代里，1822 年税率首先保护并刺激了纺织业的发展。例如，1822 年俄国进口棉花约 5 万普特，从英国进口纺好的纱为 25 万普特，而到 1851 年，两者相应变为 130 万普特和 13 万普特，到 19 世纪 50 年代末期，外国纱仅占国内纺织业所需原料的 7%。[②] 1861 年工业化道路被真正打开之后，保护关税对工业生产特别是对煤炭和金属生产所起到的保护和扶植作用更是前所未有的。煤炭和生铁产量的飞速增长成为俄国工业发展史上的一个里程碑，1880 年自产煤 3.67 亿普特，进口煤 1.07 亿普特；而 1900 年自产煤达到 10.03 亿普特，进口煤 2.74 亿普特。在俄国自产煤量不断上升的情况下，进口煤在总煤炭量中所占的比重却不断下降，由 1880 年的 37.1% 下降到 1890 年的 22.6%，直至 1900 年的 21.5%。俄国的煤炭开采量在 1867～1897 年的 30 年间，从 2800 万普特增长到 6.84 亿普特，共增长了 23 倍多。[③] 俄国的生铁产量在 1870 年仅占世界总产量的 2.9%，到了 1894 年则将此数字改写为 5.1%，在 1886～1896 年短短的 10 年间，俄国生铁产量增长了 2 倍。取得同样的进步，美国用了 23 年的时间，英国用了 22 年，法国用了 28 年，德国用了 12 年。

关税保护政策给工商业阶层带来利益的同时，也使处于社会底层的广大民众为此付出了巨大的代价。截至 20 世纪初，俄国居民因为实行保

① 梁士琴科：《苏联国民经济史》第 2 卷，人民出版社 1954 年版，第 266～268 页。
② 梁士琴科：《苏联国民经济史》第 1 卷，莫斯科 1947 年版，第 537 页。
③ 张福顺：《19 世纪俄国保护关税政策述论》，《东北亚论坛》2001 年第 3 期。

护性关税而额外支付的钱约有 6.3 亿卢布，其中 3.08 亿卢布用在了工业品上，2.53 亿卢布用在了原料上。① 为了加快国内资本的原始积累，更为了保护贵族地主的利益，沙俄政府在关税上一直刺激农牧产品出口，即使在粮食短缺的情况下也不例外。俄国在国际市场上经常以低价出口的获利微薄的那部分粮食并不是多余的部分，而是国内居民为糊口而必需的生命攸关的那部分粮食。在此情形下任何使农民摆脱贫困的尝试都很难在短期内取得成功，需要经历时间的考验，这也是农民消极对待合作社的原因之一。

阻碍合作社发展的另一个障碍是农民和市民的权利受到限制。农奴制废除后农民虽然从地主的压迫下解脱出来，但并未实现真正的自由与独立，他们仍受村社和行政机构的监察。当局者认为村社是在新条件下管理农民的合理形式，经济上它能保证地主领地劳动力，通过连环保证国家税收；在社会关系上，村社可以避免无地和流浪、能够防止农村分化，防止农民无产阶级化和避免地主不满，村社土地集体耕种，财产村社共有可以应付歉收和饥饿；在政治上，村社是保守统治的支柱，可以稳定专制统治。因此政府一方面废除地主农的临时义务、取消人头税、建立农民银行、延长欠缴税款和赎金偿还日期，为了打击高利贷资本规定贷款利息不能超过 12%。另一方面，想尽办法强化农村等级制度，不允许村社解散，大力扶植父权监护体制，加强地方行政机构对村社的监督，竭力制止和延缓法令的实施。1886 年 3 月 18 日政府颁布法令，旨在强化父权制、反对分家，法令规定只有当村民大会中 2/3 的村民同意后，才可以分家；限制自由分配家庭财产，导致有能力的劳动者没有财产支配权。1893 年 12 月 14 日亚历山大三世签署法令，该法令扩大村社权利，限制农民重新分配份地和对不动产的支配，规定只有经过村社许可才可以提前赎回份地，土地只能在农民间转让，禁止抵押份地。② 1889 年实

① 张福顺：《19 世纪俄国保护关税政策述论》，《东北亚论坛》2001 年第 3 期。

② E. M. Брусникин，Крестьянский вопрос в России в период политической реакции. Вопрос и стории. 1970. No. 2.

行地方长官对农村行政机关的自行处置权，1890 年限制农民参与地方自治，强化农民的等级特征和无权地位。[①]

土地定期分配、耕地纵横交错、强制轮种这些均是村社土地公有制的伙伴，阻碍了农村经济合理化。老人占统治地位的村社，精明能干的村员受到排挤。村民大会解决问题以"祖辈做法"为依据。一位农民的抱怨有力地说明了这一切：农民不能按自己的想法耕种土地，只能以村社为依据。全体村社成员一起耕地、送肥、收割，不允许单独耕种土地。我在自己土地上耕种的三叶草可以使用三年，在休闲地上可以耕种黑麦和野豌豆，而根据村社规定则只能耕种黑麦。想用饲料提高地力，其他人不同意。田鼠损坏牧场，打算修理牧场，其他人却说，自古以来就没人处理，所以不用管。想在窄的地方挖沟渠防止庄稼被浸泡，其他人却说我们的父辈没这么做，我们也不用。[②] 在这种情况下，村社的作用在于保证农民在复杂而异常的条件下维持生存，它越来越阻碍农村发展。几个世纪以来在父权制统治下建立的村社土地制度，使农村土地耕种停留在原始的耕作水平。农民在低水平耕作条件下共同维持生存，权利受到限制束缚了农民的创造性，最直接的表现就是影响合作社的发展。限制农民对份地和动产的财产支配权阻碍了贷款合作社的建立，挖掘了贷款保障体系。

在此情况下刚刚脱离村社的农民外出打工者来到城市受雇为工人，他们没有权利不能进行联合，在工厂和铁路建立的消费合作社是继续剥夺工人的工具。政府的监护政策、农村财产平均化观念影响了人们对待合作社的态度。地方政府和一些民粹派分子认为贷款—储蓄和消费合作社会引起村社解体、农村分化，他们不但不支持合作社还阻碍其发展。此外，合作社运动缺乏有学识的领导者，合作社监管不够、债款征收困

[①] 张广翔：《俄国农业改革的艰难推进与斯托雷平的农业现代化尝试》，《吉林大学社会科学学报》2005 年第 5 期。

[②] А. П. Корелин. Россия сельская на рубеже XIX в-начале XX века. Москва：Наука，2004，С. 242.

难，合作社章程不完善，这些都是制约合作社发展的因素。在上述种种情形下，自由派知识分子和自治局加速向贷款、消费、生产合作社提供扶植具有很强的人为性。合作社活动家古雷日认为"合作社建立的根基不足，直到 19 世纪末俄国农村尚未从自然经济中苏醒过来，对流动资金的需求不大，生产性贷款还没有充足的土壤"①。

最后，政府政策的矛盾性影响了合作社的发展。从一开始它就对合作社的建立持谨慎态度，认为合作社会威胁政府统治。因此在章程批准程序上设置诸多限制，合作社章程办理手续繁杂，要经大臣委员会批准后方可建立，这一过程需要两至三年的时间。后来随着合作社组建数量的增加，为减少建立麻烦，章程交由行政部门批准。消费合作社章程由内务部批准、农业合作社章程由农业部和国家财产部审批，贷款储蓄合作社章程由财政部审批，后手工业劳动组合章程也交由该部审批。政府对待合作社的态度摇摆不定，时而扶植它的发展，国家银行向合作社提供贷款、不向贷款储蓄合作社征收税款；时而取消对合作社的支持，1885 年一改初期对贷款储蓄合作社的免税政策，开始要求其支付手续费和 3% 的利润追加税，合作社要向政府出示财务报表。直到 90 年代中叶，政府对合作社的态度才发生转变，积极支持合作社的发展。

整体上改革 30 年间俄国人民组建了各种类型的合作社，合作社思想在俄国得到一定程度的传播，并首先为贵族和自由派知识分子所注意。他们创造性地利用西方国家合作社发展经验对其进行某些改革以便符合俄国国情，他们意识到俄国还很落后，因此希望借助村社和劳动组合克服合作社组建过程中遇到的困难。在不懈的坚持与努力下俄国合作社的建设积累了一些经验，召开了合作社活动家区域会议，一些地区的成功经验使人们对合作社充满希望，合作社思想的宣传和实践活动为它的继续发展打下了根基。

---

① А. П. Корелин, Зарождение кооперативного движения в России: взлеты и падения 1860 - е-середина 90 - х годов XIX в. М. Экономическая история ежегодник, 2004, С. 447.

第三章　1895～1904年：
合作社运动的发展

1895～1904年合作社运动发展起来，这一时期政府开始关注合作社，向其提供指导与扶植。1895年颁布了《小额贷款法令》，1897年出台了《消费合作社章程》、同年还制定了《农业合作社章程》，1902年颁布了《劳动组合法案》。随着商品—货币关系的发展以及相关法令的完善，合作社开办数量明显超过前一时期，合作社建设也出现了重大质的变化。首先，合作社联盟开始建立，合作社的形式和类型多样化；其次，社会各界对合作社的态度发生改变。同时不难看到，合作社工作者对制约合作社发展的社会—经济、权利问题还不够了解。

第一节　信用合作社

信用合作社包含贷款储蓄合作社和贷款合作社两种形式，后者于1895年《小额贷款法令》颁布后方始建立。19世纪90年代中叶，农民生存状况不断恶化，加之国家财政困难迫使政府开始关注和扶植合作社的发展。在此情形下，信用合作社逐步发展起来，不仅建立了信用合作社联盟，还召开了第一届全俄贷款储蓄合作社代表会议。

一　俄国农业发展道路之争

1853～1856 年俄国在克里木战争中惨败后，痛定思痛，开始积极学习西方先进技术，发展民族工业，由此掀开了工业化的序幕。19 世纪 60 年代以后，俄国加大了铁路建设的力度，从而掀起了"铁路热"。60～70 年代，铁路建设以私办官助为主，政府实行贷款、订货、奖励、保护关税的政策扶植私人办铁路，同时，从前由国家投资兴办的铁路，由于经营亏损也转向私人。1861～1875 年，俄国总计修建铁路 16138 俄里。至 70 年代末，俄国所建的铁路网只包括了欧俄和高加索的一部分。有经济意义的主要干线首先把工业中心同南方黑土省份、伏尔加河流域，并同波罗的海和黑海的最大海港结合起来。此前所修铁路，绝大部分为私办铁路，到 80 年代初，国有铁路仅占 4%。然而，私人办铁路又不得不向国家贷款，到 1880 年，私人欠国库的债款超过了 10 亿卢布，国家付出的代价太大。许多资本家借着有利的铁路承租权、借着提供材料时的种种欺骗行为、借着股票投机生意而大发横财。从 80 年代开始，沙皇政府加强了工业和战略铁路的建设，恢复了铁路官办的方针，并对私人铁路进行赎买。到 1895 年官营铁路已占铁路总数的 60%。10 年间，修建了乌拉尔铁路，同时把巴库、第比利斯和巴统连成了一线。还建成了东里海铁路线，从克拉斯诺夫斯克经塔什干延伸至阿富汗边境。铁路把克里沃罗格区和顿巴斯结合起来，给南方重工业的发展创造了条件；又把内地各省和南方乌拉尔采矿区结合起来，奠定了中亚铁路网的基础。俄国铁路总长从 1881 年的 21155 俄里增加到了 1895 年的 34088 俄里。[①] 90 年代是俄国工业高涨的年代，这一时期政府把相当大的资金投入铁路建设。根

---

① 　M. B. 涅奇金娜：《苏联史》第 2 卷第 2 分册，三联书店 1959 年版，第 178 页。

据财政部公布的国家预算，1875 年投入铁路、港口建设的资金为 6.1636 亿卢布，到 1892 年增长为 10.0888 亿卢布，几乎占了整个国家支出的 1/10。这一时期俄国的铁路迅速延长，其中 1895 年至 1900 年每年超过了 3000 俄里。[①]

大力发展工业使俄国很快跻身于中等资本主义国家之列。然而就在工业发展一枝独秀时，农业生产却徘徊不前，症结在于有限的财力用于工业和铁路，农业受到冷落。1894 年 10 月 20 日尼古拉二世登基后，非常关注农业问题。因此，维特不得不为坚持发展工业方针分神。他坚持按既定路线前进，在 1895 年和 1897 年预算报告中，向新沙皇强调亚历山大三世时期所信奉的"维持预算平衡、准备货币改革和发展国内工业"思想，赞扬亚历山大三世是国内工业的守护神，坚信回归农业国家无疑是"经济灾难"。维特还善于通过著名学者门捷列夫游说尼古拉二世。门捷列夫向尼古拉二世献言，国家发展工业可能使农业做出一些牺牲，但这种牺牲符合俄国的长远利益。[②]

维特的立场遭到了农业界人士的激烈反对，1897 年春天成立的贵族等级事务特别会议是普列维、杜尔诺沃和克里沃舍因等人一手操纵下的产物，各省纷纷召开等级事务特别会议[③]，要求政府为粮价下跌负责，为贵族贷款购买非贵族的土地，推迟还贷。[④] 叶尔马洛夫批评维特处理工业和农业关系失算，建议发展土壤改良贷款，鼓励农产品加工，由国库提供农业发展所需的资金，发行年息 4% 的专门借款。由于没有切实可行的纲领，该会议旨在扶植贵族等级的兴农措施收效甚微。

为促进农业发展，1893 年国有财产部提交的方案提出，将在萨马

---

① 西里尔·E. 布莱克：《日本和俄国的现代化》，周师铭等译，商务印书馆 1984 年版，第 227 页。

② Л. Е. Шепелева. Судьбы России. Доклады и записи государственных деятелей императором о проблемах экономического развития страны（вторая половина XIXв）. СПБ：Лики России，1999，С. 329 – 330.

③ Ю. Б. Соловьев. Самодержавие и дворянство в конце XIX века. Ленинград. Наука，1973，С. 227.

④ А. П. Корелин，С. В. Тютюгин. Первая революция в России. Взгляд через сто столетие. Отв. Ред. . М. Памятники историеокой мысли，2005，С. 7.

拉—沃罗涅日—巴尔特一线以南地区实施灌溉，为此申请20万卢布启动经费。同年，叶尔马洛夫又提交了考察伏尔加河、西德维纳河、第聂伯河、顿河和欧俄中部其他河流上游的计划，建议通过植树保护水源和保住上游河段防春汛的能力。尽管农业和国有财产部将每年考察经费定在4万卢布①，财政部仍然不同意。叶尔马洛夫依据水文学研究的初期成果，于1896年末提出了在欧俄南部和东南部进行土壤改良的工作计划，蓄积春汛和雨水进行灌溉，为此申请5年期间拨款140万卢布。

维特则对农业和国有财产部，在数千万俄亩土地上实施土壤改良制度的能力，表示怀疑。国务会议不支持财政部对待农业的冷淡立场，希望农业和国有财产部在欧俄国有土地上推广经济作物，为地主做表率。因此于1897年和1898年，批给这两个部门各20万卢布。② 从1900年起因俄国与日本争锋财政上捉襟见肘，不得不削减预算支出，1902年国务会议认为欧俄发展灌溉事业不应指望国家，应靠土地所有者自筹资金。可见，尽管俄国统治者围绕工业和农业发展孰先孰后、孰轻孰重一直争论不休，但国家究竟如何影响和推进农业并无良策。

19世纪60年代至20世纪初俄国农业生产面临诸种不利条件。首先，预算赤字，19世纪的百年间竟有70年预算赤字③，历任财政大臣为平衡预算可谓绞尽脑汁。其次，军事支出一直居高不下，俄国奉行对外扩张政策，导致国家财政入不敷出，19世纪的军事支出占国家预算的1/3左右，国家的大部分积累用于非生产领域。再次，克里木战争中俄国惨败后，19世纪下半期俄国倾举国之力发展工业，尤其是重工业，在国内资金严重不足情况之下，大力引进外资。最后，俄国政府各部门围绕国家经济发展的未来方向、如何吸引农业投资和增加农业贷款一直冲突不断，财政部、内务部、农业和国有财产部围绕农业纲领争宠导致难以出台切

---

① В. С. Дякин. Деньги для сельского хозяйства 1892 – 1914гг. СПБ Санкт. Петербургский государственный университет，1997，С. 36 – 37.

② В. С. Дякин. Деньги для сельского хозяйства 1892 – 1914гг. СПБ Санкт. Петербургский государственный университет，1997，С. 38 – 40.

③ Ю. А. Беляев. Министерству финансов России 190 лет. Финансы 1991，No. 11.

实可行的统一方案。作为俄国工业化之父的维特能力过人，行事果断，咄咄逼人，不容他人染指其倡导的工业化路线，由于过于执着或判断有误，有时做出过激或不当反应。普列维和叶尔马洛夫由于能力平庸，在与维特的较量中总是处于下风，结果农业资金和农业贷款问题一直悬而未决。以上数端是俄国农业生产长期滞后的根本原因。

到 20 世纪初俄国农业发展至少丧失了 50 年的光阴，对德国而言同样 50 年时间农民较从容地进行土地规划，农业资本主义迅速发展。斯托雷平改革纲领中的所有基本方案反映了俄国社会发展的成熟需要，其中多数改革方案若干部门已经酝酿了数十年。在这一时期国内旧问题未去，新问题已至，新旧问题交织在一起，国家面临种种危机，出路十分渺茫。农业问题仍然是俄国社会躯体上的溃疡。①

据著名经济学家 Ю. Э. 亚索统计，19 世纪 80 年代欧俄地区共有土地 4.588 亿俄亩，其中耕地面积 0.982 亿俄亩，占该地区土地总面积的 21.5%，割草场为 0.546 俄亩，占 11.9%，森林为 1.386 俄亩，占 30.2%，其余 1.674 亿俄亩土地（36.4%）不适宜耕作，因此有超过 1/3 的土地不适宜粮食播种，被用作牧场。据 1905 年调查资料，俄罗斯帝国共有 19.654 亿俄亩土地。其中，被国家登记测量注册的仅有 11.462 亿俄亩，在这 11.462 亿俄亩土地中，耕地、割草场、牧场和其他农业用地共 4.694 亿俄亩，其中耕地 1.35 亿俄亩，占国家耕地测量地的 11.6%，占农业用地的 28.7%。② 在人烟稀少的北部，尤其是西伯利亚以及中亚地区大量适宜耕作的土地由于农业耕种技术水平低、资金缺乏和长期以来政府限制殖民进程，而不能使用。

欧俄农民整体收入微薄，据财政部税收局统计资料，1900 年欧俄有一半省份的农民财政支出大于收入，最好的时候，也只是收入与支出相当。下列数字可见证这一点，1905 年 8 月 24 日《乌拉尔》杂志指出：

---

① В. В. Лапин. Военные расходы России в XIX в. Проблемы социально-экономической истории. СПБ. Наука, 1973, С. 51.

② А. Б. Корелин. Россия сельская на рубеже XIX в-начале XX века. М. 2004, С. 227.

"在整个北高加索、萨拉托夫、图拉省，农民财政支出与收入平衡，没有剩余；在诺夫哥罗德省农民平均年收入为 255 卢布，支出 271 卢布；在弗拉基米尔省收入为 217 卢布，支出 230 卢布；在赫尔松省收入为 430 卢布，支出为 480 卢布；在小俄罗斯省，收入为 432 卢布，支出为 435 卢布。"[①] 还没来得及适应新的商品—货币关系，俄罗斯农村经济就已陷入由粮价上涨引起的世界农业危机困境，并且一直持续到 20 世纪初。地方贵族不适应这种新状况，土地大量流失，政府用贷款填补这个空缺。农民欠缴税款也在增加，农民少地激化，农村人口爆炸。歉收的同时，饥饿、流行病遍及大部分地区。除 1891~1892 年大歉收外，1896~1897年、1898 年、1901 年、1905~1906 年、1908 年也发生了大规模歉收。结果导致：一方面，政府被迫对这些地区进行上亿卢布拨款；另一方面，由于粮食出口缩减引起财政亏空，贸易平衡遭到破坏。在农村社会形势更为紧张，1902 年终于爆发了遍及格鲁吉亚、波尔塔瓦、哈尔科省的农民起义，这次起义成为俄国革命的序曲。

1902 年 3 月 9 日，波尔塔瓦省康斯坦丁县两个乡农民在经济危机影响下发动起义，在短时间内起义遍及波尔塔瓦和哈尔科省的 337 个村庄，起义人数达 15 万人，少地、歉收引起的饥饿是起义原因。运动具有很大破坏性，农民捣毁地主庄园，抢掠粮食、牲畜、财产，村庄各个阶层均加入起义——从贫农到富农，但农民在革命的同时，还对君主抱有希望。

内务部长普列维领导镇压了这次起义。结果 960 人被送到法院处置，836 人受到惩罚。5 月 11 日颁布由农民赔偿起义造成的 80 万卢布损失，但考虑到农村现状并未实施。稍晚，警察局长拉普辛在给皇帝的报告中指出，农民贫穷、法制观念淡薄、饥饿，有时候连麦秆、树皮都吃不上，早就不知道肉的味道，在这种情况下，只能去抢。

---

① А. Б. Корелин. Россия сельская на рубеже XIX в - начале XX века. М. 2004，С. 233.

二 《小额贷款法令》 的颁布

农业问题解决不力，农民生活状况未有好转，上述种种情形迫使政府开始关注合作社，将其视为对小生产者，尤其是对农民提供帮助的工具。希望通过发展合作社来促进农村工业的发展、提高民众生活水平，防止贫困阶层无产阶级化。由此制定合作社法令被提上日程。在此之前西欧等国（英、法、德、意、瑞士、比利时）已相继制定了合作社法令，确定了合作社建设的总方针。相比之下俄国的合作社发展分散、凌乱，没有统一的运作规则。

在此情形下政府最先关注的是农民贷款问题。1893 年大臣委员会对国家银行章程进行修改时指出，秋季农民由于急需资金不得已被迫低价出售粮食，其收入自然会受到影响，因此向农民提供小额贷款有助于他们以合理的价格出售农产品，农民生活好了，购买力就会提高，国内市场消费能力自然会得以提升，从而也就促进了工业的发展。反之，如果不向农民提供贷款，遭受高利贷资本盘剥的农民生活每况愈下，不但欠缴税款偿还无从谈起，还会引发动乱。[①] 圣彼得堡农村贷款储蓄和工业合作社委员会主席 П. Л. 科尔夫、П. Н. 伊萨科夫和秘书 П. А. 索卡洛夫应邀参加了大臣委员会会议，他们在会上提出了三点建议。第一，加强国家银行对合作社的援助。第二，贷款用于生产目的，延长贷款期限——从 9 个月延长至 12 个月，解决长期贷款问题，从 3 年延长至 5 年。第三，实行抵押贷款，贷款担保可以是农产品和手工业品。为了消除政府对贷款储蓄合作社的猜疑，委员会打算取消合作社独立发展原则，由国家银行地方支行对其进行控制，并建立专门的监察机构。同时圣彼得堡委员会建议取消国家银行地方贴现委员会对合作社的不利影响，要求限制地方长官对合作社事务的干预，他们中的大部分人不但不能胜任贷款事务，

---

① А. П. Корелин, Россия сельская на рубеже XIX в—начале XX века. М. Наука, 2004, С. 249.

甚至对贷款储蓄合作社持有敌对情绪。

　　财政部赞同扶植合作社，许多官员了解并参加过贷款储蓄合作社事务。И. С. 伊万琴科对贷款储蓄合作社进行考察后指出，在南方一些合作社的发展规模甚至可以同国外相媲美。内务部则想尽一切办法限制贷款者财政保障，阻碍合作社发展。地方长官拒绝批准不能偿还贷款的债户出售产业，贷款储蓄合作社活动的基础因此中断。关于小额贷款机构的类型问题，与会成员存在分歧，部分成员认为就农民现有财产—权利状况而言，贷款抵押担保是不合适的，因此等级—团体贷款是可取的。贵族银行代表 А. А. 卡列尼谢夫认为"鉴于农民的经济状况，贷款不应是个人性质的，农民既然是村社的一员，因此贷款应以乡或是村社为单位，这样农民的贷款偿还能力才有保障，在现存连环体制下不允许农民将贷款用于非生产性支出"。另一派成员支持 А. А. 彼列吉的意见，主张建立新型的贷款合作社，该类合作社的贷款包括长期贷款和短期贷款，合作社资金来自国家银行和个人提供的贷款，成员无须交纳股金。在国家银行下设专门的小额贷款监察机构，以保证贷款合作社的正常运转。[①]

　　1894 年 12 月 10 日财政部在向国务委员会递交的报告中，阐述了农村贷款需求增长的原因："在自然经济占主导的形态下农民通过劳动就可以获得满足其基本需求的产品，如今随着劳动分工的深化和商品经济在农村的渗透，农村不再是孤立的经济体，农民对贷款的需求不断增长。国家组建小额贷款机构的意义在于，4/5 的粮食集中在农民手中，但即便在丰收年景由于没有钱他们被迫以低价出售粮食，这不仅导致农民收入减少，同时也阻碍了国家经济的发展。与此同时，大部分农民不能从国家银行获得贷款，现存的一些小额贷款机构由于能力有限不能向所有的农民提供贷款，农村高利贷资本依然很猖獗，农民无力同他们进行争斗，

---

① А. П. Корелин. Росийская кооперация на рубеже веков переломное десятилетие（1895 – 1904）. М. Экономическая истрия ежегодник, 2004, С. 185.

119

因此可见组建小额贷款是国家发展的当务之急。"[1] 贷款合作社反对者则认为农民不需要贷款，无论从经济还是道德角度衡量，贷款对农民都是有害无益的，追逐廉价贷款会导致农民堕落、腐化。尽管尼古拉二世赞同财政部的建议，指出应向农民提供贷款，但保守派依然对此强烈反对，只有维特敢于与之抗衡。[2]

经过长期激烈讨论后，1895 年 6 月 1 日政府出台了《小额贷款法令》。法令的折中性在第一章中明显体现出来。法令指出向贫困者、村社、合作社以及劳动组合提供贷款是建立小额贷款机构的目的，规定简化贷款条件、提高存款利息。法令规定小额贷款机构包括以下三种类型：原有的股份制贷款储蓄合作社，存款最高额不能大于 100 卢布；农村等级银行和储蓄所；无股份贷款合作社。[3] 贷款储蓄合作社与贷款合作社的区别在于，首先，后者无须股份存款，其基本资金来自国家银行贷款以及自治局和个人贷款，贷款合作社正是通过这些资金向农民提供贷款，它由财政部管理。其次，如果说股份制贷款储蓄合作社在管理上实行自治，那么贷款合作社则由国家银行管理，银行下设监察部通过小额贷款监察员对其业务进行监察。因此可以说贷款合作社是半政府性质的贷款机构，是具有俄国特色的贷款合作社。股份制贷款储蓄合作社也可以从国家银行获得贷款，但前提是需提交年终财务报表，而且贷款只能用于补充资金周转。

此外，法令延长了贷款偿还期限，规定短期贷款偿还期限由 9 个月延长至 1 年，长期贷款偿还期限为 5 年。贷款担保包括动产和不动产，个人贷款数额最高为 300 卢布，贷款利息不能高于 12%。对于不能按期偿还贷款的贷款者，通过警察局和乡管理局征收贷款。法令还规定，贷

---

① А. П. Корелин. Российская кооперация на рубеже веков переломное десятилетие (1895 – 1904). М. Экономическая истрия ежегодник, 2004, C. 186.

② М. И. Дударев. Сергей Юльевич Витте и кредитная кооперация. государственный деятель реформатор экономист (к 150 – летию со дня рождения). Ч 2. М. Росспэн, 1999, C. 71.

③ А. П. Корелин. Россия сельская на рубеже XIX в – начале XX века. Москва: Наука, 2004. C. 250.

款合作社可以为成员采购商品，也可以替成员出售农产品和手工业品。法令承认了两种贷款合作社的法人地位，它们拥有财产权、诉讼权。这是俄国历史上第一部合作社法令，其意义不言而喻。

首先，贷款储蓄合作社的法律地位得到认可。无论出于何种目的，政府对合作社由漠视转向支持，这一转变使合作社工作者受到鼓舞，激励其继续为合作社事业而奋斗。其次，政府态度的转变吸引了社会各界对合作社的关注，他们也开始再次对合作社事业给予支持，其中最卖力的就是自治局。再次，贷款期限的延长为贷款人争取了贷款使用日期，他们可以更合理地支配贷款。复次，无股份制贷款合作社的建立，在一定程度上使农民免受中间商的盘剥，同时由于不用交纳股金存款，更多的人愿意加入贷款合作社，这为贷款合作社的发展奠定了基础，到 1917 年革命前贷款合作社数量大大超过贷款储蓄合作社数量。最后，合作社根据农民委托从事农用工具采购和农产品出售业务，从而使贷款合作社的业务更全面。由于资金充足，因此其买卖业务胜于农业合作社，农民自然更愿意委托其进行采购和销售。鉴于买卖业务的发展，合作社下设专门的农业合作社联盟，有时也向农民供给日常用品。在原有法令基础上，1896～1897 年国家又相继制定了一些章程，进一步完善了小额贷款体制，但同时也加强了合作社对地方行政机构的依赖。

随着政府对合作社态度的转变，社会各界开始再次关注合作社，合作社活动家、自治局纷纷召开会议讨论合作社发展问题。1902～1905 年农业工业需求会议上对小额贷款问题进行了深入讨论，与会者认为现阶段小额贷款发展薄弱，高利贷资本势力依然很强大，农民支付给它们的利息高达 30%～50%，有时甚至达到 80%。[①] 在此情形下 1904 年 6 月 7 日政府制定了新的法令，对原有法令进行了补充和修改。法令指出建立小额贷款机构的目的在于促进农户和地主、手工业主和工厂主发展经济。贷款首先应在乡、村镇和村庄普及，小额贷款机构活动的总方针是减轻

---

① А. П. Корелин. Сельскохозяйственный кредит в России в конце XIX—начале XX вв. М. Наука，1988，С. 109 – 116.

农民生产负担，通过提供必要资金使农民获得生产所需工具。贷款数额根据贷款者经济状况确定，不允许将贷款集中在富有的农民和手工业者手中。

政府还建立了部门小额贷款中央委员会，成员包括财政部、内务部、农业部、国家财产部、司法部和国家监察部。在地方也建立了小额贷款省委员会，成员包括省长、地主贵族代表、自治局代表。小额贷款问题由服从内务部领导的省长负责管理。这样通过监察员政府开始直接指导、监督合作社贷款事务。监察员的权力很大，除检查合作社年终报告、核算财务外，还可以开除管理局成员、关闭不合格的合作社；合作社的建立要经由监察官许可，组织联盟需向监察官进行指示。这样合作社处在地方行政机构的监察之下，其消极后果十分严重。

政府对合作社态度的转变使合作社活动家受到鼓舞，从 19 世纪 90 年代初期起圣彼得堡农村贷款储蓄和工业合作社委员会大力关注合作社的发展，希望通过定期召开合作社大会、建立地方合作社联盟来促进合作社的发展。众所周知，政府颁布的合作社法令并未规定可以建立合作社联盟，是莫斯科农业协会对建立联盟给予大力支持。从 1893 年起，А. Г. 谢尔巴朵夫担任协会主席，他是大地主，在政府高层有一定威信，是贷款储蓄合作社的拥护者。1894 年在其倡导下在圣彼得堡召开了莫斯科—圣彼得堡农村贷款储蓄合作社和工业合作社全体会议，会议主题是建立合作社联盟和全俄合作社活动中心。[①] 鉴于各合作社组织单独运作，彼此间毫无联络，不利于合作社资金流通，为调节合作社间的业务流通，圣彼得堡分部建议在各省建立地方合作社联盟。联盟的宗旨是，促进小额贷款机构、消费合作社和生产合作社的发展。联盟共同采购和销售合作社商品，全俄合作社联盟代表会议是合作社联盟的最高机构，执行机构是农村贷款储蓄和工业合作社委员会及其圣彼得堡支部。经过激烈讨

① М. И. Дударев. Московское общество сельскогохоэяйства и подготова первого Всероссийского съезда представителей ссудо-сберегательных товариществ. Кооперация: Страницы истории, Вып. 7. М. Наука, 1999, C. 92 – 94.

论后，最终会议决定组建地方联盟。联盟有义务定期出版合作社运动资料，了解本国和国外合作社运动经验，共同讨论合作社问题，相互监察，相互促进，组建博物馆、展览会、图书馆，共同采购成员所需物品。联盟具有法人权利、有权获得不动产、接受贷款和股金。会议指出如果政府不批准建立联盟，各合作社打算彼此间互定契约，私自设立联盟。最初政府不准联盟收存款项，联盟活动受此限制发展艰难。直至 1911 年政府公布贷款合作社联盟章程后，联盟遂发展起来，在此之前政府正式许可建立的联盟不过 11 个。

　　会后合作社工作者为建立合作社联盟而奔波，1896 年塔夫里切斯克省贷款合作社领导者召集临近 4 个合作社代表签订了调整业务的协议。根据协议，为避免竞争参加会议的合作社统一了存款利息。1898 年在梅里塔波尔召开了合作社代表大会，制定了贷款合作社联盟章程，1903 年在当地建立了贷款合作社联盟。1904 年在库尔斯克也建立了贷款合作社联盟。尽管如此，直至 20 世纪初贷款合作社的发展依然处于萧条期，1900 年 1589 个获得许可的贷款储蓄合作社中，697 个被取缔，207 个不再开展相关业务，只有将近一半的合作社仍在继续运转，即便在这些合作社中只有 29% 正常运转、33% 艰难运转、38% 接近于倒闭。1901 年圣彼得堡分委员会再次参加了布鲁塞尔国际合作社大会，但遗憾的是在这次会议上委员会没有得到任何奖励。[①]

表 3 - 1　1896～1905 年贷款合作社数量

年代	两种类型贷款合作社数量	总数
1896～1900	235 个	至 1900 年共有 1589 个
1901～1905	196 个	至 1905 年共有 1629 个

资料来源：泽村康著《苏俄合作制度》，唐易庵、孙九录译，商务印书馆 1935 年版，第 69 页。

---

① А. П. Корелин. Российская кооперация на рубеже веков переломное десятилетие（1895 - 1904）. М. Экономическая история ежегодник, 2004, С. 190.

三　第一届全俄贷款储蓄合作社代表会议

第一届全俄贷款储蓄合作社代表会议于 1898 年 3 月 26～29 日在莫斯科召开。早在 1896 年 11 月 13 日莫斯科农业协会、莫斯科农村贷款储蓄和工业合作社主席谢尔巴特就提出了这一想法，他认为推行小额贷款对农村发展有重要意义，合理组织贷款可以帮助雇农成为私有者，消灭高利贷商、醉汉，普及文化知识，培养、激发农民的事业心，提高农业生产率。同时他指出，贷款储蓄合作社是组织小额贷款的最合理方式，建议组建地方合作社联盟，成立合作社运动中心组织，建立贷款储蓄合作社中央股份银行作为合作社联盟的财政中心，它附属于莫斯科农村贷款储蓄和工业合作社委员会。中央股份银行实行股份制，每股金额为 500 卢布，年利息为 4%。银行业务由股东会议和股东 9 人委员会进行管理。

1897 年 3 月 2 日在莫斯科农业协会会议上通过了召开贷款储蓄合作社会议的决议。并向各地的贷款、消费合作社和劳动组合代表发送通报希望他们支持会议召开，向农业部和国家财产部提出请求，向莫斯科省长寻求帮助，希望他们促成会议的召开，向圣彼得堡分委员会发出申请，希望其参与会议准备工作。与农业部、国家财产部、内务部和财政部进行协商后，1897 年 10 月 10 日会议召开获得批准。会议日程和主要内容由莫斯科农村贷款储蓄和工业合作社及其圣彼得堡分部进行了长期讨论，并在报纸上进行宣传，向自治局发出邀请。委员会还向德国贷款和消费合作社联盟咨询普鲁士中央合作社联盟储蓄所管理经验，并向 22 个德国合作社联盟发出了邀请函。

1897 年 12 月 12 日圣彼得堡分委员会制定了会议大纲，大纲列举的讨论问题包括：（1）在莫斯科建立贷款合作社中央机构；（2）如何组织合作社实践活动、管理合作社；（3）在地方自治局参与下尽可能普及小额贷款机构。会议纲领于 1898 年 1 月发送至各地合作社管理局，并邀请它们参加会议。大部分合作社接受邀请，一些合作社在回信中对小额贷款的复杂情况进行了分析，并阐述了对合作社发展任务的理解。

会议准备期间组织者遇到了一系列难题，首先莫斯科农业协会在组织小额贷款问题上意见不统一。И. Т. 塔拉索夫教授主张建立非股份制贷款合作社，在小额贷款体制组织问题上与谢尔巴特存在争议。事实上塔拉索夫主张实行生产性贷款，建议在贷款合作社下设消费合作社，从事买卖业务。建议向国家银行借款时可由自治局长官和地主进行中间调节，政府可以对合作社章程进行监督，合作社可以向政府寻求保护措施。这实际上剥夺了合作社独立性，掺杂着地主官员对合作社的保护情结，对此谢尔巴特表示反对。在国家与合作社关系问题上均希望国家扶植合作社的发展，但反对政府机构对合作社进行监察，二者间是伙伴关系。

1898 年会议在莫斯科省自治局大厅如期召开，据杜拉列夫统计约有350 名代表参加了会议。他们来自社会各界，包括农民、市民、荣誉市民、商人、官员、医生、教师等，还有旁听的大学生。共有 236 个贷款合作社派代表参加了会议，其中贷款储蓄合作社共有代表 220 人，莫斯科农业协会及其圣彼得堡分委员会共有 85 名代表。约有 200 个农村合作社参加了会议。会议共分为 4 次公众会议，主要讨论小额贷款、合作社联盟和中央银行问题，4 次单独的专门会议，讨论合作社内部建设问题，谢尔巴特是会议主席，他对会议结果有重要影响。[①]

П. А. 萨卡洛夫在会上做了关于建立合作社联盟的报告，报告实际上是对 1896 年谢尔巴特方案的扩展。报告建议将各种类型的合作社组成一个统一的全俄合作社大联盟，其根本原则是自愿。根据行政区域划分联盟区域，联盟可自愿与自治局进行接触，调节合作社间的业务关系，联盟是各合作社相互帮助、监督、学习的机构。联盟的任务分为"道德"和经济两个层面。道德层面，负责收集合作社运动资料，讨论合作社发展问题；建立合作社刊物出版机构，制定新的章程，定期对联盟成员实

---

① М. И. Дударев. Ход Всероссийского съезда представителей ссудо-сберегательных товариществ и его решения. Кооперация：Страницы истории. Вып. 8. М。Наука，2007，С. 145 – 179.

行检查；建立博物馆、图书馆、展览会，发展文化教育活动。上述措施具有组织宣传意义，可以增强人们对合作社的信任和兴趣。联盟的经济任务是吸引更多的资金和进行低利息贷款，主要途径是将流动资金用于合理的地方，减缓从国家获得贷款的条件；成立联盟储蓄所，保证资金在各合作社间流动，通过储蓄所为加入联盟的合作社实行相互担保。联盟是法人代表可以吸收存款、独立管理业务、有自己的股金，成员间不仅在道义上相互扶植，在组织和财政上也应相互帮助。联盟有权召开全俄合作社会议，会议由莫斯科农村经济协会及其委员会负责召开，圣彼得堡分部是执行机构。

与会者支持建立合作社联盟，并指出联盟在交流经验、扩展业务、资金互助方面有重要意义。一些代表对联盟过度干涉地方合作社事务表示担心，指出统一的章程会使地方独立性遭到破坏，对于合作社联盟的能力尤其是财政能力表示怀疑。对此谢尔巴特指出，地方合作社独立性的相对下降是为了加强集体性。会议中心议题是建立小额贷款中央银行，它是中央储蓄所联盟。国家银行虽然同意向合作社提供贷款但条件苛刻，需向银行提供合作社财政状况以及成员名单。这样的名单需要50页，需用两个月的时间才能编制出来。如果政府批准建立联盟章程，代表们打算建立中央银行，银行成员不少于25人，基本资金为25000卢布，成员股份只有经过银行理事会许可后方可转给他人，银行80%的股金属于合作社，其余为私人所有，贷款数额不能大于股金的10倍。会议决定将会议报告上交内务部请求批准，组建小额贷款问题小组，研究合作社状况，由自治局负责在居民中宣传组织合作社的意义和方式。

第二节　消费合作社、农业合作社

这一时期政府开始关注合作社的发展，向其提供指导与扶植。1897年出台的《消费合作社》章程，大大简化了合作社办理手续。合作社组建数量也不断增加，至 1905 年其总数达到 1300 多个，为了调节合作社活动，还建立了消费合作社联盟。该时期政府还出台了《农业合作社章程》和《劳动组合法案》，为农业合作社和劳动组合的发展提供了法律保障。

一 《1897 年消费合作社章程》的出台

步入 19 世纪 90 年代，随着国家经济形势的恶化，政府开始关注和扶植消费合作社的发展。此外，促成这一时期消费合作社发展的因素还有以下几点：首先，城市人口快速增长，大量世代相传的骨干工人大量增加，近代无产阶级开始形成，1890 年全俄（不包括西伯利亚）共有23000 多个工厂，200 多万工人在工厂做工。其次，农村自然经济崩溃，农民对商品需求增加。再次，社会团体的积极作用。最后，1891～1892年农业歉收，生活用品价格大幅度提升，无论工人还是农民均渴望以较低的价格购买生活用品。正是 1892 年加入消费合作社的人数急剧增加，据沙比尔统计，1875～1891 年政府共许可设立消费合作社 186 个，平均每年增加 11 个。1891～1900 年政府许可设立的合作社共 600 个，平均每年增加 60 个。①

之所以称这一时期为消费合作社的发展期，是因为在此期间消费合作社的数量虽然较前一时期大量增加，尤其是在农村，但工厂工人尚不能建立自主的消费合作社，农村的消费合作社也未能采用罗虚戴尔原则。消费合作精神还没能在民众中间大量普及，且由于社员贫困，合作社常用下列办法帮助农民，出卖商品常常低于市场价格，赊欠之风盛行，剩余金额按照出资数目分配，为了多获得剩余金，买卖非社员的货物非常多。以上各种弊端如果不能及时改革，那么俄国的消费合作社还不能称为真正的消费合作社。

---

① 泽村康：《苏俄合作制度》，唐易庵、孙九录译，商务印书馆 1935 年版，第 32～33 页。

表 3－2   1891~1905 年建立的消费合作社

年份 种类	1891~1895	1896~1900	1901~1905	年份不明	总计
农村消费合作社	42	118	445	29	634
都市消费合作社	81	134	127	24	366
工厂、铁路消费合作社	65	91	69	14	239
官吏消费合作社	36	33	27	10	106
总计	224	376	668	77	1345

资料来源：泽村康著《苏俄合作制度》，唐易庵、孙九録译，商务印书馆1935年版，第32~33页。

政府早就注意到消费合作社作为一个慈善机构的优越性，所以改变了以前对待消费合作社的态度。1896 年在全俄工商大会召开期间，作为会议一个单元在下诺夫哥罗德召开了第一次全俄消费合作社大会，会上起草了消费合作社模范章程，第二年获得政府批准。1897 年 3 月 13 日政府出台了《消费合作社章程》，章程规定消费合作社组建的目的是，保证成员以便宜的或是合理的市场价格购买所需的各种生活用品，并将通过批量采购所节省下来的钱积蓄起来。章程准许在消费合作社下设专门机构，用各种方式和手段保证提高社员的物质和品德水准，允许打破罗虚戴尔原则，可以赊欠商品。合作社资金由储蓄资金和流动资金两部分组成：流动资金包括存款和股份存款以及贷款，储蓄资金包括每笔交易的利润。储蓄资金保存在储蓄所或国家银行。消费合作社需要交纳税款，包括商业税、手续费和地方上的一些税款。

章程对消费合作社的一些规则进行了调整，规定所有缴纳存款的人都可以加入合作社，对于不按时缴纳存款和偿还债务者，股员大会上 2/3 以上投票可以将其开除。合作社收入分配如下，不少于 10% 的利润用于储蓄资金，不大于 10% 用于成员股金分红，其余的钱（扣除管理局工作人员工资），在成员间根据购买的产品进行分配。股员在会议上发言权平等。章程颁布前，消费合作社的设立必须经过大臣委员会一一审核，两三年后才能获得许可决议，可见合作社建立极其不便利，自治局和合作社工作者曾多次要求简化手续但未获许可。章程颁布后，消费合作社建

128

立只需与模范章程相吻合，即可向地方长官递交申请、依法设立，其程序大为简易，减轻了合作社工作者的工作。同时由于合作社活动由省长监察，导致合作社对地方行政机构的依赖加强。有些地区章程实施的较慢，波兰在 1904 年才实施。

1896 年在下诺夫哥罗德召开的工商业联盟会议上，以奥捷洛夫为代表的教授提出了建立消费合作社联盟的主张。联盟负责领导、调节合作社的活动，组织商品批量采购和销售。他们认为实行合作社联盟，建立合作社银行，制定统一的合作社法令势在必行。当时合作思想尚未十分普及，消费合作社发展微弱，建立联盟主要是为了对抗政府的压迫。合作社运动热心者早就为建立联盟而奔波，政府之所以迟迟不予以准许，究其原因在于从根本上恐怖民众运动，深恐其蔓延扩大。

莫斯科"利益互助"合作社是建立消费合作社联盟的倡导者，会后它向临近合作社发送资料讨论联盟组建问题。之后召开合作社工作者会议，并制定了莫斯科消费合作社联盟（МОСП）章程草案。18 个合作社请求加入联盟，它们分别是利益互助消费合作社、军官消费合作社、莫斯科铁路消费合作社、节约者消费合作社、莫斯科地毯厂消费合作社以及全国其他地区的 13 个消费合作社，可见莫斯科消费合作社联盟从建立之日起就是涵盖全国各地的消费合作社。莫斯科军官消费合作社管理局主席吉彼涅尔受 18 个合作社委托，于 1897 年 4 月 25 日递交了关于制定联盟章程的申请书，1898 年 6 月 16 日内务部批准了莫斯科消费合作社联盟法令。联盟章程获得批准后，其他地区以此为例试图建立联盟，但只有圣彼得堡获得成功，1900 年圣彼得堡采购业务章程获得批准，1901 年10 月 16 日联盟开始办理业务。

1898 年 11 月 1 日在莫斯科召开了莫斯科消费合作社联盟建立者会议，选举产生了联盟管理局，吉彼涅尔任主席，捷里吉、安奴列夫、卡利岑、卡波卢科夫、卡拉波夫为管理局成员。联盟负责收集有关商品质量与价格的资料，同莫斯科和全国各地的生产者以及大公司商议商品供应问题，以及批量购买商品，并在各合作社间进行分配。联盟设有库存

图 3 - 1　莫斯科消费合作社联盟罗斯托夫支部

资金——用于商品贸易和向成员提供贷款，联盟还建立了商品生产部门，它有责任监察货物供应明细表和统计合作社发展状况。

　　联盟建立后加入的合作社数量不断增加，联盟商品流通量不断增长，这得益于联盟严格遵守规则。开办一年后加入的合作社由 18 个增加到 35 个，1900 年达到 67 个，1903 年 131 个、1905 年 153 个、1908 年 217 个。联盟资金周转额第一年为 31000 卢布、第二年为 139000 卢布、第五年为 260000 卢布、第七年为 291000 卢布。股金从第一年的 880 卢布增长至第 8 年的 28000 卢布。① 联盟的建立促进了消费合作社的发展和建立，至 1908 年莫斯科地区消费合作社数量由 5 个增长到 24 个；1907 年联盟中 8 个大型消费合作社年商品流通量达到 500000 卢布；1895 年建立的莫斯科军官消费合作社至 1907 年成员达到 340 人，出售的商品价值 1250000 卢布，纯利润 127000 卢布；1890 年建立的普罗哈洛夫纺织工厂消费合作社，至 1907 年成员人数达到 2779 人，一年纯利润 24000 卢布；金属制造厂消费合作社 1892 年建立时成员 300 人，1908 年成员人数达到 1010 人，其中 150 名是工厂职员，其余均为工人，合作社按市场价格出售商品，1906 年 8 月至 1907 年 6 月出售商品价值 486000 卢布，利润 24000 卢布，

---

① 　Л. Е. Файн. Досоветская кооперация Москва. Вопрос истории. 2007，No. 1.

其中 4000 卢布用于支付税款，红利 3707 卢布，管理局成员工资为 2600 卢布。[①]

表 3 - 3　莫斯科消费合作社联盟发展表

年份	加入联盟的合作社	联盟数量	成员人数	年商品流通量
1898	18			
1899	37		21400	
1905	153		65100	
1914	1243	19	427000	10.3 百万卢布
1915	1737			23 百万卢布
1917	3036	281	1084000	

资料来源：彼里莫维奇：《布尔什维克执政前后的俄国合作社》，科学出版社 2005 年版，第 58 页。

　　1908 年会议后莫斯科消费合作社联盟大力扩展活动规模，除了建立联盟中央办事处外，在罗斯托夫—顿河、基辅、下诺夫哥罗德集市等地建立了分支。它还同没有加入联盟的消费合作社、其他类型的合作社以及西伯利亚奶制品联盟建立联系。1909 年加入联盟的合作社达到 79 个、1911 年联盟成员达到 177 个、1912 年 245 个、1913 年 272 个、1914 年 305 个、1915 年 528 个。1904～1905 年联盟业务周转额为 165000 卢布、1911 年 1327000 卢布、1912 年 2194000 卢布、1913 年 2913000 卢布、"一战"开始后数量增长更快。[②] 随着联盟中合作社数量的增长，要求对联盟管理体制进行改革，由一个中心来领导分散在各地的合作社已经不符合实际需求。1910～1912 年合作社工作者讨论联盟体制改革，将全国分为 20 个区域，在区域会议上选举了联盟分局。1916 年 2 月在消费合作社联盟代表会议上一致承认莫斯科消费合作社联盟具有全俄意义，并且使其由地区联盟变为采购业务中央联盟，莫斯科消费合作社联盟更名为全俄消费合作社联盟。

[①]　Л. Е. Файн. Досоветская кооперация Москва. Вопрос истории. 2007, No. 1.

[②]　Л. Е. Файн. Досоветская кооперация Москва. Вопрос истории. 2007, No. 1.

这样，1915~1917 年莫斯科消费合作社联盟由 18 个小型合作社组成的联盟发展成为强大的合作社联盟体，至 1918 年共有 3317 个合作社加入其中。在联盟的影响和帮助下俄国消费合作社的数量不断增长，至 1918 年全俄共有 35000 个消费合作社，成员人数达到 1150 万人。①

二　农业合作社

通常意义上所说的农业合作社包含两种类型，一为农业协会，一为农业合作社。农业协会是带有教育性质的文化团体，其组建宗旨为向农民传播农业知识，不以从事经济事业为目的。根据规模它又分为大农业协会和小农业协会，大农业协会最早建立于 1765 年，圣彼得堡自由经济协会为其鼻祖，叶卡捷琳娜二世亲自过问学会事务，为其拨专款购置办公和图书馆用房，为其研究当时俄国的根本问题——农民地位问题颁奖。②

自由经济协会重视出版工作，以期总结农业经验，推动农业科学进步。1766 年，《自由经济协会丛刊》问世，到 1915 年共发行 280 卷。这是 18 世纪下半叶至 20 世纪初俄国最重要的农业类期刊，成为现代农业科学系统发展之前俄国农业界的主要沟通渠道。不同时期，自由经济协会还出版了《自由经济协会每周新闻》（1788~1789）、《自由经济协会活动见闻》（1802~1912）、《自由经济协会新闻》（1914~1915）等杂志和《林业》（1846~1851）、《经济论丛》（1854~1862）、《俄国养蜂专页》（1886~1915）、《土壤学》（1899~1916）等专刊。为普及先进农业技术和经验，自由经济协会将《丛刊》中的重要文章印制成单行本发行，并出版了大量农业著作和学习资料。梁赞省列别姜农业协会是俄国中部省份农业知识传播和农业精英交流中心，1848 年，《列别姜农业协会丛刊》开始发行，每年 2 卷，到 1862 年共出版 24 卷。该杂志内

① Л. Е. Файн. Досоветская кооперация Москва. Вопрос истории. 2007，No. 1.
② В. Я. Гросул. РусскоеобществоXVIII—XIXвековТрадициииновации. М. Наука，2003，С. 95.

容广泛，涉及土层结构、土壤耕作方法、合理轮作、土壤施肥方法、中部省份的玉米和甜菜栽植、植物害虫防治、农业劳动的组织等重大农业实践和理论问题。至 1916 年，俄国约有 190 种农业科技出版物，其中农业协会主办的报纸和期刊占 50% 以上，成为学术出版领域的主要力量。

自由经济协会还组织与现实农业问题密切相关的竞赛。1804 年的竞赛题目是提出解决耕地交错问题的途径，1806 年——论述多区轮作的优势，1812 年——分析如何耕地更划算（使用雇佣工人或农奴），1829～1830 年——通过试验判断最适合欧俄不同地区的轮作方式。举办农机具设计竞赛是自由经济协会的重要活动之一，并得到知名学者、开明地主和农民的广泛支持。帝俄时期，自由经济协会共举办 240 余次竞赛。

自由经济协会建立后，又陆续出现了利夫兰公益经济协会（1796）、波兰王国农业协会（1805）、莫斯科农业协会（1820）、南俄农业协会（1828）等。1835 年，俄国第一家专业性农业协会——俄国园艺爱好者协会成立。这一时期（18 世纪 60 年代至 19 世纪 30 年代中期）成立的农业协会主要位于拥有高等学府的大城市，享受国家资助，活动地域较广。加入农业协会，私人经济可以得到精神支持乃至资金援助。作为组织平台，农业协会倡导试用新型农具，按照统一规划在协会成员的庄园内同步进行季节性生产试验，资助组建农业试验站。[①]

19 世纪 30 年代末 40 年代初，俄国封建农奴制生产关系解体日益明显，资本主义萌芽逐渐成熟。贵族地主开始热衷种植产量高、市场需求旺盛的农作物，市场意识不断增强，迫切需要成立地方农业协会，解决地方农业问题。1837 年，俄国组建国家财产部，旨在改良农业，推广农业技术，鼓励农业发展，推动国家农村的农业改革。地主经济资本化和国家财产部的建立成为农业协会发展的催化剂。19 世纪 30 年代末至 60 年代中期，成立农业协会的程序较烦琐：地主通过省督向国家财产部提

---

① О. Ю. Елина. От царских садов до советских полей. История сельскохозяйственных опытных учреждений. Т. 1. М. 2008，С. 225－241.

出成立协会的申请，国家财产部审核后将申请和协会章程递交给大臣会议，后者讨论并形成最终意见后呈递沙皇批准。1866 年，经与内务部协商，国家财产部取代大臣会议获得协会登记权，此举显著简化了协会审批过程。

从活动范围角度，农业协会可以分为国家级、省级和县级三类。国家级农业协会属于跨地区性组织，通常具有皇家或全俄地位，包括自由经济协会、莫斯科农业协会、南俄农业协会、全俄糖业主协会等。省级农业协会主要由基辅、波尔塔瓦、梁赞、萨拉托夫、图拉、哈尔科夫等省农业协会组成。县级农业协会既包括活动局限于单一县域的农业协会，如萨马拉省布祖卢克县农业协会、弗拉基米尔省克罗梅县农业协会，也包括覆盖若干县的农业协会，如梁赞省列别姜农业协会的活动范围除列别姜县以外，还涉及坦波夫省科兹洛夫县和波尔塔瓦省洛赫维察县。省级农业协会的建立始于 19 世纪 30 年代，县级农业协会则在 60 年代改革后迅速兴起。

1843 年、1854 年和 1858 年雅罗斯拉夫、弗拉基米尔和斯莫棱斯克省农业学会先后成立。它们同自由经济学会一样，为解决 19 世纪上半期中部非黑土地区一系列重要的经济、社会和文化问题贡献颇多，而这些学会成员的著作成为俄国科学和经济思想的宝贵财富。莫斯科农业协会等全国农业协会都属于大区域农业协会，它含有大学的性质，研究农业科学、发行年报、公开演讲，以奖励、发展农业为目的。20 年代，莫斯科农业学会与自由经济学会是改革前俄国农业理论和实践的主要中心。莫斯科农业学会的主要任务是将科学成果与农业实践联系起来，使耕作制度（轮作制）适应俄国中部的气候和土壤条件，使每一种农作物更适应当地的土壤。30 年代起，莫斯科农业学会出版的《农业杂志》《农业报》不断宣传先进的农业经营形式和方法，倡导合理化。恰恰在这些报刊的宣传下，俄国社会才坚定了"农业成功必须依靠科学"的信念。在封建农奴制的条件下，这是科学与农业实践相结合的关键一步。[①]

---

① 张广翔、齐山德：《18 世纪末—20 世纪初俄国农业现代化的阶段及其特征》，《吉林大学社会科学学报》2009 年第 6 期。

19 世纪 40~60 年代，随着自由经济协会和莫斯科农业协会与欧洲农业组织联系的活跃，人们日益认识到，农业代表大会能够推动农业科学与实践的结合，使科学更好地服务于农业生产。19 世纪下半叶，俄国肥料工业刚刚兴起，农业生产者对化肥的重要性认识不足，化肥消费量很低。1895 年，针对俄国化肥使用量普遍较低，施肥经验不足的情况，莫斯科农业协会召开农业代表大会，宣传和推广化肥。会议建议最大限度下调铁路运费，实行统一运价，减少附加费，降低肥料运输成本，并呼吁政府与社会组织就肥料问题进行合作。大会决定在莫斯科农业协会框架内成立肥料研究和使用促进处，设立肥料研究突出贡献奖，出版肥料报告集。莫斯科农业协会广泛宣传人工肥料，并与地方自治局在农民土地上联合进行肥料试验，积极推动农业化学制度化和肥料工业的发展。

1861 年改革后，农业学会、自由经济学会的活动更加引人注目。1864 年 6 月 23 日，莫斯科农业学会的新章程获得批准。莫斯科农业学会的新章程反映了 1861 年农民改革后与"市场时代"要求相关联的新的经济形势。1868 年，国家财产部批准了莫斯科农业学会农业委员会大纲。农业委员会委员从农业学会的正式成员中遴选。农业委员会提出的任务更具体：总结当地经济的得失；"对农具、耕作方法、肥力、施肥方法和田间生产做出科学的评价"；选择对俄国地主有益的"田间信息"加以推广；组织农业竞赛、展览会、农具拍卖会；协助推广良种和有益的农具。1861 年改革后，莫斯科农业委员会理论探讨十分活跃，其中从 1863 年起组织"农业座谈会"是有效方法之一。仅 1864 年就组织了 8 次"农业座谈会"，分别讨论施肥、保持地力、农业教育、使用雇佣劳动、农业展览会、建立自治银行等问题。①

乡镇规模的小农业协会直至 1898 年农业协会章程颁布后才开始设立，与大农业协会不同，小农业协会除向农民传播农业知识，鼓励、发展农业技术外，还经营合作社事业。它一方面从事其主要事业，如开设

---

① 张广翔、齐山德：《18 世纪末—20 世纪初俄国农业现代化的阶段及其特征》，《吉林大学社会科学学报》2009 年第 6 期。

讲习会、模范共进会、小展览会、办理农事试验场，促进农业发展；另一方面由于其成员多数为农民，因此为发展小农经济，兼营购买农业用品、贩卖农产物，因此有人将农业协会视为农业合作社。

如前文所述早在 1861 年前，地主为了宣传农业技术革新组建了农业协会。随着农业现代化被提上日程，统治阶级开始关注农业协会的发展，希望借助农业协会促进农业发展。1898 年 2 月 13 日经大臣委员会审批后，农业部和国家财产部制定的小农业协会章程被作为模范章程，1898 年 2 月 28 日政府颁布了农业协会章程，章程指出协会建立的目的是"扶植农村经济和手工业"[1]。为此协会应深入考察农村现状、了解农村发展需求，制定正确、合理的经济管理方式、组织竞赛和展览会、建立实验农场以普及科学知识在农村的传播，进而促进农村的发展。章程规定所有农户都可以加入协会，协会入会费为 25 戈比，此后每年成员都要向协会存入一卢布的金额，直到 25 卢布时可以成为协会终身会员。协会还设有名誉会员，他们是享有权威并获得尊敬的人，他们无须缴纳会费。根据章程，一年内没有缴纳会费的成员将被开除，吸收新成员不需要经过会议投票表决，协会一切事务由选举委员会负责管理。除入会费外，协会资金还包括农业部和国家财产部津贴，协会委员会每年要向地方省长汇报协会报表，协会建立需经由省长批准。

为了普及农业知识，农业协会还举办讲座、建立教学农场，创办农业学校。根据莫斯科农业协会成员、农学家 П. Н. 叶拉吉诺的倡议，农业知识民间推广协会在莫斯科军区举办农业讲座，向士兵讲授先进农业技术。该协会还在俄国中部工业省份组织了类似活动。1912 年，全俄举办农业讲座的居民点达 1.1 万个，听众超过 100 万人。季节性培训班时间灵活，在农民中颇受欢迎。培训课程通常涉及某一农业领域，有针对性地选择合适的时间和地点开设。全俄亚麻企业主协会定期在亚麻业发达的科斯特罗马、雅罗斯拉夫、沃洛格达等省组织亚麻种植培训。俄国养

① А. П. Корелин. Росийская кооперация на рубеже веков переломное десятилетие（1895—1904）. М. Экономическая история ежегодник. 2004，С. 197.

蜂业协会在伏尔加河流域举办巡回讲座，向沿岸农民传授养蜂经验，展示改良的养蜂场和蜂具。养蜂技术的传播促进了俄国养蜂业的发展。1900～1910年，俄国蜂箱饲养的蜂群从68万个增加到113万个，增长约67%，蜂群数量从528万个提高到630万个，增长近20%。

创办教学农场和农业学校是农业协会兴办教育的重要形式。1821年，莫斯科农业协会租赁莫斯科北郊的教会土地，建立布特尔卡农场，推广农业实践技能和新发明。这是俄国第一个农业试验站，初期主要培训地主农民。次年，为培养农村管理人员，莫斯科农业协会成立农业学校。著名农学家、莫斯科大学教授 М. Г. 帕夫洛夫担任首任校长，他主张学生到布特尔卡农场参加农业实践。通过农业学校的学习和实践，学生应掌握犁耕技术，了解播种和施肥过程，熟悉各种农机具操作方法等。1878年，该校发展成为俄国第一所中等农业学校。

独立开办学校的同时，许多农业协会鼓励私人发展教育。1825年，自由经济协会支持协会成员 С. В. 斯特罗加诺娃创办私立农业学校，培养从孤儿、农奴以及解除农奴身份者中选出的年轻人。学校设有理论部（位于圣彼得堡）和实践部（位于诺夫哥罗德省马里诺庄园）。学校成立初期，自由经济协会每年支付1000卢布培养2名孤儿，从1833年起每年拨款1万卢布资助20名学生学习，并出资聘请农业专家讲授先进农业技术。1844年，在自由经济协会的支持下，协会成员 В. Я. 什维特陶在圣彼得堡省加特契纳市成立农业学校，传播农耕知识。1846年，学校迁至彼得堡，开始全部招收贵族子弟入学。农业协会倡导发展高等农业教育。1904年，促进妇女农业教育协会在彼得堡成立斯捷布特女子高级农业培训班，邀请知名学者讲授动物学（С. В. 阿韦林采夫）、农业化学（Г. Н. 邦格）、农学概论（В. Н. 布伦斯特）、气象学（П. С. 布罗乌诺夫）、作物栽培（Н. К. 涅多库恰耶夫）和育种学（Л. С. 伊万诺夫）等课程，夏季派遣学生到下诺夫哥罗德省希姆斯克县教学试验基地参加农业实践。1913年9月，萨拉托夫省农业协会在萨拉托夫市成立4年制高级农业学校，招收中学毕业生，讲授高级农业知识。省农业协会主席领导的督学委员会负责管理学校的行政和经济事务。

19 世纪 60 年代建立的干酪制造合作社是俄国第一批农业合作社，90 年代政府开始关注合作社的发展。1895 年 12 月 10～20 日在莫斯科农业协会倡导下召开了全俄农村经济大会，会议对于促进农业合作社的发展有重要意义。为了调整合作社活动，1897 年 6 月 30 日农业部和国家财产部制定了《农业合作社章程》。章程规定农业合作社创办的宗旨是"帮助农户获得农业、工业需求品、合理销售农户手中的农产品及手工业品，向社员提供贷款，社员以出售的商品作为担保"①。由此可见农业合作社是一个全能的业务机构，涵盖了生产合作社、贷款合作社、消费合作社的功能，其成员可以是地主、佃户、领地管理者。合作社资金分为业务资金和储蓄资金两类，业务资金包括股金和成员大会通过后从储蓄资金中转账过来的部分资金；储蓄资金包括入社存款、利润、资金利息。合作社资金义务上属于国家有价证券，保存在国家贷款机构中，成员红利不超过股金的 5%，剩余的钱在成员间根据其购买的产品进行分配。合作社参加者股额没有限制，成员参加合作社会议的投票权不等，1 股有 1 个投票权、5 股有 2 个投票权，10 股有 3 个投票权，20 股以上有 4 个投票权。这破坏了合作社的民主、平等原则，为合作社变为企业提供了土壤。合作社要接受地方政府的监控，开办业务需获得省长批准。农业合作社下设机构的建立（农业原料加工、贷款业务）需获得农业部和国家财产部批准，还要争取财政部和内务部的意见。

自 1897 年《农业合作社章程》颁布后，农业合作社的建立开始增多，以西伯利亚地区最为发达。1890 年、1895 年在西伯利亚地区的托波斯克和库尔干两县建立了干酪合作社，此后干酪生产逐步发展起来，至 1905 年共建立 300 个。初期合作社不能与资本家干酪厂相竞争，经政府援助后逐步发展起来。1903 年政府设置了西伯利亚干酪合作社普及委员会，并以 6 年为期，每年支出 7000 卢布经费宣传干酪合作社的建立，并

---

① А. П. Корелин. Российская кооперация на рубеже веков переломное десятилетие（1895—1904）. М. Экономическая история ежегодник，2004，С. 196.

向合作社提供建立资金。西伯利亚干酪合作社的普及除得益于政府扶植外，以下因素也不可忽视：首先，西伯利亚地区的农民生活比欧俄地区优越，他们可以耕种的土地面积较大，每户平均饲养 4 头乳牛，畜牧经济发达；其次，1893 年西伯利亚铁路开通后，干酪销往欧洲市场；最后，欧洲的企业主纷纷移往西伯利亚，干酪的生产及销售大为发展。

1902 年 6 月 1 日政府颁布了《劳动组合法案》。法案颁布前，许多劳动组合是以口头协议和习惯法为章程，没有确定的规则。帝国法令汇编中所规定的有关劳动组合的法令也十分零散，并且有些章节相互矛盾，而且没有涵盖所有类型和形式的组合。然而建立一部统一的劳动组合法令是一件十分烦琐的工作，19 世纪下半期在财政部主持下召开了专门会议，1899 年制定了有关劳动组合的法案。法案对劳动组合这一概念具体化，将手工业、土地耕种等生产合作社归入劳动组合，其基本标志是参加者以个体劳动方式进行和伙经营，经过长期讨论后该法案获得法律效力。法案指出，以生产为目的、参加者为完成某项工作以个人劳动为方式、集体负担费用、实行连环担保的和伙经营团体为劳动组合。像其他合作社一样，劳动组合享有法人权利、财产权、诉讼权，有权签订条约，有权建立工商机构。除劳动组合外，从 1905 年起房屋建筑、保险、原料组合也获得法律效力。

小 结

1895～1904 年，信用合作社（主要是贷款储蓄合作社）逐步发展起来，经过 19 世纪 80～90 年代中叶的危机后，合作社开办数量大大超过关闭数量，股份总额显著增加，成员人数、存款数额以及向成员提供的贷款数额都上了一个新台阶。就各项指标而言，贷款储蓄合作社直到 1905 年前一直处于领先地位，在财政实力方面直到"一战"前一直居首位。就获得批准建立的数量而言，1895～1904 年除 1901 年外，贷款储蓄合作社一直居首位，这与乡政府和自治局的扶植有关。整体上 1900～1904 年，信用合作社成员人数从 20 万卢布增长到 56.42 万卢布，资金从 2520 万卢布增长到 5730 万卢布，存款数额增长 1 倍。[①] 该时期农村贷款合作社在数量上居首位，但就财政能力和参加者人数而言城市和市镇占优势。南部、西南部、波罗的海地区和波兰省的贷款合作社最具代表性，因此最先在这些地区建立联盟并不是偶然。

第一个信用合作社联盟建立在塔夫里切斯克省的彼尔坚斯克县，联盟建立者和组织者是伊万琴科，他在分析联盟建立原因时指出，尽管合作社制定了统一的章程，但由于各合作社规定的贷款利息不同、业务方式不同导致成员对合作社业务存在困惑和不解。合作社间彼此孤立，损害了合作社利益，上述情况使合作社工作者寻求更强大的联合方式。1896 年在伊万琴科倡导下 4 个合作社代表召开会议制定了联盟章程，1901 年 3 月大臣委员会批准联盟章程，但条件苛刻，规定联盟没有接纳存款和进行贷款的权利，也不能从国家银行获得贷款。实际上政府剥夺了联盟的法人权利。1902 年、1904 年在梅里塔波和库尔斯克县也制定了联盟章程，但没能开展业务。

消费合作社从 1892 年开始发展起来，1892～1898 年共建立 332 个消费合作社，平均每年建立 50～60 个。相比之下，之前的 27 年仅建立 277 个。至 1905 年全俄消费合作社参加者人数达到 35 万人。[②] 如果说 90 年代中叶城市是消费合作社发展的主战场，其次是农村消费合作社、工厂和铁路消费合作社，那么至 20 世纪初期 60% 的消费合作社建立在农村，城市消费合作社退居第二位。1896 年下诺夫哥罗德工商业会议召开后，出现了两个消费合作社活动中心。一个是 1897 年在圣彼得堡分部领导下建立的消费合作社事务委员会，委员会基本活动包括定期出版刊物、收集合作社资料和报表，对联盟进行检查，制定合作社事务规则和财务核

---

① А. П. Корелин. Сельскохозяйственный кредит в России в конце XIX—начале XX вв. М. Наука，1988，С. 134 – 135.

② А. П. Корелин. Российская кооперация на рубеже веков переломное десятилетие（1895 – 1904）. М. Экономическая история ежегодник，2004，С. 228.

算规则，解决贷款、抵押、商品采购问题。另一个是莫斯科消费合作社联盟，它是消费合作社的实践中心。

农业合作社的组建和领导者多为地主、领地管理者、自治局长官，合作社的主要任务是建立农业耕作用具仓储，以较低的价格向农民提供简单的农业用具和大型农用机器，改善农业生产技术。1900 年萨马拉省建立了 15 个农业合作社，成员人数 30～200 人，存款 1.5～5 卢布，参加者中农民占多数。合作社从省自治局和工厂以低于零售价 15～32 卢布的价格或是贷款的形式购得商品。一些合作社还在集市上建立店铺出售各种产品，建立手工作坊、组织农业展览会。萨马拉省普鲁斯克县 1900 年建立了农业合作社，两年时间内成员人数从 52 人增长到 150 人，合作社主要任务为，通过普及农用机器和工具改善生产技术；调整粮价波动；建立储备粮食以备不时之需；冬季为农民找零活；保证合作社贫困成员在歉收时有种子耕种。[1]

1895～1904 年合作社开办数量明显超过前一时期，但就一些指标而言（人数、分布密度、财政实力）远远落后于西欧国家。合作社发展的人为性较强，在很大程度上取决于合作社上层的促动和国家的物质扶植。[2] 然而随着商品—货币经济的深入以及法令的出台，在合作社建设中出现了重大质的变化。首先，为调节合作社业务流通，合作社联盟开始建立。1896 年建立了第一个贷款合作社联盟，1898 年建立了莫斯科消费合作社联盟，联盟成员相互督查、帮助，共同采购物品。[3] 其次，地方组织和团体对合作社的态度发生改变。农业工业需求会议专门讨论了合作社问题；尽管各界对于优先发展哪一类型的合作社观点不一，但其均意识到合作社在发展地方经济中的作用。同时也不难看到，合作社工作者对制约合作社发展的社会—经济、权利问题还不够了解。

① А. П. Корелин. Росийская кооперация на рубеже веков переломное десятилетие（1895 - 1904）. М. Экономическая история ежегодник，2004，С. 232.

② И. Ф. Бондаренко. История и теория кооперации. Ставрабль，1998，С. 122.

③ Л. Е. Файн，Досоветская кооперация Москва. Вопрос истории. 2007，No. 1.

第四章　1905～1914 年：合作社运动的繁荣

　　1905～1914 年是合作社的高速发展期，其组建数量从 4000 个增加到 30000 个，就增长速度而言，俄国在世界上居首位。随着合作社的发展、壮大，合作社运动中心开始出现，莫斯科人民银行成为帝国信用合作社的财政中心，莫斯科消费合作社联盟在 1913 年基辅合作社会议上被定为全俄消费合作社联盟中心。该时期，在数量上信用合作社居第一位，其次是消费合作社、农业合作社和劳动组合。农村成为合作社发展的主战场，是这一时期合作社发展的显著特点。随着国家提供的资金逐渐缩减，合作社发展进程中的人为性因素减弱，合作社已成为俄国社会生活中的重要组成部分。

第一节　第一次全俄合作社大会的召开及其背景

　　随着组建数量的增加，合作社作为拥有众多成员的合法组织日益引起社会各界的关注。他们希望合作社参与政治运动和社会活动，在各党派的纲领和方针中合作社的地位和作用日益凸显。1905 年革命后，政府希望通过和平手段，在法律许可范围内缓解社会冲突，进而实现社会稳定。斯托雷平办公厅的法律倡导，尤其是农业改革方案，为合作社与政府合作提供了契机。在此情形下，召开全俄合作社会议的要求日益迫切。

一　20 世纪俄国的工人运动

20 世纪初俄国工人数量不断增长，据统计在大型企业劳作的工人约有 300 万，其中 150 万人从事加工工业、50 万人在矿山劳作、100 万人在交通和通信部门工作，他们是工人阶级的核心力量。在小型企业劳作的工人约有 200 多万，其中建筑工人 140 万、力工 120 万。[①] 从 19 世纪 60 年代至 20 世纪初，40 年间俄国雇佣劳动者数量增长 2 倍。农民、手工艺人、手工业者、小商人、小市民是工人阶级的主要来源。农民出身的工人大部分没有脱离农村和土地。1905 年革命前，工人中农民的人数超过一半，他们大部分有工作经验。政府限制居民流动、企业分布在城郊，是农民工同农村保持联系的重要因素。在这方面乌拉尔矿山工人最具代表性，当地工人同土地联系密切。

俄国工业无产阶级高度集中在大型企业，1902 年工人数量超过 100 人的工厂虽仅占工厂总数的 9%，但这里集中了 78.5% 的工人。纺织业和金属制造业工人集中度尤其高，20 世纪前 10 年在大型企业劳作的纺织工人和金属制造工人占工人总数的 70% 以上。这主要是因为生产组织不合理、劳动耗费量大。这一时期也是工人伤亡事故的高发期。据 1904 年工厂监察机关统计，仅记录在册的伤亡事故，平均 1000 人中就有 42 人受伤，其中哈尔科夫的企业伤亡人数为 76 人、圣彼得堡为 65 人，伏尔加河地区为 48 人。

工作时间长是导致工人伤亡率高的一个原因。1900 年开采行业工人日平均工作时间可达 11.2 个小时，明显超过同时期西方发达国家；在中小型企业，工人日工作时间为 12～14 个小时甚至更长。19 世纪 90 年代中叶，大型企业工人年平均工作日 253 天，小型企业 200 天甚至更少，这是因为许多工人夏季回农村做农活。在劳资纠纷的影响下，工人平均工

---

① А. П. Корелин. Россия сельская на рубеже XIX в - начале XX века. М. Наука, 2004, С. 69.

作日虽然缩减了，但年工作日增加了，1904 年达到 287 天。工人工资虽然增长，但明显低于发达国家。19 世纪至 20 世纪之初，工人平均月工资 17 卢布，其中最高的是金属制造和铁路工人——约 28 卢布，而纺织工人则低于平均水平。1900 年金属制造业工人平均年工资为 338.23 卢布，棉纺织业为 164.61 卢布。这些钱要用来交房租，维持家用，在农村这些钱主要用来缴纳赋税。

工人年龄基本在 15～40 岁，其中男性占 74.7%，女性占 77.5%；40 岁以上的工人相应比例为 20.2% 和 14.9%，这说明工厂以重体力劳动为主，对工人的抚恤低。根据 1897 年调查资料显示，有文化的工人中男性占 60%，女性占 35%，平均 52%，从数量上看比居民文化比高出 1.5 倍，[①] 这些有文化的工人主要是年轻人。19 世纪 90 年代末大部分青年出入图书馆，他们喜爱阅读、在周末学习班学习、接受全程教育，这是工人文化水平提高的证明。

俄国工人运动由来已久，随着工业和商业的发展，工人运动逐渐由农民工人运动转向无产阶级运动。伴随着工人数量的增长，工人运动次数也开始增加。据《19 世纪俄国工人运动》记载，1800～1860 年帝俄共发生 400 次集体请愿、罢工运动，平均每年 6～7 次。而 1861～1894 年请愿次数达到 990 次，平均每年 40 次，约有 188500 人参加。[②] 如果说 19 世纪 60 年代工人运动处于低谷、组织分散、以请愿为主，那么 80 年代罢工规模则开始扩大，而且斗争更加坚决，这在很大程度上源于工业危机和世界农业危机。

从 19 世纪 90 年代起，工人运动进入新的发展阶段。其特征是：运动更积极主动，并且带有反抗性；起义次数增加、范围扩大；工人觉悟上升、并且成立了组织；革命组织活跃；出现了"工人知识分子"。从 1895 年开始财政部每年都对工人罢工次数进行统计，但其统计的罢工次数只包括各部工厂监察机关企业，所以是不准确的（除了监察机关管企业外，

---

① A. П. Корелин. Россия сельская на рубеже XIX в-начале XX века. М. Наука，2004，С. 71.

② A. П. Корелин. Россия сельская на рубеже XIX в-начале XX века. М. Наука，2004，С. 71.

还有矿山，国有中小型工业，铁路工人等），由于这个时期工人运动资料缺乏，所以十月革命前俄国工人运动状况几乎以此为依据。这个资料虽然不准确，但足以证明 1917 年革命前十年，工人运动数量的增加和质的转变。

《1895～1917 年 2 月俄罗斯工人运动年鉴》对工人运动进行了完整阐述，是研究工人运动的第一手档案资料，涵盖了苏联 8 个档案馆和部分期刊中所记载的工人运动状况。根据年鉴记载，1895～1903 年全俄共发生 67000 次罢工，20 万人参加，如果加上工人骚动，运动规模如下：1895 年 350 次，8 万人参加；1896 年 364 次，64000 人参加；1892 年 732 次，15.2 万人参加；1898 年 815 次，16.5 万人参加；1899 年 880 次，16.3 万人参加；1900 年 655 次，10 万人参加；1901 年 911 次，17.6 万人参加；1902 年 694 次，14.7 万人参加，1903 年是革命前 10 年工人运动高峰，各种形式的运动共 2244 次，有 36.5 万人参加。总体上，这一时期工人罢工 7600 次，参加人数为 1500 万。[1]

该时期的工人运动，无论规模还是性质均不同于以往。边疆地区的（高加索、乌克兰、白俄罗斯、波罗的海，甚至更远的西伯利亚、哈萨克斯坦、中亚）工人开始积极投入工人运动。1903 年罢工遍及 65 个省和地区，涵盖各个职业。工人运动基地有 363 个，1/3 集中在城市，其余分布在工—商业村和铁路沿线。罢工者人数中纺织业工人最多，金属工人、铁路工人和车间工人罢工次数最多，他们是集体罢工的中坚力量，集体罢工是革命前工人运动的新特征。

1903 年工人运动达到新水平。如果说 1895～1902 年罢工工人占工人总数的 1/3，1903 年则达到 56%，这年夏天的罢工遍及国家南部地区（巴库、奥捷萨、基辅、叶卡捷琳堡、基辅里斯、巴统、比尔吉切夫、刻赤、尼古拉耶夫），这次罢工被称为"总罢工"。运动显示了工人的团结，使数十个大型城市陷入瘫痪，企业、矿山、矿井、石油开采业、交通运

---

① А. П. Корелин. Россия сельская на рубеже XIX в-начале XX века. М. Наука，2004，С. 72.

输业、城市通信均无法正常运转，此次罢工规模是 20 世纪初其他国家所没有的。

集体主义精神是工人运动的重要特点。这是因为，俄国工人集中密度高，生活条件相似。对工人运动了解深刻的西米朵维其指出，大部分工人属于集体主义者，他们习惯集体生活。工人监察员也认为连环保遗产的工人集体主义是危险的。集体主义精神，工人组织的建立使工人运动规模壮大。工人运动开始具有政治性，并且对其他阶级产生影响——首先是农民、大学生和城市市民。

二　20 世纪初的农民运动

普加乔夫农民起义，作为俄国历史上规模最大的一次农民运动，给俄国人留下了深刻的印象。此后，直到 20 世纪初，农民运动对专制制度的威胁并不大。《俄国农民运动》对 19～20 世纪 100 年间的农民运动进行了统计。如果说 1796～1826 年俄国历史上共发生 990 次农民运动，那么在后 30 年间则达到 1799 次，增长近 1 倍。赋税沉重，农奴制度对农民剥削残酷是起义的主要原因。农奴制废除前，1857～1860 年共爆发 1512 次农民起义，1860 年略微下降。1861 年 2 月 19 日法令颁布后，农民生活未得到好转，导致骚动上升，仅 3～4 月就爆发了 1370 次起义。其中包括众所周知的奔萨省切尔诺卡伊—甘杰夫斯克起义、喀山省彼兹年斯克起义和波多利斯克 8 万农民骚动，这些起义均被残酷镇压。下半年又发生了 519 次冲突。[①]

从 1863 年起农民运动规模和次数开始下降，从 509 起减少到 1869 年的 65 起；19 世纪 70 年代共有 399 起骚动。地主农民是起义的主体，他们反对赎买条件、捐税和高额赋税。起义分散、不集中是上述运动的典型特征。80 年代农民起义再次活跃起来，共发生 659 起，土地极度匮乏、

---

① А. П. Корелин. Россия сельская на рубеже XIX в-начале XX века. М. Наука, 2004, С. 77.

粮价下降和补充份地的谣言是起义原因。据统计，超过 70% 的起义源于土地问题：租地价格高、耕地交错，地主和农民份地差距悬殊。起义方式主要是：践踏地主禾苗、砍伐森林、要求增加"割地"，击毁庄园、纵火事件在起义中所占比例不到 2%。

19 世纪 90 年代初，农民运动呈下降趋势，前 5 年共发生 209 起起义，后 5 年随着农村形势严峻，起义次数增长一倍。因土地问题导致的冲突不断增加（从 51.2% 到 72.4%）。损坏土地禾苗、砍伐森林，同村警、警察局等地方行政机构冲突不断升级。随着国有农民、县农民的加入，起义范围扩大。面对这种情况政府仍采取传统的做法：税收让步、援助地方歉收、修改农民法令、武力镇压农民运动。

20 世纪初形势更加恶化，除了农业和社会问题外，1900～1903 年的经济危机导致市场对劳动力需求缩减，20 万失去工作的外出打工者回到农村。随着日俄战争爆发和革命党的宣传，农民运动高涨，农村形势严峻。1901～1904 年农民运动次数比前 4 年增长 1.5 倍，起义遍及欧俄各省。除了传统的要求划地和割地外，农民运动还出现了新的特征：要求土地私有、排挤地主经济、反对残余的地主经济剥削方式［做工偿还、平均制（将收获量的一半作为地租交给土地占有者）、奴役租］，反对地主按资本主义方式经营土地。

1902 年起义次数再创新高，达到 217 起。哈尔科夫省波格杜克县、瓦尔科夫县，波尔塔瓦省波尔塔瓦县，康斯坦丁省格勒县是起义中心，19 个乡 337 个村庄的 15 万农民参加了这次起义，起义最终被镇压。歉收是起义爆发的原因，农民要求拨给粮食喂养牲畜和播种，很快起义转化成为抢劫和烧毁地主庄园，105 座贵族、商人、富有哥萨克人、小市民的庄园被烧毁。上述起义所具有的组织性和团结性是以前起义所不具备的，也是统治阶级始料未及的。

关于这次起义的原因、进程和性质可参考警察局长 A. A. 拉普辛递交给尼古拉二世的报告。他认为，5 年的歉收和 1901 年饥饿使农民的忍耐达到极限，为了生存农民要求获得粮食、土豆和牲畜，在要求没有实现的情况下，农民便开始抢劫、烧毁庄园。① 除了经济原因外，A. A. 拉普辛认为农民法制观念淡薄、地方政府无所作为和内务部消息不灵通，以及革命宣传也是导致起义爆发的重要因素。他指出，当帝国大部分农民忍无可忍之时，只要某一省出现风吹草动，骚动将迅速蔓延全国，那时派大军镇压恐怕也无济于事。

年鉴资料表明，在土地关系混乱、农民少地地区，起义规模较大。萨拉托夫省是农民起义高发区之一，该省的大部分农民是赏赐农，他们的土地很少，平均每人约 1.5 俄亩地。20 世纪初，农民土地供应状况更为紧张。土地所有者利用这种状况，抬高地租。1901 年秋天，农民召开村民大会，通过了划分地主土地的决议。副省长韦索茨克也承认，地主出租给农民土地和牧场的条件苛刻，只有在没有出路的情况下，农民才会接受这些条件。1902 年春天农民再次发动起义，驱逐当地的检查员和警察机构，军队动用了两个连的士兵才将此次运动制止。

农民运动迅速遍及巴拉绍夫，阿特卡尔斯克和谢尔多布斯克县，这些地区的革命宣传令政府不安。在上述地区社会革命党活动频繁，司法部长在给沙皇的报告中指出，在巴拉绍夫县的秘密组织，致力于推翻帝国现有经济制度，在民众中宣传革命思想。该地村民大会认为，土地像水、阳光、空气一样，是大家所共有的，所以农民有权利从地主手中夺回属于自己的土地，如果政府反对，那么农民就会烧毁它。政府在侦察农村混乱原因时，发现了这些村民大会文件。1903 年斯托雷平被任命为萨拉托夫省省长后，采取果断、强硬的措施镇压了起义。但起义并未被根除，此后烧毁地主庄园成为农民运动的主要形式。

1904 年农村紧张形势依然未消除，斯托雷平在呈递给沙皇的报告中指出，即使在收成好的年份，农村状况依然严峻，出卖粮食的钱成为沙土，整个冬天农民都在行乞或从事手工业，小部分农民骚动仍在继续。烧毁庄园事件虽然缩减到 50 起，但形势依然很严峻。因此他得出结论：

---

① 张广翔：《1905—1907 年前俄国的历史抉择》，《俄罗斯中亚中欧研究》2010 年第 2 期。

饥饿是农民骚动的根源，而村社统治是农民混乱的主要原因。平均主义思想在村民头脑中根深蒂固，农业技术革新难以推广，农民很难从土地银行获得贷款，上述情形致使农民生存状况恶化，也为革命宣传创造了条件。斯托雷平认为，农民土地私有制是帝国走出危机的出路，它不仅能提高农民生活水平，还能为专制制度奠定统治基础。

1904 年日俄战争爆发后，俄国国内爱国主义情绪高涨，农民起义次数逐渐减少，这一年共发生起义 114 起，其中 22 起是由士兵发动的。但这并没有令统治阶层安心，他们中的一些人不再将村社看作维护政府统治的支柱。在工业农业需求专门会议上维特指出，波尔塔瓦省康斯坦丁县骚动仍在继续，该省 195000 俄亩土地，每年有 175000 俄亩土地重分，这证明村社存在的意义已经不大。但内务部大臣普列韦对此持不同意见。在他看来，村社不动产、传统是革命的阻力，是农民信任专制制度的保障。

前所未有的 1902 年农民运动后，政府被迫对原有反动秩序进行局部调整。1903 年 2 月 26 日出台的法令，放宽对农民离开村社的限制，扩大农民土地银行活动范围；8 月 11 日法令规定废除乡法院对农民的体罚、废除连环保，但这些并不能改变农村状况。尽管农民运动高涨，但多年镇压农民运动的经验，使政府仍对保守传统农业政策抱有希望，不愿进行农业现代化。

"星期日流血事件"后，沙皇政府加紧了对反抗运动的镇压，宣布镇压一切未获批准的示威。这一行径激起了更大的反抗，起义迅速蔓延到整个国家。1905 年 1～3 月，工人罢工人数达到 81 万人，比前 10 年多了一倍。工人运动的发展很快在农村得到响应。从 1905 年 2 月中旬起，农民运动以强劲的势头开始了。在位于库尔斯克省、奥尔洛夫省和切尔尼戈夫省三省交界处的格卢霍夫县米哈伊洛夫斯克庄园，附近的农民坐着 2000 辆马车来到这里，完全摧毁了贵族捷列辛科在此的庄园和制糖厂。[①]

---

① А. П. Корелин. Сельскохозяйственный кредит в России в конце XIX—начале XX вв. М. Наука，1988，С. 271.

农民抢夺了粮食、面粉、米、糖，随后放火烧了工厂的所有建筑。群众性的破坏运动吓坏了地主及其管家，他们头也不回地逃跑了，扔下庄园听之任之。

1905 年夏，维亚特卡省斯洛博德斯克县伊里因斯克乡发生的骚动笼罩了 27 个村。农民拒绝缴税，不执行地方行政长官和其他官员的命令，进行集会，举着红旗游行。维亚特卡省叶拉布日县沙尔沙达村和巴尔塔切夫村的鞑靼人，在争取土地的斗争中表现出极强的坚定性和顽强性。他们曾是地主杰夫基列夫的农奴，杰夫基列夫继承人的 22996 俄亩地产与他们的村子相邻。1905 年 4 月，农民向这个领地的监护人提出，他们以前租用的 44 俄亩土地现在是自己的。监护人担心失去土地，想把这块土地与农民的土地隔开，遭到农民拒绝。农民领袖萨德克·基利马诺夫声明，农民有权使用的不仅仅是这 44 俄亩的土地，而是地主的所有土地。由 43 名村警、县警察局长和地方行政长官助理带队的警察前来帮助监护人，但没能隔离土地。农民挥舞着木棍和斧头，用鞑靼语和俄语喊着："我们不交出土地！"两天里农民坚守着占领的土地。监护人不想激化局势，怕失去整个领地，最后决定不隔离土地，只是提出赔偿诉讼。6 月，叶拉布日县伊里因斯克乡默尔德瓦村和比克托夫村的农民不仅把牲畜赶到地主的庄园，践踏了地主的草地，还手持斧头和镰刀，殴打了地主的家丁，恐吓要彻底破坏地主的庄园、占领地主的整个土地。6 月 27 日，维亚特卡县库梅斯克乡赫梅列夫斯卡村的农民擅自收割了地主的 25 俄亩草地上的干草，并将其运回家。几天后，125 人再次来到草地，想再割剩下 20 俄亩草地上的草，但是警察制止了农民的行为。①

农民运动在中部黑土区迅猛发展起来，随后蔓延到乌克兰和波罗的海沿岸地区。与此同时，高加索地区也展开了农民反对地主和沙皇政府的运动。高加索的农民运动带有明显的政治特征，领导者是社会民主党人，农民推翻了当地的政府机关。在格鲁吉亚也展开了声势浩大的革命

---

① 郑晓颖：《20 世纪初俄国农民运动》，博士学位论文，吉林大学东北亚研究院，2009 年，第 59 页。

运动，特别是古里亚的农民把地主赶出了村子，分配了地主的土地，撤销了沙皇政府的代表。从 7 月起，农民运动的数量开始减少，一是这个时期开始了农业收割，二是 1905 年 8 月 23 日沙皇政府签订了《朴次茅斯条约》，结束了在远东的战争，和平的结局给农民带来了希望，使他们幻想沙皇政府能够完全解决农业问题。①

三 1905 年革命与合作社

1905 年革命开始后，俄国国内政治运动空前高涨，莫斯科、伊万诺夫、沃兹涅先斯克、图拉、下诺夫哥罗德、特维尔、雅罗斯拉夫等地的工人纷纷举行罢工。罢工运动还进一步波及乌拉尔、伏尔加河流域和西伯利亚一带。此外，在波罗的海沿岸、波兰、乌克兰和白俄罗斯，罢工运动亦猛烈地发展。

图 4-1 普梯洛夫工厂罢工的工人

在工农运动的影响下，沙皇统治的支柱军队也开始动摇，在黑海舰

---

① 郑晓颖：《20 世纪初俄国农民运动》，博士学位论文，吉林大学东北亚研究院，2009 年，第 59 页。

队，有许多官兵加入了俄国社会民主工党，其中有不少人属于布尔什维克，他们发动了反对专制统治的"波将金号"起义。随着工人罢工、农民暴动和士兵起义的不断发生，俄国其他阶级也逐渐卷入到革命中来。在有产者阶级中，自由主义反对派越来越公开地反对沙皇政府。一个自由主义者在说明为什么连资产阶级都开始向左转的原因时指出："我们阻挡不住狂风暴雨，但是，我们无论如何也要设法防止过大的震荡。"①

在全国革命声潮一片高涨的声势下，合作社运动也开始带有政治色彩。莫斯科农业协会在1905年1月14日全体会议上通过了《特殊时期决议》，决议强烈反抗"星期日流血事件"中政府杀戮工人的残暴行径、号召召开秘密立宪大会，指出这是解决问题的唯一出路。② 会议决定将决议发送到各省、县自治局，城市杜马、乡管理局和农业协会。世纪之交合作社进入新的发展阶段，其领导阶层也开始替换。1905年2月14日召开的莫斯科农业协会全体会议上，选举 И. И. 彼得伦科维奇为主席，Д. И. 沙霍夫斯基、A. B. 捷斯林科为副主席，A. П. 列维茨基为秘书，委员会成员几乎全是"自由者联盟"的代表，他们的活动带有强烈的激进色彩。协会宣传革命口号，打算征集资金购买武器，随时准备反抗政府，这是莫斯科农业协会政治运动的顶峰。1905年6月10日召开的莫斯科农业协会会议指出，农民之所以饱受贫困的折磨，是因为他们没有土地、政治权利得不到保障，因此应对国家制度进行根本变革。只有改革才能废除行政机构对人民的监察、实现人民独立。1905年8月在协会成员积极参与下，召开了全俄农业联盟会议，会议标志着协会活动开始从扶植地主阶级利益转向驻守农民利益。

早在19世纪60～70年代大改革时期，俄国社会各界就在寻求国家发展之路，在此条件下合作社思想引起知识分子的关注，并逐渐为广大民

---

① Н. Е. Фигуровская，А. П. Корелин. Кооперация страницы истории，Том 1: первая книга，30—40е годы XIX—начало XX века. Предыстория. М. Наука，1999，С. 561.

② М. И. Дударев. Московское общество сельского хозяйства и его участие в общественном и кооперативном движении. М. Наука，2001，С. 57－160.

众所接受。随着组建数量的增加，合作社作为拥有众多成员的合法组织日益引起社会各界的关注，它们希望合作社参与政治运动和社会活动。[1] 社会革命党、人民党和劳动党以劳动组合为基石，认为合作社是一个超阶级的组织、是将劳动人民从资产阶级政府压迫下解脱出来的工具、是迈向新社会的组织基石。1906 年在社会革命党纲领中指出，社会改革初级阶段的基本方针是把以民主制为基础、以劳动大众为主体的信用、消费、生产合作社，与土地社会化相结合，这一原则在民族党纲领中也有所体现。1906 年在白俄社会党会议上提到了建立生产合作社的必要性，以及它在生产社会化和合作社组织全面普及中的作用。亚美尼亚革命党在 1907 年纲领中宣布"合作社不仅是保证劳动人民日常需求的有效方式，还是一所学校，这里培养了集体主义精神，为社会主义体制奠定了基础"[2]。上述党派的纲领同工团主义和无政府工团主义纲领相近，他们均认为合作社是未来社会的经济组织基石。

俄国社会民主工党对合作社的态度分为两派，布尔什维克党认为，合作社尤其是农村的合作社，从本质上讲是小资产阶级组织，在资本主义制度下它不能从根本上改变劳动者的社会地位。在各种类型的合作社组织中，只有工人消费合作社是进行社会民主宣传的基地，因为它可以向罢工工人提供物质援助。孟什维克党认为，合作社作为一个独立的社会力量，在现存体制下可以改善劳动者状况，能够调节资本主义生产关系，从而为政治变革和社会发展创造条件。资产阶级自由党（立宪民主党、十月党、和平复兴党）高呼建立合作社是实现公民权利的一种方式，认为合作社作为一种经济联合形式，在提高人民生活水平和文化水准方面有积极作用，因此应大力支持它的活动。

合作社工作者早就意识到，政府对合作社的监察阻碍了它的发展，

---

① С. Ю. Попов. Программы политических партий в России. Конце XIX-XX вв. М. Наука, 1995, С. 73.

② А. П. Корелин. Кооперация и кооперативное движение в России 1860 – 1917. М. Росспэн, 2009, С. 138.

因此打算利用有利的时局争取权益。宣布合作社不问政治，并提出保障个人权利、言论自由、集会自由；通过全体合作社法令、建立合作社联盟、召开合作社大会、政府不许干涉合作社活动等要求。为稳定时局，政府被迫做出让步，1905 年 10 月 17 日宣布允许莫斯科农业协会及其委员会进行合法集会。1905 年革命被镇压后，随着时局的稳定，政府开始着手改革，希望通过和平手段在法律许可范围内实现社会稳定。斯托雷平办公厅的法律倡导，尤其是农业改革，为合作社与政府合作提供了契机。在此情形下，召开全俄合作社会议的要求日益迫切，1907 年 12 月 30日政府批准召开全体合作社会议，时间定在 1908 年 4 月 16 日。

四　第一次全俄合作社大会

图 4-2　第一次全俄合作社大会与会代表

经过长期准备后，1908 年 4 月 16 日第一次全俄合作社大会，在莫斯科综合技术博物馆召开。共有 834 人出席会议，包括 157 个消费合作社的 326 名代表；118 个贷款合作社和 45 个贷款储蓄合作社的 236 名代表；42 个农业合作社的 82 名代表；22 个生产合作社和劳动组合的 71 名代表。

此外，莫斯科农业协会、莫斯科消费合作社联盟、农村贷款储蓄和工业合作社圣彼得堡分委员会、自由经济协会的成员以及农学家、社会活动家、著名学者、自治局代表、城市管理局代表都出席了会议。这是一次民主的大会，从阶层上看与会成员包括，工人、农民、高级职员、知识分子。工人与农民的参与是这次会议的显著特征，同时也证实俄国的合作社运动进入了一个新的发展阶段。

大会分为四次单元会议和一次全体会议。吉彼涅尔在致辞中指出，会议只讨论合作社问题，不谈及政治及宗教问题。会议主席普斯尼科夫在致辞中列举了摆在合作社发展面前的几个问题：制定统一的合作社法令、建立合作社联盟。在消费合作社单元会议上，与会者指出，仅靠现有章程已经不能满足不同地区、不同水平的合作社发展需求，因此应制定一部典范章程。该章程除规定消费合作社内部组织和活动方向外，还应扩大它的业务种类，除传统的采购和销售外，还应允许合作社从事贷款业务、生产商品，进而为其适应市场竞争创造条件。会议就社员赊欠问题展开讨论，一部分人反对赊欠，认为破坏了罗虚戴尔原则，会导致合作社解散；另一部分人认为农村生产水平低，农民贫困，因此只能通过赊欠吸引他们加入合作社。最终会议决定，消费合作社的发展应遵循罗虚戴尔原则。

小额贷款单元会议上，与会者指出尽管从建立至今，信用合作社取得了一定的成绩，但它还不能解决小生产者资金不足的问题，因此建立联盟是解决这一问题的重要渠道。组建联盟不仅是为了更好地动员和利用流动资金，还可以扩大买卖业务。建立小额贷款中央银行是会议讨论的中心话题，与会者赞同建立小额贷款中央银行，银行资金包括合作社资金和私人资金两部分。会议指出允许私人资金进入是为了同货币市场建立联系，私人资金的进入不但不会破坏合作社原则，相反会促进合作社的发展，会议还希望扩大合作社自主权。农业合作社会议上，指出村社阻碍了农业技术的传播，反对包买商垄断。生产合作社和劳动组合会议上指出，法令不健全是导致大部分劳动组合变为资本主义企业的原因。

4月19日召开了全体合作社大会，会议讨论了关于各类合作社相互关系的报告，报告指出尽管政府出台了合作社标准章程，但合作社运动缺乏统一的指导思想。为促进和保证合作社运转，不同种类的合作社应加强联系、紧密团结，根据区域特征发展相应类型的合作社组织。4月20日在警卫部门要求下，普罗卡巴维奇向与会者宣布，由于警察局不允许讨论关于建立联盟的决议，因此大会提前结束。会后莫斯科消费合作社联盟办事处向内务部控诉了警察局的不良行径，谴责它干预会议进程。联盟指出，合作社会议没有变革国家制度的想法，委员会只是准备了全体会议报告，讨论建立合作社联盟以及制定合作社法令。然而会议组织者并不知道，政府的支持是警卫部严厉监察会议进程的真正原因。会议召开前，斯托雷平领导的大臣委员会向莫斯科省长发出电报："根据现有资料，在莫斯科召开的合作社大会是非法集会，会议实际操控者是社会民主党，他们打算利用会议实现革命任务。因此要对会议进行严厉监察，镇压任何反政府宣传和企图，防止建立联盟和合作社中央机构。"[①]

尽管在警察局的监视下，大会没能对建立合作社联盟和制定统一的合作社法令问题展开讨论，但会议依然取得了一定成果。第一，会议指出消费合作社的发展应遵守罗虚戴尔原则。第二，会议通过了建立莫斯科人民银行的决议。第三，会议对制约合作社发展的因素进行了分析，指出俄国人民生活水平低下、受教育程度低、公民权利受到限制、政府对合作社进行严厉监护、合作社工作者对合作社运动的方式和任务理解不一是导致合作社发展缓慢的因素。第四，会议确定了合作社近期发展任务，建立财政中心和区域联盟，制定统一的合作社法令。会后不久，莫斯科消费合作社联盟办事处出版了会议资料汇编。

---

① А. П. Корелин. Кооперация и кооперативное движение в России 1860 – 1917. М. Росспэн，2009，С. 166.

第二节　1905～1914 年的合作社

　　这一时期随着经济形势的好转，加之政府和社会各界的扶植，合作社的组建数量大大增加。信用合作社总数较上一时期增长将近 9 倍，就增长速度而言，几乎和德国并驾齐驱。消费合作社总数增长将近 7 倍，农业合作社和劳动组合的组建数量也在大大增加，并且建立了联盟。合作社还从事文化教育活动，建立出版社，出版文献和刊物，建立人民会所，扶植地方教育事业。

一　合作社普及的因素

　　1905～1914 年是俄国合作社的快速发展期，其组建数量、参加人数以及财政指标均有大幅度提升。根据 M. Л. 赫伊辛统计，1905 年初合作社总数不足 4000 个，至 1913 年已达到 25000 多个。其中包括 11000 个信用合作社、7300 个消费合作社、4000 个农业协会和 3000 多个农业合作社。到 1914 年末合作社总数高达 30000 个，比 1905 年增长近 7 倍，此种增长速度在当时国际合作社运动中是绝无仅有的[①]，这取决于一系列因素。

　　1. 国家局势的好转。尽管改革 40 年间俄罗斯工业飞速发展，但到 20 世纪初，农业在国民经济中仍然占据主导地位，更确切地说俄国还是一个农业—工业国，超过 3/4 的人口从事农业。1900 年农产品数量约占国家产品总量的一半（45.5%）。虽然在发展速度上，农业明显落后于工业，但它在俄国经济中却有着举足轻重的作用。改革 40 年间农业发展取得一定成绩：农产品产量提高，农业生产合理化、专业化，农作物商品

---

　　① М. Л. Хейсин. История кооперации в России. Л，1926，С. 158 – 159.

率提高。

随着耕地面积的扩大，农业产量开始增加。如果说改革之前的 10 年，欧俄各省粮食和土豆的平均年产量为 2680 万普特和 260 万普特，那么 1861～1870 年，相应指数为 2830 万普特和 330 万普特；1871～1880 年相应指数为 3180 万普特和 530 万普特；1881～1890 年相应指数为 3200 万普特和 650 万普特；1891～1900 年相应指数为 4900 万普特和 1260 万普特。[1] 值得一提的是，此时粮食增长幅度大于人口增长幅度，人均粮食占有量因此有所增加。19～20 世纪之交，俄国、美国、阿根廷、加拿大、匈牙利在粮食总产量方面居世界前列，在人均粮食产量方面，俄国居世界第三位，仅次于瑞典和丹麦。

粮食总产量的增加除受益于耕地面积的扩大外，还得益于粮食收成的提高。19 世纪 60 年代，农民土地平均粮食收成为每俄亩土地 29 普特，70 年代为 31 普特，80 年代为 34 普特，90 年代为 39 普特，到 20 世纪初达到 43 普特，比 60 年代增长约 50%。[2] 在采用资本主义方式进行经营的地主土地产量更高（1900 年地主土地与农民土地每俄亩小麦与黑麦产量分别为 63～53、51～45 普特）。就每俄亩土地粮食产量而言，俄国仅接近于美国粗放式耕作区，落后于西方国家。这是因为俄罗斯气候恶劣、不可耕地多、农业耕作方式和生产工具落后。

农业生产另一个领域——畜牧业的发展落后于耕作业，但整体上改革期间牲畜总量明显增加。1894～1904 年欧俄牲畜总量从 8.88509 亿头增加到 11.24930 亿头，其中马的数量从 1.68607 亿匹增加到 2.54202 亿匹，牛的数量从 2.42969 亿头增加到 3.19661 亿头，绵羊和山羊的数量从 3.86830 亿只增加到 4.82890 亿只，猪的数量从 901.03 万头增加到

---

① А. П. Корелин. Сельскохозяйственный кредит в России в конце XIX—начале XX вв. М. Наука，1988，С. 225.

② А. П. Корелин. Сельскохозяйственный кредит в России в конце XIX—начале XX вв. М. Наука，1988，С. 225.

1169.37万头。[1]

国内市场的发展（非农业劳动人口增加、工业原料需求增长、交通改善）、政府鼓励出口，农业商品化对农业结构、农业生产专门化产生重要影响。首先，占耕种总面积90%的粮食播种种类和结构出现明显变化：70~80年代36%的土地用于耕种基本粮食作物黑麦，18%的土地用于耕种基本粮食作物燕麦，17%和7%的土地用于耕种出售的小麦和大麦，剩下的土地用于耕种荞麦、双粒麦和黍等粮食作物。20年后亦即1901~1905年，黑麦播种仍居首位，37.2%的土地用于耕种黑麦，其产量占粮食总产量的43.7%；居第二位的则是用于出售的小麦，24.3%的土地用于耕种小麦，其产量占粮食总产量的25.5%；第三位的是燕麦，18.6%的土地用于耕种燕麦，其产量占粮食总产量的20.2%；最后是大麦，9.7%的土地用于耕种大麦，其产量占粮食总产量的11.2%。此后10年亦即1914年，主要出售作物小麦播种量达到30.6%，位居第一；黑麦位居第二，相应比例为26.1%；燕麦位居第三，相应比例为17.4%；大麦位居第四，相应比例为12.1%。[2] 作为小麦出口大国，19世纪末20世纪初，俄国和美国小麦年产量达10亿普特。

粮食运输资料有力地证明了粮食商品化现象。19世纪末国家非农用粮食占国家粮食总量的18%~20%，"一战"前相应数字为26%~33%。地主经济粮食商品化比例为47%~50%，农民经济粮食商品化比例为23%~30%，其中富农粮食商品化比例为34%，普通农民粮食商品化比例为15%。1890~1895年俄国年均商品粮超过5.5亿普特；1896~1900年为9.19亿普特；1901~1905年为12.37亿普特；1906~1910年为13.39亿普特；1911~1913年为13.17亿普特（2190万吨）。[3] 上述数字

① А. П. Корелин. Сельскохозяйственный кредит в России в конце XIX—начале XX вв. М. Наука, 1988, С. 227.

② А. П. Корелин. Сельскохозяйственный кредит в России в конце XIX—начале XX вв. М. Наука, 1988. С. 227.

③ А. П. Корелин. Сельскохозяйственный кредит в России в конце XIX—начале XX вв. М. Наука, 1988. С. 228.

不包括畜力运输，其中 1890~1900 年不包括水力运输。

由此可见，从 19 世纪 90 年代至 20 世纪头十年，商品粮数量增长 1 倍多，其中大部分用于出口。改革 45 年间商品粮出口量从 8 万普特增加到 60.9 万普特，增长 6.5 倍。尽管国际粮食市场竞争激烈，但 20 世纪初俄罗斯仍是欧洲的"粮仓"，国家财政收入的一多半源于粮食出口。

随着农作物数量和种类的增加，城市居民和农村居民的消费也随之上升。据美国经济学家克列戈里统计，19 世纪 90 年代城市平均个人年消费较以前增长 5.7%，1901~1905 年为 2.9%；农村居民 1893~1897 年相应比例为 5.9%，1897~1901 年为 1.6%，1901~1905 年为 3.1%。

整体上改革 40 年间俄国经济逐步发展。1905 年革命后随着形势的稳定，国家经济逐渐从深受战争和革命影响下的危机和萧条中摆脱出来，农业丰收、农产品价格上涨，世界农业危机的不良影响被克服。大部分民众尤其是农民的收入增加。同 19 世纪 90 年代相比，1908 年粮食价格增长 43.7%、1912 年增长 45.7%，国内消费市场不断扩大，国家金库储蓄资金的增长是最好的证明。1906~1913 年居民存款从 1035 百万卢布增长到 1685.4 百万卢布，增长 63%。其中 1/3 的存款者是从事农业和手工业的农民、23% 的存款者是在国家和私企任职的人、18% 的存款者是生活在城市的工人和手工业者。中小存款者是金库存款主体，在存款者中存款 25 卢布者占 40%、25~500 卢布者占 42%，其存款额占金库存款总额的比重分别为 1.3% 和 46.7%。[①] 生活水平提高了，必然导致人民对生活必需品、舒适住宅以及文化的需求增长，这些因素自然会进一步促进商品—货币关系的深入和发展，从而为合作社的发展和普及创造良好的氛围。

2. 身份证制度和连环保的废除。身份证制度于 18 世纪末逐渐确立下来，它是俄国政府控制臣民，保证臣民顺服的工具。通过颁发和拒绝颁

---

① Ю. А. Петров, С. В. Калмыков. Сберегательное дело в России. М. Вехи истории. 1995. С. 58–59.

发身份证作为对臣民的奖惩措施。"任何人没有居住证和身份证不得暂时离开自己的定居地。"① 身份证制度使家长对其成员的控制加强，没有家长的许可，家庭成员不能获得身份证，家长还可以剥夺家庭成员的身份证。只有对那些临时出走不超过 50 俄里，出走时间不超过 6 个月，出走范围在本县或是邻近的乡，受邻近村社雇佣的人这种限制才会松些。专制制度借助于身份证制度解决了众多的对内政策问题，身份证成为制定等级、财政、民族、区域、宗教政策和维护帝国的工具。不惜以牺牲经济发展为代价的身份证制度严格限制了各类人员的迁移，尤其限制了农民的迁移。②

改革前身份证制度和连环保制度严重地束缚农民的手脚，阻碍了农村经济的发展。改革后身份证制度仅仅稍有松动，农民拿不到它仍然寸步难行。村社依靠连环保制度约束所有成员的纳税行为，并以能否及时纳税作为发放身份证的前提，众多农民因纳税不及时或欠税而不能得到身份证。俄国在克里米亚战争中一败涂地，促使俄国社会朝野上下抨击农奴制、经济停滞、教育落后和身份证制度的消极影响。1857 年在内务部的倡导下，政府准备对居民离开居住地的放行制度进行改革。1861年内务部设立"身份证委员会"以起草"简化身份证制度"的方案。

然而身份证委员会很难胜任工作，因为身份证存在的原因非常复杂，不仅有数百条法令维系它，而且行政指令（如农奴制、人头税、连环保、村社和招募兵役制等）也强化它。1894 年由于财政大臣维特的个人魅力和不懈努力终于颁布了《居住证法令》，即第一部身份证法令，尽管未能改变《关于身份证和逃跑者的章程》的实质，但仍然有一些积极的变化，其中纳税等级办理身份证的条件放宽。居住地新法令拟定者意识到禁止欠缴税款的农民外出打工不合时宜，因为农民只有通过外出打工才能挣钱。但根据新的法律，欠国家债的农民仍无权自由外出。1897 年不再征

---

① В. Г. 切尔努哈：《研究帝国存在的问题和身份证的帝国职能》，科学出版社 2003 年版，第 140 页。
② В. Г. 切尔努哈：《研究帝国存在的问题和身份证的帝国职能》，科学出版社 2003 年版，第 140 页。

收身份证税。1903 年因连环保被取缔政府很少再注意身份证问题。[①]

通常农民的义务按照连环保方式执行。连环保是政府农业政策的组成部分，旨在维护村社和宗法制度，兼有政治和经济目的，它与限制农民自由迁移的身份证制度联系密切。这种纳税方法使农民没有自己的权利。[②] 1861 年改革后的 40 年间，连环保使地主和专制政府对农民的剥削进一步加深，它是专制政府维护"民族""守旧"和推行落后的监护制农业政策的思想工具。因此，在受农奴制残余压迫的农村公社内部，连环保与资本主义发展相矛盾，阻碍了它的发展。

农奴制废除后，对于走上资本主义发展道路的俄国而言，一直处于进退两难的境地。一方面尽可能多地榨取农民，另一方面避免对农民造成巨大的伤害。如何解决这个难题，专制政府并无良策。财政大臣本格在任职期间也只是在最小的范围内对税收进行改革。本格是"普鲁士"式资本主义的代表，他主张废除人头税，取消等级差别。

为了实现税收的合理性，本格创立了税务督察制。税务督察官的基本任务是确定农户收入，制定相应的税收金额。然而连环保的存在使农民在缴纳税款时直接听命于村社。为了偿还欠缴税款农民常常出卖牲口和财产，本格对这种愚蠢的连环保尤为不满。他认为"按照这种方式，征收欠缴税款使税收得到保证的同时也使农民破产了"。他指出，"俄国尚未建立正确的税收管理机制，即税收安排得恰到好处并不是因为富足，而是因为不加区分地对整个村庄的人征税。很明显，这种税收制度一方面要求将农民固定在土地上为的是防止纳税人逃避支付税款，另一方面也能够防止短工任意逃跑"。[③]

1885 年在最终讨论废除人头税时国务委员会赞同本格废除连环保的意见，"人头税并不以纳税人的收入和财产为依据，而是以男性人口为依据，为了保证它的实行需要农民相互担保和进行身份限制，这不利于农

---

① 张广翔：《俄国农民外出打工与城市化进程》，《吉林大学社会科学学报》2006 年第 6 期。
② М. С. Симонова. Отмена круговой поруки. Исторические записки. Т. 83. М，1969，С. 159.
③ М. С. Симонова. Отмена круговой поруки. Исторические записки. Т. 83. М，1969，С. 162.

民外出打工"。废除人头税的方案很快得到认可，财政部制定了相应的法令，并准备在 1887 年实施。众所周知本格是农民土地私有制的拥护者，他对连环保的批判必然会导致对村社的批判，连环保问题已从财政领域转移到农业领域。本格的想法遭到了以内务大臣托尔斯为首的保守派的强烈反对。在讨论关于分家的方案时，托尔斯明确表示反对废除连环保。19 世纪 80 年代连环保对国家预算的灾难性还没有形象地表现出来。

靠增加税收来加快经济发展是维特财政政策的基本特征。他认为，仅靠直接税很难征收大量税额，而征收数额不大的间接税却能带来很大效益。同时维特也十分清醒地知道，间接税给民众带来了沉重的负担，尤其是贫民阶层。到 19 世纪 90 年代中叶俄国的间接税逐渐增加，"1888 年酒精税为 9.5 戈比，到 1892 年增长到 10 戈比，1900 年达到 11 戈比；从 1892 年到 1900 年啤酒税扶摇直上，烟草税 1900 年比 1893 年增长了一倍，粮食税从 1888 年到 1892 年扶摇直上，石油制成品、火柴税都在上升。1888 年到 1901 年徽章税也在上升，工业税在 1899 年也重新进行制定，从 1890~1900 年关税也开始上升，1894 年住房税也提高了，1895 年规定从欧俄到西伯利亚实行国家酒业垄断"。[1] 通过计算维特得出结论，间接税使税收达到 14.5 亿卢布。

间接税增长的同时，在维特的财政制度中直接税也十分重要。19 世纪 90 年代末直接税的比重约为 28%，尽管它的比重下降了（1892 年为 31.5%），但其绝对值增加了（从 1892 年的 1.684 亿卢布增加到 1901 年的 2.209 亿卢布）。继本格后，维特宣布了其税收政策的指导原则是：直接税与间接税"和谐结合"。但农民欠缴税款不断增长与这种"和谐"的"税收制度"十分不相容。萨马拉省 1892 年欠缴税额为 473.4%，其中布古卢兰县为 536%，尼古拉耶夫县为 626%，布祖鲁克县为 698%。喀山省 1893 年欠缴税额为 365.7%，玛德什县为 418%，喀山县为 509%。奥尔罗夫省欠缴税额为 133%，叶列茨县为 270%。[2] 就 1891~1892 年的

[1] М. С. Симонова. Отмена круговой поруки. Исторические записки. Т. 83. М，1969，С. 166.
[2] М. С. Симонова. Отмена круговой поруки. Исторические записки. Т. 83. М，1969，С. 168.

歉收年而言，当政府被迫向贫苦居民拿出微不足道的 1.62 亿卢布时，他们认为这是一种负担。1898 年再次出现了灾荒，政府再次拨款 3500 万卢布，这打破了政府增加财政预算的设想，税收危机没能得到缓解。

19 世纪末的税收危机是农业危机的一部分，同时也是它的产物。1902 年末在讨论 1903 年支出与收入清单时，维特在国务委员会承认"农民的税收达到极限，继续增加税收将会损害国家经济发展"。维特明确地承认这一点并不是偶然的，因为 1902 年的农民起义使国家认识到了税收危机，最终，维特不得不以国家财政预算紧张为借口来制定新的农业方针。在对农业政策进行改革时，维特认为废除连环保是一个亟待解决的问题，正是由于连环保村社开始变坏，维特开始把废除连环保作为其活动的目标。

前面已提到，连环保同财政政策和农业政策密切联系，它是政府农业政策的基石，所以要废除连环保就得先研究村社的情况和作为税收基础的连环保的作用。1893 年 5 月财政大臣向 50 个省的税收督察官下达了专门指示，税收督察官的资料见证了村社瓦解的过程。阿尔汉格尔斯克省按男性人口征税；契尔尼科夫省按农民拥有的土地数量征税；图里省的一些县按人口征税；在短工盛行的梁赞省，亚罗斯拉夫省和科斯特罗马省，按照农户所拥有的工人人数进行征税，并且注意他们的财产状况。在下诺夫哥罗德省瓦西里县有 20 个村实行按土地纳税制度，有 30 个村实行按男性人口纳税。[①] 很明显，1861 年改革所确定的根据人口进行征税的法令在全国大部分地区并没有得到实行。而被确定的按所得税进行征税的方式却反映了人民财富的增长和村社的阶级分化，从按人口收税到对所得税进行征税的税收改革是这种趋势的明显体现。

此外，在歉收年村社给予其成员的帮助并不明显。在萨马拉省，"没有给贫困农民税收优惠"；在喀山省"对贫困农民的税收优惠次数还不如分地次数多"；在西伯利亚地区"没有给贫困农民税收优惠"[②]。即使在

---

① М. С. Симонова. Отмена круговой поруки. Исторические записки. Т. 83. М，1969，С. 175.

② М. С. Симонова. Отмена круговой поруки. Исторические записки. Т. 83. М，1969，С. 178.

阶级分化不明显的黑土地带中心省份，在沃罗涅日和坦波夫，支付税款的延缓期限仅为 1～2 年，"互相帮助"的现象也不明显，并且这种"互相帮助"掩盖了村社对农民的剥夺。

奥尔罗夫省的税收督察官记载道：村社没有给贫困者任何优惠。"在德米特洛夫县、叶列茨县和阿尔汗格尔斯克县，通常情况下农民在冬天为地主做工以偿还债务"；在得米特洛夫县、卡拉齐夫县和叶夫县农民向买主出售农产品；在小阿尔汗格尔斯克县、谢福斯县和里维县，农民将村社犁具和部分土地转让给富有者以偿还债务利息。在谢福斯县自治局村社的贷款利息为 8%，在卡拉契夫县贷款利息为 60%～100%，在阿尔汗格尔斯克的一些地区贷款利息为 120%。在萨拉托夫省没有给破产者任何优惠，偿还债务利息为 12%～20%，在斯尔达斯克县更为严重，春季和夏季农民工工钱比市场价低 20%～25%。这些现象举不胜举。年末警察局强硬向农民索取债务，监察制度成了奴役农民的杠杆。

专门会议对村社的税收活动进行了研究，结果惊人。根据 1861 年 2 月 19 日法令，为保证村民大会征收欠缴税款，对它进行了武装。但根据莫斯科省税收监察员统计，"大量农民欠缴税款，村民大会并未对此采取措施"。下面的例子更能体现这一点："在卢孜克的 10 个乡中，2 个乡的农民全部欠缴税款，而且税款额大得惊人。其余 8 个乡中每个村社的农民欠缴税额也都十分大。"

村民大会中的成员多是欠缴税款的农民，因此村会在判决时，很少对欠缴税款进行分配，这也恰恰体现了连环保的衰亡。库尔斯克省的税收督察官用例子证明了税收机制的落后："村民大会很少对农民付税行为采取强制措施，因此在第 188 条农民状况法令中规定，如果乡长和村长不采取强制措施就将他们逮捕。"

但在某些地区，即使对村社进行武装，也不会得到什么结果。弗拉吉米尔省摩托车尔斯克县的税收督察官写道："有些乡，在农业衰落时，未采取任何税收措施。"在图里省 1887～1892 年 10 个县欠缴税费农户为 5128 户，征收的欠缴税款仅占 7%，这见证了 1861 年改革所建立的税收机制的落后性。税收危机没能得到缓解。相反村民大会在进行税款分配时占有优势，难怪维特在1898年10月给尼古拉二世的信中愤怒地骂道："总督和警察局可以征收大量税款，也可以什么都征收不到。正是因为连环保同村社土地所有制使农民彼此之间相互承担义务，所以也可以使他们不承担任何义务。"税收督察官提供的资料证明，在连环保制度下，即使是政府对其抱有希望的富农也欠缴税款。因为连环保本身就是欠缴税款的源头之一，富农利用连环保执行对自己有利的政策，在贫困农支付税款前他们尽量不支付税款。

事实证明，"连环保已不能保证税收完好执行"。维特认为连环保与资产阶级公平性相违背，"连环保不利于国家富有"，因为"农户支付欠缴税款的积极性因连环责任而受到打击"。连环责任引起了深刻的社会危机，它成为村社富农压迫贫农的武器，使财富斗争尖锐化。

废除连环保是从废除身份证问题开始的，财政部从1886年起开始着手此项工作。维特和内务大臣杜尔诺瓦向国务委员会提交了报告，要求取消身份证，取消对农民出走的限制，遭到国务委员会拒绝。委员会认为，在连环保存在的条件下不能取消身份证，国务委员会仅对身份证进行了法律调节，并于1894年6月3日颁布了新的身份证章程。身份证具有监督意义是连环保存在的一个工具，在实行连环保的村社欠缴税款者不经过村社的同意不能获得身份证。村社掌握农民的纳税信息，在规定日期内不交欠款者，警察局有权利剥夺其身份证。维特不止一次提出废除身份证，为此还制定了一套相应的方案。

上述尝试失败后，财政部试图通过调整税收机制对连环保进行改革，但成效甚微，因此制定一触及连环保的新法令成为一种必然。从1896年11月到1899年3月，由戈列梅金挂帅的内务部和由维特挂帅的财政部共同着手此项工作。由于二者方案相左，因此新法令带有很强的折中性。

在内务部影响下法令对村社给予肯定。守旧势力认为，连环保是美好的，这里有"村民相互发展的保证"，废除连环保将会使保留村社土地所有制和手工业发展弱的地区的农民成为高利贷的牺牲品。维特强烈反对连环保，但在内务部坚持下法令依然保留了在税收时使用连环责任，在支付粮食税方面废除连环保。这样 1899 年法令局部废除了连环保。同时法令规定，每年税款缴纳期限不能低于两次，在规定时期内没缴纳的税款称为缺额部分，村民大会和村长要对这种行为进行惩罚。法令第 50条规定了对缺额部分所采取的措施：第一，没收欠缴税款者土地租赁金和其他收入；第二，查封欠缴税款者和其家庭成员所获得的工资；第三，对欠缴税款者进行监督；第四，出售欠缴税款者的部分动产。法令第 52条规定，查封工资不能超过欠缴税款者工资的 1/3。第 51 条规定出售的动产中不包括衣服，耕作工具，种子和储存三个月的粮食。对到年末还没支付税款的人采取更严厉的措施：第一，出租部分土地；第二，没收部分或所有的份地；第三，出售房屋；第四，如果到了第二年 1 月仍未支付税款，就要对税款进行重新分配。[①]

尽管维特反对连环保，他说"连环保将会导致，勤劳的人替不勤劳的人支付税款"。但由于不清楚改革的财政后果，因此他并未主张立刻废除连环保。直到 1902 年 3 月财政部着手全面废除连环保。在向上呈递的报告中维特列举了下列事实：根据 1899 年 6 月 23 日法令，1900 年税收时所有的对缺额税的征收措施都是由乡和村管理局采取的，在连环保制度的威胁下，村民大会非常消极地采取了一些强制性措施。在阿尔汉格尔斯克省、比萨拉比亚省、梁赞省、基辅省、喀山省、波尔塔瓦省、弗拉吉米尔省、诺夫哥罗德省和普斯科夫省等地，村民大会没有对缺额税收采取任何措施。维特指出，按照这种方式完全有理由指出村民大会税收工作不尽职。根据国家杜马掌握的材料，维特总结了村民大会对税收漠不关心的原因：第一，村民认为强制征税是由村和乡管理局制定的；第二，在一些地区，尤其是在农民工外出打工的地区，不能召开村民大会；第三，也是最重要的一点，维特指出，个人主义和资本主义的发展与落后的连环保是相互矛盾的，原来所有的村社成员的物质利益是一致

---

① М. С. Симонова. Отмена круговой поруки. Исторические записки. Т. 83. М，1969，С. 186.

的，他们的财富平均分配，这是连环保存在的理由。如今在农村个性解放、人们积极进取，而连环保阻碍个体劳动自由，使村社中的某些成员受到奴役，打击了他们的主动性，使他们改变现状的意识受到麻痹。

根据 1899 年局部废除连环保的经验，国务委员会得出结论"连环保不是保证村社税收分配正确实行的唯一工具"。因此在财政方面，废除连环保得到了充分支持。1903 年 3 月 12 日废除连环保的法令生效，连环保被全面废除。

连环保的废除引起了很大的社会反响，保守势力认为废除连环保是对 1861 年改革（农民被束缚在村社，连环保使地主土地不可侵犯）的修改。庆幸此举"没有使农民形成关于土地所有权的概念"，专制统治依然得以巩固，贵族等级制度，村社依然不可侵犯。政府自由派积极支持维特的农业政策，赞扬了维特在废除连环保方面的功劳。称维特的改革是要创造"坚强"的农民，改革对农民的劳动进行了区分，对加强国家功能有重大意义。

自由主义—民粹派承认政府的改革有很大意义，要求对赎买金进行改革，进一步扩大农民的公民权，取消对搬家和分家的限制，自由主义—民粹派事实上开始支持统治阶层。

列宁在《星火》刊物中毫不留情地揭露了自由主义—民粹派的政治妥协。他指出，只有在政治完全自由的情况下（创立农民革命委员会），农民的民主问题才能最终解决，"我们要让农民明白、帮助他们明白，只有农民委员会才能消除直到 20 世纪初仍压迫他们的农奴制残余"。①

普列汉诺夫在《星火》刊物上写了一篇关于废除连环保的文章，他在文章中指责专制政府对地主的保护。普列汉诺夫指出，维特对村社失望是因为富农从村社获得的利益比国家多，因此政府废除连环保仅仅是为了缓解国家的经济压力。改革使村社得到保护，改革的目的是要为地主对农民的剥削创造条件，连环保的废除并未改变专制政府的阶级本质。

---

① М. С. Симонова. Отмена круговой поруки. Исторические записки. Т. 83. М，1969，С. 190.

为了揭穿政府普列汉诺夫进一步写道："改革的成果均为富农所占有，贫农仍一无所获。"普列汉诺夫预言政府农业政策必然会破产："我们知道连环保的废除远没有满足人民的生活需求。"[①]

对于专制政府的改革，社会革命党人同社会民主党人的看法是一致的。他们认为专制政府的法令是他们在"这场必输的战争中的最后赌注"，指出只有革命才能使专制政府做出让步，要求取消对村社的经济和政治压迫。

1861年改革后，尽管在法律上农民成为自由人，摆脱了对地主的人身依附，但农民的人身解放是有条件的，需缴纳相当可观的赎金，对多数农民而言一时无力承担，未缴纳赎金的农民尚处于临时义务农的地位，即实际上与地主并未脱离干系，农民尚不能随意离开农村。[②] 早在讨论废除人头税问题时，政府就意识到农民难以承受赎金的重负，高额赎金与农民份地收入相差悬殊，不降低赎金就无法改革直接税。1881年政府颁布法令降低原地主农民的赎金，同时将其转变为义务赎买。1905～1906年农民运动风起云涌，国家政权岌岌可危，政府被迫让步。1907年宣布停止征收赎金，从此俄国农民终于摆脱了沉重的直接税。

3. 政府的扶植。尽管政府对待合作社的态度比较矛盾、复杂，但仍在某种程度上继续完善它的发展，向合作社提供物质和财政扶植，监察、指导合作社运作。另外，自治局对合作社的兴趣再次恢复，试图通过合作社实现其政治、文化纲领。社会各界和民众积极性的提高，使加入合作社的文化阶层代表增加，他们进入合作社管理局和委员会，领导合作社运动。

4. 斯托雷平土地改革。这一时期合作社的普及还与斯托雷平土地改革密切相关。19世纪60年代大改革后，农民生活状况不但没有得到改善，反而更差，农民运动次数也不断增加。统治阶层意识到农民缺地现象十分严重，为此于1883年建立了农民土地银行以帮助农民购买土地。

---

① М. С. Симонова. Отмена круговой поруки. Исторические записки. Т. 83. М，1969，С. 191.

② 张广翔：《俄国农民外出打工与城市化进程》，《吉林大学社会科学学报》2006年第6期。

此外，1889 年颁布了关于《农村居民和市民自愿迁移到国有土地》的法令，1894 年颁布了《身份证和居住形式》的法令，1895 年 6 月 1 日通过了《小额贷款的条例》，鼓励农民向边疆区移民，在内务部设专门的迁移管理局；1897 年 4 月 7 日颁布法令取消了签署文件时征收的国税。①

但是，政府的政策并未达到预期的结果。1883~1892 年，银行帮助农民购置地主土地 186 万俄亩，仅占土地市场交易量的 6.6%。② 欠缴税款和人头税虽然被废除了，但这个税收亏空实际上被间接税弥补。沙皇政府颁布法令减轻农民负担的同时，亦不忘记维护地主阶级的利益，巩固地主土地所有制。想方设法加强地方行政机构对村社的监督，试图用立法巩固村社体制和等级制度。亚历山大三世和尼古拉二世在位期间，均将君主专制制度和贵族阶层特权作为其政治活动的基本方向。③

为了加强对农民的管理，1886 年沙皇政府通过了限制农民分家的法令。法令规定，农民若要脱离原有家庭必须得到家里最长者的同意，同时还要经过村民大会中 2/3 以上的村民同意。1893 年 6 月 8 日又通过了禁止村社土地重分的法令。在同年 12 月 14 日通过了废除 165 条赎买法的法令，表面看起来是要提前赎买份地，而实质上却是禁止抵押和出售份地。

最反动的措施是颁布了 1889 年 7 月 12 日关于实行地方行政长官制度的法令。地方行政长官由当地贵族任命，他们手中握有行政、司法和警察职能。无论村机关还是乡机关都要听从于地方行政长官，后者有权检查村会、乡会的日程和决议，有权向农民征收 6 卢布以下的罚金，处以 3 天以下的拘禁。地方行政长官利用这些权力专横霸道，强迫农民为自己干活，随意逮捕在大会上发表反对意见的成员。通过这个"全能"的地方行政长官，整个贵族阶层对农民的直接统治充分体现出来。此外，

---

① 郑晓颖：《20 世纪初俄国农民运动》，博士学位论文，吉林大学东北亚研究院，2009 年，第 26 页。

② Н. А. Проскурякова. Земельные банки Российской империи. М. Росспэн，2002，С. 322.

③ Л. Г. Захарова. Кризис самодержавия накануне революций 1905 года. //Вопрросы Истории. 1972，No. 8.

1890年6月12日法令在严格的等级基础上改组了地方自治局，不仅减少了来自农民的地方议员的数量，而且确定了选举原则：乡一级有权选举的只有议员候选人，而由省长从乡一级推选的候选人中任命议员，这样，农民完全失去了选举代表的权利。[①]

综上所述，不难发现，无论是直接防止父权制——农村公社瓦解，还是采取资本主义方式（成立银行、贷款合作社）发展村社都不能令农村经济复兴。农民土地银行只是负责土地在地主与农民间的买卖，且转移到农民手中的土地数量不大。农民移民也没有得到国家实质支援，1901～1905年，同前5年相比移民缩减一半。

由此可见，政府农业政策成果不大。统治阶层认为，村社按自己的方式管理农民，符合农村文化—经济传统，国家不应干预、改变这种传统。尽管如此，分化仍在继续：1886年法令颁后仍有1/3家庭分家，移民运动也在悄悄进行。古老的村社制度制约了农村资本主义的发展。

19～20世纪之交沙皇政府的农业政策不仅与1861年改革宣言（让农民成为私有者）矛盾，并且由于与工业现代化背道而驰而走进了死胡同。工业现代化倡导者本格、维什涅格拉德、维特所制定的工业发展方案没有得到农业部的支持，同时由于市场狭小、农民支付能力低又限制了工业的发展。从19世纪70年代开始，频繁歉收和国际市场竞争激烈致使粮食价格下降，农民生活状况更加恶化。

上述情况使关于俄国发展道路和农村贫困原因的争论更加激烈。从政府官员到学者均提出了各种方案：包括提高农民教育和文化水平、提高土地经济效益（种植牧草、发展畜牧业）、通过移民缓解土地贫乏、在西伯利亚植树等。村社和农民法律地位是讨论的中心话题，尽管政府改善农民物质状况和法律地位的政策收效甚微，但它仍坚持传统的农业政策。К.П.巴别达诺采夫认为："习惯于无权地位的农民，在突然获得人身自由和财产支配自由权后，还不具备运用这些权利的能力。"

---

① 郑晓颖：《20世纪初俄国农民运动》，博士学位论文，吉林大学东北亚研究院，2009年，第27页。

最初在讨论 1893 年法令时，维特赞同保留村社，认为它能防止农民无产阶级化，是专制统治的支柱，但很快他的想法发生了变化。1898 年 4 月他在呈递给大臣委员会的报告中指出："农民法律和经济意识模糊，是俄罗斯文化和经济进步的障碍，农民虽然从奴隶占有中解放出来，但却处于听从命令和无知状态中。他们没有改善自身生活状况的积极性、缺乏改善生活的意识。因此，首先要增强农民意识，如果国家继续按原有方式统治农村，就会失去和平。"[1]

1899 年和 1901 年爆发的财政、工业危机和歉收使农村状况白热化，沙皇被迫成立了农村经济发展委员会，负责审视农民法规。据委员会记载，中部农业省农民无地和少地状况令人头痛。地方自治局活动家指出："农民生存艰难、古老的村社制度出现动摇、村社解体越发明显、传统家庭制度遭到破坏、农民道德法制衰落。"据委员会统计，在中部省只有 21% 的工人与农村经济有联系。

1902 年 1 月 22 日至 1905 年 3 月 30 日召开的农业工业需求专门会议也提到了农村问题。540 个省和县委员会的自治局代表、地主、大租户和少数农民，约 1.1 万人参加了这次讨论。维特在《农民事务报告》中详细阐述了农业—农民政策，论证了传统农业政策不足之处，指出村社已失去意义，不能吻合资本主义发展，不能解决经济、社会政治问题。他认为，应该给予农民离开村社的权利，让农民从村社和家庭领地中解放出来，成为农民—私有者，享有和其他等级平等的权利，这是农村经济发展的条件，也是专制制度维持统治的前提。

同时维特认为，允许农民离开村社，但不能加速这个进程。这是因为，各地条件各异，所以农民脱离村社并不是千篇一律的。他指出"土地贫瘠、文化落后、农产品价格低的地区，村社耕地对农民而言是有益的"。在任何时候村社都应是土地所有者的自愿联合体，它的行政—监察机能应部分由行政部门管理、部分转为地方自治，比如村社教育、医疗、

---

[1]　А. П. Корелин. Россия сельская на рубеже XIX в - начале XX века. М. Наука，2004，С. 262.

小额贷款交由乡自治局负责。在法制问题上，维特认为，乡法院应服从于全体公民法院，在公民法框架内编纂法典。维特的方案遇到保守派大臣普列韦的反对。

最终，1903 年 2 月 26 日沙皇政府下达了最高公告。根据公告，帝国农业改革的指导原则是村社土地制度不容侵犯、农民份地不可剥夺，保留农村等级制度。综上所述，政府农业改革事实上仅是某些农民法规的改善：1903 年 3 月 1 日公告废除连环保；1904 年 8 月 1 日废除对农民的身体惩罚。尼古拉二世在意识到了上述法律的不足之处后，于 1904 年 12 月 8 日允许继续改革，使农民成为享有充分权利的农村居民。事实上也就承认了 1861 年改革的不完善。

可以说革命前 20 年是政府农业改革的 20 年，坚持监护制和村社制度是沙皇政府农业改革的指导原则。在农业工业需求专门委员会的一次会议上，维特指出"俄国与其他国家相比是独特的，这个独特之处是在于，培养人民不理解私有制和法制"。他预言："虽然我不希望成为预言家，但将来如果不改革农业制度，那么农民土地问题仍将是国家讨论的热点。"

直到 1905 年革命爆发后，沙皇政府才真正意识到改革村社的必要性，准许斯托雷平进行改革。斯托雷平农业改革的目的就是要彻底瓦解村社，把份地引入自由市场，从而建立私人农场——以独家农场和独立田庄为主要形式的资本主义农业，并在此过程中扶植富农的经济与政治势力，使之成为专制主义政府的社会支柱，从而完成所谓从"恺撒主义到波拿巴主义"的转化[1]，使专制主义在新的历史条件下得以延续。

1906～1911 年斯托雷平相继颁布了改革法令，主要内容如下：

允许农民自由退出村社和把份地固定为私人所有。1906 年 11 月 9 日政府颁布了一项名为《关于农民土地所有制和土地使用现行法令的

---

[1]　А. Я. Аврех, П. А. Столыпин. Судьбы реформ в России. М. Политиздат, 1991, С. 9 - 34.

补充》的法令，规定："每一根据村社占有制占有份地的户主，可随时要求将这块土地中应该属于他的那部分确定为自己的私有财产……若份地超过家庭人口的定额，主人可以将这些多余部分的土地按 1861 年改革规定的价格购买。"① 法令还授予退出村社的农民可以自由支配土地，即土地所有者有权根据自己的需要将土地出卖、出租或抵押。1910年 6 月 14 日法律对从 1861 年以后没有进行过土地再分配、村社已徒有虚名的地方的农民做了硬性规定，直接将份地变为国家固定的私有财产。截至 1916 年 1 月 1 日止，退出村社的农户占村社总数的 22%，土地占份地总数的 14%。村社解体最严重的俄国西南部、"新俄罗斯"、白俄罗斯和中央黑土地区各州是农业资本主义较发达的地区，退出村社的农户约占村社农户总数的 1/3，在西南部则达到将近一半（48.6%）。② 有将近1700 万俄亩土地经法律认可成为农民的私有财产，农民取得了对这些土地的支配权。

进行土地调整。政府进行土地调整的主要目的是通过重新分配土地建立个体农户，主要是建立独立田庄和独家农场，以培植农村资产阶级，发展农村资本主义。所谓独立田庄，就是脱离村社的农民仍然住在村中，只是把分散的土地连成一片。所谓独家农场，就是农民在脱离村社以后，不仅将土地连成一片，而且把其他财产也转移到他们的土地上。

改革在一定程度上破坏了 1861 年改革时留下来的村社和份地制度，促进了农村资本主义的发展，刺激了农民的生产积极性。改革使小土地所有者数量增加，土地轮换制时期，因土地非自己所有，农民没有改良土地的要求。改革后农民耕种的是自己的土地，因此要求改良土地。农业改良的呼声高涨，农民对资金的需求增长，促进了信用合作社的进一步发展。

---

① С. М. Дубуровский. Столыпин：Реформа сельскохозяйства. М. Наука，1963，С. 124.
② 米尼波克罗夫斯基：《俄国历史概要》，三联书店 1978 年版，第 821 页。

二 信用合作社

1900～1914 年信用合作社从 724 个增长到 13027 个，增长 17 倍，其中以贷款合作社的建立为主。1900 年贷款合作社的数量只有 25 个，到 1907 年其数量增长到 1210 个，明显超过贷款储蓄合作社的数量，至 1914 年末相应数字为 10700 个。战前 5 年贷款合作社迅猛增长，平均每年增加的贷款合作社数量为 1000～1300 个。[①] 但值得注意的是，合作社绝对增长是在 1914 年。1911～1912 年合作社数量的增长与政府的人为因素有关，当时在西伯利亚和中亚发生农业歉收，国家提供大量资金用于建立贷款合作社。1909 年政府就在图尔克斯塔组织建立贷款合作社，希望通过建立贷款合作社促进当地种棉业的发展，缓解商业高利贷资本对农民的剥夺。同时，不可否认贷款合作社快速增长的主要原因是农村经济需求的增长、商品货币关系的发展。

图 4 - 3　合作社宣传画

表 4 - 1　1900～1914 年帝俄信用合作社数量

年份	数量（个）	成员人数（万人）	流动资金（卢布）	基本资金（卢布）	贷款余额（卢布）
1900	724	20	2052 万		

---

① А. П. Корелин. Кооперация и кооперативное движение в России 1860 - 1917. М. Росспэн, 2009，С. 175 - 176.

年份	数量（个）	成员人数（万人）	流动资金（卢布）	基本资金（卢布）	贷款余额（卢布）
1901	785	26.97	3540万	1720万	2980万
1902	817	30.62	3890万	1910万	3320万
1903	957	36.68	4560万	2880万	3860万
1904	1183	44.71	4970万	3100万	4220万
1905	1431	56.42	5730万	3550万	4900万
1906	1680	70.46	6080万	3770万	5200万
1907	2189	93.29	8070万	5130万	6830万
1908	3237	138.36	1.057亿	6600万	8870万
1909	4261	194.32	1.325亿	8630万	1.12亿
1910	5396	255.94	1.725亿	1.16亿	1.456亿
1911	6679	344.71	2.389亿	1.668亿	1.999亿
1912	8533	474.7	3.434亿	2.427亿	2.883亿
1913	10992	661.06	4.687亿	3.082亿	3.973亿
1914	13027	827	6.14亿	4.238亿	5.178亿

资料来源：А. П. Корелин. Кооперация и кооперативное движение в России 1860—1917. М. Росспэн，2009，С. 175。

大部分贷款合作社建立在农村，主要是为农民服务。根据小额贷款事务管理局1900~1911年统计资料，城市贷款合作社仅占全国贷款合作社总数的6%，其成员数量占全国的7%，贷款储蓄合作社相应比例为35%、40%。且城市贷款合作社的参加者主要是农民，根据资料统计，只有9%的贷款合作社没有农民加入。1914年初根据小额贷款管理局统计资料，28%的独立农户加入贷款合作社，1915年在贷款合作社发展较好的地区居民合作化程度为48%。[1]

就数量而言，南部和中部农业区贷款合作社最为普及，其次是工业区和北部、东部地区。在西伯利亚、波兰和北高加索比重稍低。少数民

---

① А. П. Корелин. Кооперация и кооперативное движение в России 1860 - 1917. М. Росспэн，2009，С. 139 - 140.

族地区贷款合作社发展落后，国家拨款约占合作社基本资金的 60%。同时当地人民文化水平低，自治局中知识分子人数少，也是制约合作社发展的重要因素。

正如上文所述，信用合作社的分布受政府政策、国家银行扶植、行政机构态度等主观因素的影响。但毋庸置疑，客观因素对合作社的影响更为重要——当地经济发展水平、居民富裕程度、文化发展状况、农民管理经济的积极性、是否具有创业精神。合作社财政指标是各地合作社发展状况最有力的证明，这方面南部地区当仁不让，该地区合作社财政实力优于其他地区，贷款和储蓄业务明显高于其他地区。其次是波罗的海和波兰地区，但这里 60% 是城市贷款合作社，中部农业区占第 4 位。

人数多、运作区域广导致合作社难以组织发展。1911 年德国每个农村贷款合作社平均人数为 108 人，俄国为 560 人。1913 年基辅全俄合作社会议指出，俄国合作社活动半径多为 15 俄里。拖拖米恩指出"运作区域广导致成员不能对管理局进行监督，管理局也不能追查成员财产状况"，在波尔塔瓦省普里鲁克县的一个贷款储蓄合作社中，成员人数达到 12000 个，来自 8 个乡的 25 个村庄。[1]

随着信用合作社的不断发展，建立合作社联盟的想法日益成熟。如果说初期合作社的发展是人为促动的结果，那么现今合作社的发展已成为实际所需。1905 年初，全俄共建立 3 个信用合作社联盟——彼尔坚斯克、梅里塔波里斯克和苏德热斯克联盟，1907 年又建立了 3 个。联盟的建立仍旧要经过大臣委员会批准。起初联盟发展微弱，拉赫维茨斯克联盟只是在纸上存在，苏德热斯克联盟和波拉卡达林斯克联盟长期未开展业务。20 世纪前 10 年建立的 8 个联盟中只有 2～3 个勉强维持，这为反对者提供了口实，他们认为建立信用合作社联盟的时机还不成熟。从暂时看来确实如此，但随着小额贷款机构的发展，联盟的活动范围逐渐扩大，情况开始发生变化。

---

[1]　В. Ф. Тотомианц. Кооперация в русской деревне. М. 1918，С. 381.

政府虽擅自组建信用合作社联盟，但又希望合作社能统一运作规则，尤其是在贷款利息和存款利息方面达成一致，希望取消合作社在吸引资金方面的不良竞争，加强政府对合作社管理局及其联盟的监察。随着存款数额的增加，如何管理闲散资金、对合作社进行合理化管理，成为各省合作社发展面临的难题，同时也出现了同其他类型合作社联合的要求。1904年法令规定允许联盟从事中间业务，但只允许用自己的资金进行订购，然而联盟没有专门的资金，因此从事存贷款业务也就未被许可。

建立联盟、扩大联盟功能的要求日益迫切，尤其是莫斯科全俄合作社大会召开之后，建立联盟的要求愈发强烈。这都证明必须重新审视合作社法令，但政府对建立联盟一直持消极态度，小额贷款省委员会常常无故拒绝建立联盟的请求。面对此种情形，合作社代表开始采取迂回策略。首先，某些大型合作社或是自治局小额贷款储蓄所开始担任联盟角色。例如，奥尔洛夫省里文斯克县里兹斯克贷款合作社实际上是该省信用合作社联盟的中心，它联合了全省1/3的小额贷款机构，成为区域联盟的中心。[①]

在各地请愿压力下，政府被迫做出让步。1911年大臣委员会决议批准7个信用合作社联盟——阿斯特拉罕、叶卡捷琳诺斯拉夫、库班、普罗茨克、下诺夫哥罗德、拉塔乌斯托夫、彼尔斯克。联盟的功能得以扩大，有权接受存款、进行贷款，可以建立专门资金从事中间业务，上述修改同样适用于以前建立的联盟。章程颁布后两年，彼尔坚斯克联盟的财政收支增长12倍，梅里塔波里斯克增长16倍，基辅89倍。战前10年信用合作社联盟的建立刚刚开始，至1914年末全俄共有10个联盟、联合732个信用合作社，拥有资金760万卢布。[②] 此后加入联盟的合作社不断

---

① А. П. Корелин. Сельскохозяйственный кредит в России в конце XIX—начале XX вв. М. Наука，1988，С. 140 – 142.

② А. П. Корелин. Кооперация и кооперативное движение в России 1860 – 1917. М. Росспэн，2009. С. 186.

增加，仅战前一年加入联盟的合作社就达 200 个，短期内联盟吸收了 540 万卢布存款、向信用合作社提供资金 550 万卢布。其中无论在成员人数、还是业务规模方面基辅和库班联盟发展最为突出，它们联合了 40% 的合作社，集中 60% 的合作社资金。基辅合作社联盟共联合该省 280 个合作社中的 176 个，1913 年其总周转额为 2160 万卢布，其商品交易额达到42.3 万卢布。库班合作社联盟成立于 1912 年，联合该地区 1/3 的贷款合作社，1913 年提供贷款 160 万卢布。[①]

为了寻找资金、获得低利息贷款，联盟试图与银行开展业务。1911 年梅里塔波里斯克联盟得到私人银行贷款 500 万卢布，这些都证明了中心代办处在货币市场上的优势。整体上这一时期，联盟尚处于建立期，加入联盟的合作社仅占全俄信用合作社总数的 5%。

早在 1898 年第一届全俄贷款储蓄合作社会议上，合作社工作者就提出了建立小额贷款中央银行的想法，1906 年第一次全俄合作社大会上再次重申了这一主张。经过长期拖延后，1911 年 9 月政府颁布了莫斯科人民银行章程。根据章程，银行建立的目的是为合作社服务，它是帝国信用合作社的财政中心。银行有责任向小额贷款机构、合作社、自治局和农业协会提供资金，帮助它们发展农村经济。银行储蓄资金为100 万卢布，股员包括合作社和个人。银行业务范畴包括：接收存款、签订债务、核算期票、提供贷款、贷款期限为 9 个月。银行商品部负责采购、出售商品，采购范围主要包括农用机器和工具、种子、肥料、建筑材料。银行还同本国和国外公司开展业务。1912 年春银行开始经营业务，银行中合作社股份占 85%、私人股份占 15%。1914 年 1 月银行同俄—英《尤宁》公司签订条约，《尤宁》公司成为莫斯科人民银行在欧洲销售合作社农产品（鸡蛋、粮食、亚麻、大麻）的唯一代表。1914 年银行基本资金从 100 万卢布增加到 200 万卢布，私人借款和存款超过 500 万卢布。

---

①　А. П. Корелин. Россия сельская на рубеже XIX в ‒ начале XX века. М. Наука，2004，С. 251.

图 4 - 4　莫斯科人民银行票据

图 4 - 5　莫斯科人民银行致股员的一封信

整体上战前 10 年就增长速度而言，俄国信用合作社在世界上居前位，几乎和德国并驾齐驱。就数量和参加人数、动员资金数额而言，信用合作社在本国小额贷款机构中居首位。10 年间合作社资金从 5000 万卢布增加到 6.14 亿卢布，其中存款从 3010 万卢布增加到 4.24 亿卢布，贷款在战前 5 年从 1.48 亿卢布增加到 1.65 亿卢布，流动资金总额约 30 亿卢布。如果加上过期贷款，这个数字会更大，接近 1913 年国家财政预算。[①] 随着联盟和银行的建立，成熟的信用合作社体系逐步建立，但其前路坎坷不平。

图 4 - 6　消费合作社宣传画

---

① А. П. Корелин. Россия сельская на рубеже XIX в － начале XX века. М. Наука, 2004，С. 251.

三　消费合作社

战前 10 年，在数量和参加者人数方面消费合作社是第二大类合作社，《1897 年章程》的颁布为其发展提供了法律保障，1905 年革命后合作社增长速度日益显著。但遗憾的是关于消费合作社数量的统计资料缺乏，最权威的统计当属由内务部出版的《俄国消费合作社现状》。根据统计，至 1914 年全俄共有 11384 个消费合作社，其中 9754 个（86%）是 1905～1913 年建立的，这 9 年间每年建立的合作社数量如下，200 个、410 个、1048 个、1250 个、1087 个、1200 个、1218 个、1752 个、1589 个。[1] 根据圣彼得堡分委员会统计资料，从 20 世纪初开始，农村消费合作社数量明显多于城市，约占总数的 80%，城市消费合作社占总数的 6.7%，工厂和铁路为 5.8%，工人独立建立的消费合作社占总数的 0.9%，官员和军官合作社占 0.8%。[2]

战前 3 年消费合作社迅速发展，根据赫伊辛统计，1914 年每个消费合作社约有股金 2200 卢布，储备资金 616 卢布，流动费资金 2 万～3 万卢布，纯利润 990 卢布；每个成员约有股金 16 卢布，储备资金 4.4 卢布，流动资金 214 卢布，利润 7.1 卢布。[3]

就地理分布而言，与信用合作社相似，88% 的消费合作社位于欧俄地区，其中西南三省——基辅、波多里斯科、沃伦斯克最密集；其次是北部地区。就增长速度而言，当属西伯利亚地区。1905 年后西伯利亚地区的消费合作社真正发展起来，政府对待合作社的态度有所缓和。这一时期西伯利亚大铁路建成，这条长 9311 公里、横贯东西的铁路，"揭开了西伯利亚资本主义经济发展史上新的一页"，也为消费合作社的发展带

---

[1]　А. П. Корелин. Кооперация и кооперативное движение в России 1860 – 1917. М. Росспэн，2009，С. 192 – 193.

[2]　Е. Ю. Болотова. В единении—сила Потребительская кооперация в Россиив конце XIX—начале XX вв. Волгоад，2003，С. 109、121.

[3]　М. Л. Хейсин. История кооперации в России. М. 1914，С. 185.

来了契机。铁路建设过程中，消费合作社保障了建筑工人对生活用品的需求；铁路建成后，合作社生产的商品，源源不断地涌入欧俄地区，而消费合作社在欧俄地区采购的商品通过此铁路运到合作社手里。在此之前，西伯利亚地处偏远，交通不便，消费合作社的发展受到很大的限制。[①]

由于发展分散、财政基础弱、同市场联系少、没有职业的监察机构，因此为促进消费合作社的发展需要建立联盟，但居民没有做好准备和政府的怀疑态度制约了它的进程。20世纪前几年，合作社代表曾多次递交建立联盟的申请但未被批准。至1905年前只有莫斯科消费合作社联盟在运转，但它只从事中间业务，不能从下层合作社获得专门的资金，其活动在很大程度上得益于吉彼涅尔的帮助，直到1906年他一直领导联盟。从1907年起农村消费合作社大量加入联盟，1913年占成员一多半，联盟功能从代售转向批发采购，不再与中介人建立联系，而是直接与公司、大采购商、企业家建立联系。[②] 采购联合提高了商品质量，为商品买卖提供良好氛围。战前，联盟自己生产、销售商品。莫斯科消费合作社联盟遍及70个省和地区，1913年基辅合作社会议上莫斯科消费合作社联盟被确定为全俄消费合作社联盟中心。

1904年建立的圣彼得堡采购联盟由于成员存在分歧、股金征收困难、同私人竞争能力差、缺乏经验导致其于1911年被迫解散。1906年在圣彼得堡建立的劳动者联盟，成员以工厂工人为主，1909年停止活动。1908年12月基辅消费合作社联盟建立，出版刊物《我们的事业》。1911年还建立了瓦尔沙消费合作社联盟，1912年建立了彼尔姆联盟，同信用合作社一样，战前10年也是消费合作社联盟的建立期，只有10%～15%的消费合作社加入联盟。

根据1897年和1898年章程，农业协会和农业合作社受农业部管辖。根据农业部统计资料，1911年农业协会大量普及，其数量达到3500个。

---

① 潘晓伟：《十月革命前西伯利亚消费合作社初探》，《西伯利亚研究》2007年第5期。

② А. П. Корелин. Россия сельская на рубеже XIX в-начале XX века. М. Наука，2004，C. 252.

根据《合作社生活》杂志统计，1912 年 1 月 1 日全俄共有 3564 个农业协会，1914 年为 4171 个，县级以下的农业协会占 88%，乡级占 70%。1908 年 11 月 8 日出台的农业协会章程极大地促进了农业协会的建立。农业协会主要分布在波罗的海、莫斯科工业区、西北部、新俄罗斯、中央农业区、乌拉尔附近地区。1913 年沃洛格达农业协会商业部建立了北部地区（沃洛格达、奥伦涅茨、阿尔汉格尔斯科、维亚特卡、彼尔姆、克斯特罗马、亚罗斯拉夫、诺夫哥罗德）农业合作社联盟。联盟活动包括：向社员供应生活和生产用品；组织农产品和手工业品销售；对合作社进行指导。合作社同传统的劳动组合没有明确的界限，1913 年经过协商后建立了手工业劳动组合联盟，莫斯科省自治局是组建专家，联合了 13 个劳动组合。

四 合作社运作方针

第一次世界大战前的 10 年，信用合作社存款数额不断增长，1900 年存款总数为 1380 万卢布，1914 年末时达到 42830 万卢布，其中存款占合作社财政收支的 60%。普罗卡波维奇指出，信用合作社已经不需要政府保护。合作社存款数额的增长取决于一系列因素：合作社数量的增长、独立性的增强、联盟业务的扩大，更重要的是居民储蓄额增长。如果说国家储蓄所存款利息为 3.6%，贷款储蓄合作社则为 6%，贷款合作社为 7%。1913 年贷款储蓄合作社中平均每人存款数额为 219 卢布、贷款合作社 184 卢布，1914 年相应数字为 287 卢布和 263 卢布。①

信用合作社的债务中国家银行借款占绝大多数，其次是私人借款。由于资金有限，合作社规定根据入社时间确定贷款顺序，因此合作社缔造者享有贷款优先权。1914 年贷款合作社能满足 60% 成员的需求，贷款储蓄合作社为 87%。贷款利息高制约了贷款合作社的发展，根据 1904～

① А. П. Корелин. Кооперация и кооперативное движение в России 1860 – 1917. М. Наука, 2004，С. 207 – 209.

1907年统计局统计，50%的贷款利息为12%，贷款储蓄合作社贷款利息略低，70%的贷款利息为6%～9%。合作社规模越小贷款利息越高。1910年贷款合作社平均贷款利息为11.3%，贷款储蓄合作社为9%。1910~1911年贷款合作社贷款平均数额为43卢布、贷款储蓄合作社为82卢布，1913年为56卢布和145卢布。但这不意味着所有成员都能得到贷款，根据1910~1911年对萨马拉、塔夫利切斯克、赫尔松、奥尔洛夫、波尔塔瓦和梁赞省信用合作社的调查，每年有3%～11%的社员得不到贷款，有的地区，甚至有一半的社员得不到贷款。[1]

贷款用途是判断贷款效能的重要指标，1904年法令指出，合作社提供贷款的目的在于促进生产。但实际上生产性贷款，常被用于个人花费和支付债务。1904年10月15日小额贷款事务管理局，出台了关于贷款用途的通告。据统计1901~1905年用于农业生产的贷款占53.1%，战前10年达到60.7%，南部地区2/3的贷款用于购买土地。[2] 此外，贷款还用于租赁土地，购买牲畜、农用工具、饲料、种子，改良耕地。合作社发展初期阶段贷款用于支付债务的现象也较为常见。

消费合作社的任务是将单独的、个体的采购行为变成社会的、集体的采购行为。各种消费合作社和其他经济组织竞争，都遵循一个目的——成为商品供应者。从这个目的出发，它们出售自己生产的商品并在采购商品时力求采取联合行动，从采购原料到商品的生产及销售的整个过程都由自己来完成。由于消费合作社的首要任务是为社员采购生活用品，于是出现了这样的过程：单独生产—社员增加—联盟—联盟中心。[3] 消费合作社除采购日常生活用品外，还采购小型农用工具、手工业用具以及手工业生产原料，出售农产品、手工业品，它还建立专门的生产企业和从事贷款业务。据内务部统计消费合作社商品流通量1904年为5500万卢

① А. П. Корелин. Кооперация и кооперативное движение в России 1860 – 1917. М. Наука，2004，C. 213 – 215.

② А. П. Корелин. Сельскохозяйственный кредит в России в конце XIX—начале XX вв. М. Наука，1988，C. 176 – 186.

③ 潘晓伟：《十月革命前西伯利亚消费合作社初探》，《西伯利亚研究》2007年第5期。

布、1914 年为 2.5 亿 ~ 3 亿卢布，占国家商品零售总量的 4% 。[①]

　　消费合作社的发展面临以下难题，部分消费合作社的股东对采购的商品加价，剥夺非社员的利益，一些合作社的红利高达 10% 。抬高价格不仅损害了股东的利益，也导致合作社贸易额缩减。有时合作社也以低于市场价的价格出售商品，结果使合作社利益受损。圣彼得堡"劳动联盟"为了同私人店铺竞争，以低于市场价的价格出售面包，初期取得一定成绩，但店主联合起来与之抗衡，最终导致流动资金缩减、联盟解体。对大部分刚刚建立、财政基础弱的合作社而言，在成本之上略微加价是最好的办法。赊欠是消费合作社发展面临的最大困难，20 世纪初农村消费合作社中，赊欠商品占股金总额的 30% 、城市 60% ，这严重损害了合作社贷款功能和人们对它的信任。

　　合作社的另一个功能是开展文化教育活动。初期这项工作由农村贷款储蓄和工业合作社委员会及其圣彼得堡分部负责。它们收集、分析合作社发展资料，对合作社生产和财务工作给予指导，认为合作社是解决现存社会经济问题的有效工具。随着小额贷款管理局的建立，上述任务逐渐由小额贷款观察员完成。从 1900 年初，上述任务逐渐由联盟负责，第一批信用合作社联盟试图对联盟生产事务进行监察，向其提供意见。在这方面莫斯科消费合作社联盟当之无愧，在第一次全体会议上联盟指出，教育工作具有重要意义。[②] 1906 年联盟办事处下设商业部和秘书处负责指导、监察文化活动，分析消费合作社的理论和实践问题。随着合作社数量的增加，文化教育宣传的重要性日益增强，但政府认为这些活动超出了章程范围，存在反政府意图，对此深感不安。从 1905 年末开始采取一系列措施限制合作社的文化教育活动。[③] 但合作社的文化工作依然

---

① А. П. Корелин. Сельскохозяйственный кредит в России в конце XIX—начале XX вв. М. Наука, 1988, С. 205.

② Е. Ю. Болотова. В единении—сила Потребительская кооперация в Россиив конце XIX—начале XX вв. Волград, 2003, С. 99 – 108.

③ Е. Н. Козлова, Культурная миссия кооперация (1864 – 1918), Кооперация Страницы истории. Вып. 3. М. Наука, 1993, С. 89.

未被中断，从 1912 年起，合作社出版大量文献，在合作社中央建立出版社、书店，定期出版刊物，1911 年消费合作社规定专门拨出一部分资金用于建立人民会所、捐助地方教育、召开合作社大会。

小 结

第一次世界大战前的 10 年是俄国合作社的高速增长期，其组建数量从 4000 个增加到 30000 个，就增长速度而言俄国在世界上居首位。[①] 这取决于一系列因素：首先，得益于国家经济局势的好转、商品货币关系的深入以及居民生活水平的提高。其次，政府的扶持、自治局的援助和社会各界的关注也是加速合作社发展的重要因素。正如卡巴洛维奇所说："如果说十年前合作社运动稍有发展，那么如今这一运动已经成为俄国社会上的一支重要力量。随着合作社的快速增长，建立联盟的趋势日益明显。如果说农村贷款储蓄和工业合作社委员会及其圣彼得堡分部是促进合作社发展的先驱，那么莫斯科人民银行和莫斯科消费合作社联盟则是合作社发展的中心。"

战前 10 年是合作社的繁荣期，除了底层的合作社组织，合作社区域联盟也大量建立。这一时期，莫斯科人民银行成为帝国信用合作社的财政中心，莫斯科消费合作社联盟在 1913 年基辅合作社会议上被定为全俄消费合作社联盟中心。该时期，在数量上信用合作社居第一位，其次是消费合作社，农业合作社和劳动组合。农村成为合作社发展的主战场，是这一时期合作社发展的显著特征。随着国家提供资金的缩减，合作社发展进程中的人为因素逐渐减弱。合作社已成为俄国社会经济—文化生活中的重要组成部分，有 1/3 的家庭加入合作社组织，它顺利调动居民的需求，尤其对农村小生产者而言，其意义不可忽视。1914 年仅信用合

[①] М. Л. Хейсин. История кооперации в России. М. 1914，C. 158 – 159.

作社动员的资金就达 10 亿卢布，战前 7 年向成员提供的贷款总额达 30 亿卢布。[①]

战前 10 年，消费合作社股金和储蓄资金超过 2800 万卢布，商品流通总额价值 3 亿卢布。随着合作社数量的增加建立了合作社银行和联盟，它的物质和财政实力不断增强，合作社的作用日益明显。合作社资金不足问题逐渐得以缓解，在一些地区，合作社活动迫使私人卖主、高利贷商降低了商品价格和贷款利息。合作社联盟在这方面的作用更为明显，它吸引了大量银行资金和私人资金。合作社还积极从事批量采购和生产商品，西伯利亚奶制品劳动组合的产品更远销国际市场。

就每个成员的贷款数额和商品购买量而言，俄国合作社的发展还落后于欧洲发达国家。信用合作社还不能建立全俄贷款中心，大部分联盟的范围仅限于一个县或是几个县。在消费合作社领域，它的活动局限于小的店铺贸易，因此很少向成员提供红利。尽管斯托雷平改革废除了一些封建残余，但在农村阻碍商品货币关系发展的因素依然存在。如贷款权受到限制、行政机构限制合作社运动，这些都阻碍了合作社的自由发展。

制定和通过全体合作社法令成为合作社发展的迫切需求，左翼政党在合作社会议上表露出的民主和公民法呼声，使合作社与政府的关系一度紧张，这无疑影响了合作社的发展。政府机构尤其是警卫部门用尽一切手段对合作社进行监察，阻碍合作社联盟建立、反对召开合作社会议和成立合作社运动中心。但二者并没有发生公开冲突，政府官员中对合作社的作用保持清醒认识的人占多数。

---

① А. П. Корелин. Россия сельская на рубеже XIX в-начале XX века. М. Наука，2004，С. 251.

第五章　1914 年至十月革命前：
合作社运动的完善

　　这一时期合作社从组建数量到经济实力均有较大提升，并成为经济领域中一支不可忽视的力量。它开始参与国际合作社商品交换、走向国际市场。1917 年 3 月 20 日《合作社法令》的颁布，体现了合作社工作者长期以来的奋斗目标。根据法令，合作社及其联盟的建立只需在邻近法院进行注册即可，关闭合作社先由全体社员决议表决，再交由法院即可，政府无权干预。至 1917 年十月革命前，从合作社基层组织到合作社联盟，再到全俄合作社委员会的合作社体系已初步建立。第一次世界大战期间，合作社积极同政府合作，其活动缓解了投机商的投机活动，抑制了粮食和生活必需品的价格增长。随着实力的增强，合作社开始参与国家政治生活，并试图登上政治舞台。

第一节　1914 年至 1917 年二月革命前的合作社

这一时期，合作社组建数量及成员人数均有增长。到 1917 年初，信用合作社总数和成员人数分别增至 16055 个和 1050 万。其财政实力逐渐增强，大量开办附属企业。截至二月革命前全俄共有 23500 个消费合作社、成员人数达到 681.5 万。农业合作社和劳动组合也在发展壮大，战争期间，它们同政府合作，向前线供应物品，反对囤积居奇。

一　全俄合作社委员会的建立

第一次世界大战开始的头几个月，合作社面临严峻的形势。首先，一方面，战乱中恐慌不安的社员强烈要求合作社返还存款、要求退出合作社；另一方面，由于交通遭到破坏，一些实力较强的合作社停止货物运输、不再向成员供应商品，并且要求成员返还贷款和赊欠的商品。其次，军事动员导致合作社人才流失，大部分合作社委员会和管理局工作者应征入伍，投入到保卫国家的战斗中。据赫伊辛统计，战争期间合作社人才流失高达 50%。这使原本就因人才缺乏而发展落伍的合作社在管理上更加混乱，军事动员还导致合作社欠款征收难上加难。最后，在战争的影响下，俄国的工业和贸易体系受到破坏，经济形势恶化。尤其在战争初期，国家大部分领土被占领，交通遭到破坏，对外贸易停止，合作社的贷款业务、贸易业务自然深受影响，合作社发展市场萎缩。

面对上述情形，1914 年 8 月 29～31 日在莫斯科农村贷款储蓄和工业合作社委员会倡导下召开了紧急会议。圣彼得堡分部、各地的合作社组织及联盟均派代表参加了会议，警察局依然对会议进行监控。会议指出，由于战争破坏了正常的经济行为，合作社被迫缩减业务，一些合作社几乎倒闭。在此情形下委员会打算接收新成员（包括女性），对他们进行培训以弥补人才的流失。并号召合作社积极吸收存款、组织订购和销售、对前线给予援助。然而上述措施对于抑制恐慌和重建合作社的帮助不大，形势进一步恶化使合作社工作者意识到，建立联盟的重要性。委员会不断请愿，要求简化联盟审批手续。在不懈努力下，1915 年 3 月 3 日大臣委员会决议批准建立 17 个新的信用合作社联盟，8 月 27 日宣布简化合作社及其联盟建立手续，规定联盟章程由财政部批准。自此政府阻碍合作社建立的大坝开始动摇，并在日后被冲破。

经历了初期的混乱后，至 1915 年形势有所稳定，合作社逐渐克服了初期的困难，商品销售额开始回升，这得意于居民手中自由资金的增加。首先，接受军事订货使工人的工资有所增长；其次，粮食价格上涨后农民的收入增加；再次，政府向入伍的军人家属提供津贴；最后，尽管战争导致合作社商品出口额急剧下降，但向军队供应物品使合作社弥补了这一亏空。莫斯科人民银行商业部、各合作社联盟开始同自治局合作以扩大采购—销售业务。然而由于发展水平低、实力有限，在大公司和商业中介统治市场的情形下，合作社商品供应面临诸多困难。根据国土办公厅统计资料，1915 年该部门从地主手中购买的商品占其采购总数的18%、农民占 15%、合作社占 17%、中间商和零售商占 50%。[①] 因此可见在现有条件下，合作社并不能扭转商品供应的局面，但政府又坚决反对制定统一的合作社法令。从 1915 年春政府再次对合作社联盟持敌视态度，认为它是不合法的。这引起合作社对政府的强烈不满，随着军事失利和经济衰退，合作社不满情绪高涨，1915 年中叶合作社甚至打出标语："保卫国家是人民的事。"

战争期间物资短缺，投机商趁机囤积居奇、哄抬物价，如何解决前线和后方的物品供应，是当时的一个重要问题。1915 年 7 月在莫斯科召开的全俄反对物价高涨会议上，莫斯科联盟代表 B. H. 杰里格建议建立与军事工业委员会职责类似的合作社组织，该组织由合作社联盟组成，归中央合作社委员会领导，负责联合所有的合作社向前线供应物品，反对哄抬物价，动员一切力量保卫祖国。同时杰里格指出，制定统一的合作社法令，是合作社自由发展的必要条件。7 月 19 日召开的莫斯科省合作社代表会议支持上述提议，会议呼吁联合全俄的合作社联盟。对此警卫部深感不安，指出，如果合作社联合起来，将会是一个巨大的社会组织，

---

① М. Л. Хейсин. История кооперации в России. М. 1921，С. 123.

更可怕的是在该组织中存在左翼党，如果他们同自治局和杜马联合起来领导合作社运动，那么政府的统治将面临严重威胁。[1]

在合作社工作者的努力下，1915年8月1日全俄合作社委员会成立，杰里格任委员会主席（莫斯科消费合作社联盟领导成员），副主席由 H. B. 柴可夫斯基（圣彼得堡分委员会成员）和 C. H. 普罗卡巴维奇担任（莫斯科消费合作社联盟主席），委员会在各地建立了近百个合作社分委员会。但11月3日莫斯科市长宣布停止中央合作社委员会的活动，并逮捕了组织者，此后直到1917年2月前中央合作社委员会没再组织活动，建立全俄合作社调节机构的尝试被政府镇压。然而地方合作社委员会在改换名称后继续工作，并在此基础上继续开展联盟合作。[2] 从1916年末，政府禁止召开合作社会议，任何涉及粮食问题的文章都要经由军事审查。行政机构大力干涉合作社及其联盟的活动，导致合作社同政府冲突不断。

二 合作社发展状况

战争初期合作社发展市场萎缩、部分合作社不再从事业务经营。随着局势略有稳定，困难逐渐被克服，合作社组建数量及参加者人数开始增长。根据赫伊辛统计，1914年末信用合作社总数为14562个，至1917年初增长到16055个。战前信用合作社成员人数共有1000万，1917年达到1050万。[3] 合作社财政实力逐渐增强，1914年末收支总额为7.02亿卢布，比战前增长9000万卢布，1916年达到7.82亿卢布，1917年初达到9.83亿卢布。合作社资金结构也发生变化，存款数额有所增长，从1915年初的4.096亿卢布增长到1916年的5.786亿卢布，1917年初达到6.824亿卢布；合作社欠债减少；与此同时成员贷款金额也开始减少，1914年1月1日向借贷者提供的贷款总额为5.16亿卢布、占收支总数的

---

① A. B. Лубов. Война. Революция. Кооперация. М. Наука，1997，C. 38 – 50.

② B. B. Кабанов. Кооперация. Революция. Социализм. М. Наука，1996，C. 64 – 65.

③ М. Л. Хейсин. Кредитная кооперация в России. М. 1923，C. 124.

84%，1915年相应数额为5.74亿卢布、占收支总数的82%，1916年初为5.69亿卢布、占收支总数的73%，1917年占62%。[①]

合作社用于中间业务的投资不断增加，1914年为2300万卢布，1915年达到3700万~3800万卢布，1916年为9200万卢布，1917年为2.68亿卢布。在莫斯科、弗拉基米尔、雅罗斯拉夫、奥尔洛夫、比萨拉比亚省用于中间业务的投资甚至高于向成员提供的贷款数额。[②] 这一时期合作社还大量开办附属企业，根据基辅展览会统计资料，1913年信用合作社共下设面粉厂、碾米厂、砖厂、制瓦厂等47个合作社厂房，至1917年其下设企业达到200个，主要生产农业用具、农用机器、车轮、肥皂、烟草等用品，但企业规模不大。

战争期间，建立联盟是信用合作社发展的当务之急。尽管小额贷款事务管理局反对组建联盟，采用刑事逮捕手段恐吓各类"非法的中间业务和批量采购行为"，但至1915年末信用合作社联盟约有120个，1916年政府又批准了106个联盟章程，1917年批准136个。战前加入联盟的信用合作社占其总数的4%，至1917年这一比例达到26.5%。虽然反对建立联盟，但囿于合作社在战时条件下的作用，政府也向联盟拨款。1915年国家向24个联盟提供的拨款，占其来款额的比重为34%，1916年76个联盟的国家资金比重为50%。[③]整体上战争期间信用合作社被迫对业务结构进行变动，其活动领域更为全面。

这一时期发展处于劣势的消费合作社不但克服了危机，还从赊欠商品、贸易亏损、股息不足和红利比例高这些缺陷中摆脱出来，它的经济实力得到增强。粮食和生活必需品供应困难使加入合作社的人数增多，根据赫伊辛统计，1915年初全俄共有11000~11600个消费合作社，成员人数为165万，1917年初相应数字为23500个、681.5万。合作社股金从

---

① A. П. Корелин. Кооперация и кооперативное движение в России 1860 – 1917. М. Наука, 2004，С. 296.

② М. Л. Хейсин. Кредитная кооперация в России. М. 1923，С. 125.

③ A. П. Корелин. Кооперация и кооперативное движение в России 1860 – 1917. М. Наука, 2004，297 – 298.

1914 年的 200 万卢布，增长到 1915 年的 3680 万卢布，1916 年达到 1.09
亿卢布，1917 年为 1.62 亿卢布。合作社商品周转额也在增长，1914 年为
2.9 亿～3 亿卢布、1915 年为 5.8 亿卢布、1916 年为 17.62 亿卢布、1917
年为 58.45 亿卢布。[①] 合作社成员构成略有变动，以前不热衷于合作社的
中等收入者开始加入其中。独立的工人消费合作社数量开始增加，萨马拉
省建立的"自助工人消费合作社"至 1917 年初，成员人数超过 1 万人。新
的阶层成员加入后，合作社店铺中的商品种类开始多样化。随着商品市场
的萎缩，消费合作社逐渐转向政府体系，向部队和官方供应粮食。

消费合作社的潜能引起军队和官方保障部门的关注，工商部大臣沙
霍夫斯基希望借助消费合作社解决军队物品供应问题。他指出消费合作
社在向居民供应商品时，可以同投机行为和中间商抗衡，尤其是在城市。
他认为消费合作社发展落后的原因在于，居民独立性低，国家一直没有
对其给予关注。无论国家银行还是私人银行均没有向消费合作社提供资
金，他建议将消费合作社交由工商部管理，由国家储蓄所向其提供资金。
为消除政府对它的猜疑，由财政部对联盟活动进行监察。

沙霍夫斯基的提议得到大臣委员会的赞同，组建联盟的限制逐渐放
松。至 1917 年初全俄共有 300 个消费合作社联盟，其中大部分是莫斯科
消费合作社联盟的成员。随着顾主的增加，莫斯科消费合作社联盟的活
动开始集中化，西伯利亚奶制品劳动组合、比尔姆和瓦尔沙夫联盟、南
俄合作社、波罗的海奶制品劳动组合均通过莫斯科消费合作社联盟采购
商品。莫斯科消费合作社联盟从各合作社采购商品的同时，还通过国外
联盟采购商品。随着业务的扩大，联盟也出现了一些问题，如采购的商
品质量差、对商品进行加价、有时价格甚至高于私人供应商提供的价格。

1916 年在西伯利亚消费合作社代表会议上，建立了采购、销售商业
委员会，后来成为西伯利亚消费合作社联盟中心。联盟主要负责采购和
销售粮食、皮货、奶制品、蜂蜜、烟草等。建立当年联盟资金周转额为

---

① А. П. Корелин. Кооперация и кооперативное движение в России 1860 - 1917. М. Наука,
2004，С. 298 - 299.

51.43 万卢布，1917 年增长到 162.66 万卢布。根据 1916 年 10 月同莫斯科
消费合作社联盟签订的合同，西伯利亚采购、销售商业委员会成为中央联
盟的分支。1916 年春后贝加尔斯克合作社联盟与莫斯科消费合作社联盟开
始业务往来，至 1917 年初共有分布在 81 个省的 3167 个合作社加入莫联。
联盟商品周转额 1914 年为 1030 万卢布，1915 年达到 2280 万卢布，1916 年
为 8660 万卢布，1917 年 2.1070 亿卢布。[①] 联盟的经济实力在欧洲居第三
位。莫联还同莫斯科人民银行建立了稳固的联系，是银行的贸易伙伴。

在战争影响下，莫斯科消费合作社联盟开始寻求同政府的合作，
1915 年 3 月联盟同政府签订条约，每天向圣彼得堡运送 15 车厢的黑面和
白面。1916 年夏联盟向粮食事务专门委员会申请后，将近 300 万普特粮
食运往阿尔汉格尔斯科、沃洛格达、奥伦涅茨、圣彼得堡、科斯特罗马、
特维尔、雅罗斯拉夫、诺夫哥罗德等地。为摆脱危机联盟领导试图动员
地方联盟扩大采购业务，租赁或是建立加工企业。1915 年 11 月莫联商业
委员会更名为工商业委员会。至 1917 年联盟拥有 4 个蒸汽面粉厂以及糖
果厂、面包厂、肥皂厂、马铃薯加工和蔬菜烘干厂、鞋厂、砖厂和烟草
厂。一些地方合作社联盟也建立了制造企业，从 1916 年起联盟附属工厂
的生产量明显增长，联盟还建立了粮仓，联盟生产的商品不仅供应消费
合作社，还接受自治局和城市管理局的订货，以及政府部门和社会组织
的订货。尽管合作社生产规模扩大了，但其产品比重占国家工业品的比
重依然很低，1916 年莫斯科消费合作社联盟下设的企业商品周转额为
470 万卢布，仅占全国商品周转额的 5.4%。[②]

战争期间由于交通不便，国外工业品进口几乎停滞，对国内工业品
的需求自然增长；再加上军队的大量需求，因此农业合作社和劳动组合
的发展市场得以扩大。中小裁缝、制靴、纺织劳动组合数量明显增长。

---

① В. К. Алексеева. Кооперативное движение в Сибири. Конце XIX—начало XX в. Новосибирск，
1993，С. 63.

② Е. Ю. Болотова. В единении—сила Потребительская кооперация в России в конце XIX—
начале XX. Волград，2003，С. 275 – 277.

根据赫伊辛统计 1914 年初全俄共有 5985 个农业合作社和协会，1915 年为 6650 个，1917 年增长到 8232 个，扩大联盟建设是这一时期农业合作社发展的典型特征。[1] 根据 1916 年手工业统计资料，1916 年初俄国共有 1803 个手工业劳动组合，250 个采购劳动组合，107 个农业劳动组合。[2] 奶制品和奶油生产劳动组合抓住有利时机积极生产，战前成立的西伯利亚和乌拉尔奶油劳动组合联盟在战争期间仍继续工作。西伯利亚奶油劳动组合联盟实力雄厚，1917 年有 1410 个劳动组合加入联盟，其店铺数量达到 1167 个，劳动组合奶油制造厂占西伯利亚地区奶油制造厂总数的一多半。由于向军队供应粮食和饲料，联盟商业业务高速增长。联盟设有 22 个办事处，除了向军队供应物品外，还调整城市奶制品销售，为维护市场稳定贡献了力量。中部地区农业合作社联盟发展较弱，"一战"前建立的莫斯科牛奶劳动组合联盟至战争期间成员数量达到 31 个，商品周转额从 22.7 万卢布增长到 48.7 万卢布。[3]

亚麻合作社是后起的合作社组织，1912 年春维林斯克贷款合作社在国土办公厅的帮助下建立了亚麻合作社，并同邻近地区的合作社联合建立了亚麻站，生产的亚麻产品以质量优良著称，吸引了大批采购商，就连英国商业公司也购买当地亚麻。亚麻合作社的任务是负责收集和加工原料，销售由贷款合作社负责，并与莫斯科人民银行商业部签订了业务条约，1914 年开始向国外出口亚麻。战争爆发后亚麻出口困难，但国内对亚麻需求增加，1915 年 9 月合作社代表建立了亚麻中央合作社，联合 15 万亚麻种植户。亚麻制品的大量生产，弥补了棉制品的不足。

战争期间莫斯科人民银行不断发展、壮大，实际上成为全俄合作社的贷款中心，1917 年初追加股份后银行股金达到 1050 万卢布。早在 1916 年 2 月银行委员会通过了停止向私人出售股份的决议，在此之前银行中私人股份占 15%，他们的权利受到严格限制，不能从银行获得贷款，发

① М. И. Хейсин. Историчесий очерк кооперации в России. М. 1919, С. 119.

② А. В. Лубов. Война. Революция. Кооперация. М. Наука, 1997, С. 33.

③ А. В. Лубов. Война. Революция. Кооперация. М. Наука, 1997, С. 55.

言权不多于10股，股息不可转让给他人。1917年初银行中合作社股东比1912年增长1倍，其中信用合作社股份最多。战前银行存款额为236万卢布，至1917年达到1.533亿卢布。此外，莫斯科人民银行有权向私人企业借款，可以从国家和社会组织获得拨款。银行资金周转额1913年为5360万卢布，1916年达到12亿卢布。1914年向成员贷款1150万卢布，1916年为9800万卢布。[①] 尽管如此，莫斯科人民银行仍不能满足成员需求。研究表明，贷款只能满足一半合作社的需求。

银行商业部资金周转额从1914年的110万卢布，增长到1916年的1530万卢布，1917年增长到3880万卢布，商业部成为合作社及其联盟的采购—销售中心。随着私营公司出口业务的缩减，银行通过1916年在伦敦建立的代销处垄断了农产品出口，随着贸易额不断扩大，商业部最终建立了专门的合作社采购销售中心，还建立了果树栽培合作社中心。随着业务的不断扩大，建立地方分支成为当务之急。尽管内务部和财政部担心出现统一的合作社财政中心，最终还是批准了建立分支的请求。1916年银行在西伯利亚建立3个分支。政府扶植莫斯科人民银行的同时，也通过银行为国家服务。首先，银行在1914～1916年不止一次向政府提供帮助，提供军事借款，为部队采购商品和粮食，银行活动在1917年已经超出合作社范畴，接受农业部和粮食部委派的差事。据1915年统计资料，银行股份遍布80个省和地区，贷款遍布74个省和地区，商业业务遍布66个省和地区，存款来自46个省和地区。[②]

第二节　合作社的文化教育活动与合作社法令之争

合作社在开展经济工作的同时也从事文化教育活动，建立了图书馆、

---

① Н. Н. Чеховская. Московский наодный банк и его роль в развитии кооперации в России. М. Наука, 1988, С. 14.

② А. Н. Анциферов. Московский народный банк. М. Наука, 1998, С. 30.

学校，开办了合作社博物馆和俱乐部，致力于提高广大民众的文化水平和合作化意识。战争使重新审视合作社法令的必要性凸显，制定全俄合作社法令、自主开办合作社、自由组建合作社联盟、自由召开合作社会议是法令的核心内容，也是合作社工作者与政府斡旋的焦点。在专制制度统治下，合作社摆脱沙皇监控的努力徒劳无益，合作社法令未能通过。

一 合作社的文化教育活动

合作社不仅具有经济功能，还负责丰富社员的精神生活，提高他们的文化和教育水平。20 世纪初杰出的经济学家恰亚诺夫认为，合作社的活动不应仅仅局限于商业和工业，还应深入到农民的文化领域。农民不能只知道低价收购商品、高价卖出，他们还要关注精神生活。所以合作社的任务不仅是帮助农民得到实惠，还应在教育和精神领域帮助他们。[①]

第一次世界大战爆发后，大批合作社成员应征入伍，新入社的成员不了解合作社业务，因此需要对其开展思想、文化教育工作。早在 1913 年基辅全俄合作社会议上就通过了《合作社文化教育活动》的决议，决议指出关注合作社经济、文化教育活动，加强对居民的合作化教育是合作社的首要任务。会后在合作社及其联盟领导下建立了合作社博物馆、职员培训学校，开办了俱乐部。[②]

1916 年 3 月 28～30 日在奥伦堡召开了消费合作社代表大会，会议通过了开展文化教育工作的决议。决议指出，文化教育工作是合作社发展的保障，文化教育活动的任务是，提高广大民众的文化水平和合作化意识，可以通过建立免费的图书馆、开设课程、普及文献和开办展览会、

---

① А. В. Чаянов. Краткий курс кооперации. М，1925，С. 11.

② Е. Н. Козлова. Культурная миссия кооперация（1864 – 1918），Кооперация Страницы истории. Вып. 3. М，1999，С. 92.

建立博物馆进行教育活动；培养对孩子的教育、吸引妇女加入合作社、建立人民活动馆；文化建设的费用来自合作社利润；在联盟指导下建立专门的文化教育部门。

在各合作社及联盟中，莫斯科消费合作社联盟的文化教育活动办得有声有色。从 1913 年起联盟成立了文化教育委员会，负责举办展览会、交流会、开办俱乐部、建立图书馆、出版日历以及大众读物。战争开始后联盟的文化活动仍继续进行。1915 年在联盟监察部领导下为促进合作社文化教育活动，派遣指导员和监察员对合作社的文化活动进行指导，并根据各地合作社要求开设流动课程、聘请著名活动家讲课。1914 年共开设了 14 次有关国内外合作社发展史的课程，1916 年 44 次。联盟还发行大众读物《合作社工作者手册》和《社员指南》，印刷合作社日历；出版《消费者联盟》和《联合杂志》。从 1916 年起开始发行《共同的事业》杂志，主要面向农村居民。杂志内容要经过严格的书刊检查，例如与粮食有关的具有政治性的问题禁止发表。根据巴拉朵夫统计《消费者联盟》共发行 10700 册，《联合》16800 册，《共同的事业》30000 册，80% 的刊物在成员中传阅，刊物遍及 77 个省和地区。[①]

面对战时人才流失，培养合作社骨干成为合作社文化工作的重点。早在战争开始前，合作社工作者就在讨论建立完整的合作社教育体制问题，并筹备了专门的资金在地方建立人民学校、图书馆和人民活动馆。合作社工作者还计划组建合作社大学和合作社博物馆，并付诸行动。在沙年夫斯基大学组建了短期消费合作社培训班（会计核算、商品学生产学），培养合作社指导员，听者以农民为主，学校还开设高等合作社课程。尽管取得了一定成绩，但中央机构培养的干部仍不能满足地方需求，地方联盟在自治局帮助下开始自己组织合作社学校、开办合作社课程，建立了图书馆、书市。

尽管取得了一定成绩，但合作社在这一时期开展的文化教育工作，

---

①　Е. Ю. Болотова. В единении-сила Потребительская кооперация в России в конце XIX—начале XX. Волград，2003，С. 282 – 315.

还不足以对广大民众的文化水平产生影响，尤其是农村居民，合作社领导者也承认这一点。在纪念俄国合作社运动 50 周年的文章中普罗卡巴指出，合作社运动还存在很多不足，人民受教育水平低，尤其是在农村，没有商业习惯，没有管理经济的传统。安兹菲洛夫认为，我们的消费合作社还称不上是一个文化教育机构。

二　合作社法令之争

战争使重新审视合作社法令的必要性凸显，负责组织前线和后方物品供应的相应部门也意识到了这个问题的重要性。随着战事失利和国家经济陷入困境，社会各界对政府的指责高涨，从 1915 年中叶起各类报刊纷纷发表文章，强调发展合作社的必要性，希望政府重新审视合作社法令。就连忠诚于政府的《新时代》杂志也指出，"现今的合作社法令已经过时，希望立法机构对合作社给予应有的关注"。① 合作社问题越来越引起各界关注，1915 年秋杜马 30 名成员就迫害契尔尼科夫省合作社事件，向内务部和司法部发出了质问信。

面对社会各界对政府的指责，合作社领导者决定加速解决合作社法令问题。1915 年 8 月 7 日圣彼得堡农村贷款储蓄和工业合作社委员会，接受了拟定合作社法令草案的任务，并就此召开会议。国务委员会和杜马成员参加了会议，为体现合作社的中立性，还邀请各党派和团体参加了会议。会议一致决定将合作社法令草案交由杜马审察，草案强调必须动员各阶层向军队供应物品，安顿经济和向难民提供援助。1915 年 8 月 19 日成立了杜马委员会负责讨论草案，委员会赞同草案的基本原则。首先，必须制定统一的合作社法令；其次，合作社的建立无须经由政府审查；再次，合作社有权建立联盟；最后，合作社建立的宗旨是提高社员

---

① Е. Ю. Болотова. В единении-сила Потребительская кооперация в России в конце XIX—начале XX. Волград，2003，С. 159.

的物质、文化水平。① 1915 年 9 月 3 日由于进步人士发表反抗政府的讲话，杜马工作被停止，杜马委员会的工作也因此而中断，直到次年 2 月 9日杜马才恢复工作。

在此期间合作社工作者将草案送交到大臣委员会。农业部大臣 A. B.克里沃申认为，合作社法令应遵循以下规则：第一，原有的典范章程不可替换，它是政府指导合作社运动的方针；第二，统一的合作社法令出台后，合作社仍由政府管辖，所有由国家拨款的合作社都应遵循上述原则。财政部不反对制定统一的合作社法令，但反对不经过官方许可擅自建立合作社及联盟。它指出，毫无疑问，擅自建立的合作社难免不包含不健康因素。因此政府监察是必要的，这有利于合作社的发展。司法部认为，每一类合作社应有专门的法令，反对擅自建立合作社，认为擅自组建联盟将会对经济发展带来危害。工商部认为，统一的合作社法令不能取代合作社组织的标准章程。此外，上文已经提到，1915 年 7 月 4 日在呈递给大臣委员会的报告中，工商部建议，为管理消费合作社应成立专门的消费合作社事务委员会，对典范章程进行修改，制定专门的联盟章程，并对联盟进行监察。内务部仍坚持一贯原则，坚决反对重新审视政府对合作社的监察体制。可见，各部门均反对合作社未经审批擅自进行联合，要求由政府机构对合作社活动进行监察。

此后工商部主持召开了部门会议。会议邀请了杰出合作社工作者A. B. 米尔古洛夫、B. H. 杰里吉姆、K. И. 什米朵夫、H. B. 波里诺夫以及中小企业委员会代表和自治局代表。制定消费合作社典范章程、建立消费合作社联盟、颁布消费合作社法令是会议讨论的主题。B. H. 杰里吉姆主张制定统一合作社法令，工商部要求制定消费合作社典范章程。奥捷洛夫主张扩大合作社活动范围，尤其是它的文化教育工作。A. B. 米尔古洛夫指出只有当消费合作社满足居民要求时，它才能强大起来。所有合作社工作者一致反对用行政力量终止合作社工作，坚持只有通过法律

---

① Е. Ю. Болотова. В единении-сила Потребительская кооперация в России в конце XIX—начале XX. Волград，2003，С. 160.

程序才能关闭合作社。工商部不反对制定统一的合作社法令，以德、法、匈牙利为例指出建立联盟的意义，指出合作社联盟只有工商部有权准许其建立，建议对统一的法令实行监察。内务部依然坚决反对制定统一的合作社法令和不经官方许可建立合作社。

客观看来，典范章程中存在有利于消费合作社发展的因素。首先，低价向社员提供日常用品和手工业原料；其次，出售自己的劳动产品；再次，改善居民物质文化水平；最后，合作社作为法人可以从事商业活动，同政府机关和个人往来，拥有动产和不动产，向国家和私人贷款机构借款，但不可以从事工业生产。一个月后召开了新一轮的部长会议，这次没有邀请合作社工作者和教授前来参加。会议对合作社归属于哪一部门管辖展开讨论（消费合作社归工商部管辖，农业合作社归农业部管辖）。农业大臣指出合作社活动如果超出章程范围，不利于确定它的类型以及所属管辖部门。大部分参加者对合作社从事生产感到不安，认为这为"社会联合"提供了机会。

可见，政府坚决不放弃对合作社的监察和控制，合作社工作者的意见和建议未被采纳，但他们仍继续坚持合作社独立、自主发展原则。最后工商部宣布，杜马通过的统一合作社法令是不合法的，会议意见得到大臣委员会许可。1916 年 2 月杜马恢复工作，在 2 月 15 日会议上听取了关于合作社法令的报告。工商部大臣出席了会议，指出合作社取得的成绩不仅取决于赋予其权利的法令，也离不开政府的扶植。只有当政府用各种方式向其提供援助，合作社才能得以发展。合作社向各部门递交了一份调查表，表中大部分合作社工作者认为政府干涉阻碍了合作社的发展，3 月 31 日杜马向国务委员会递交了合作社联盟草案。

内务部认为，合作社领导召开的一系列会议具有反动性，甚至是革命性。它们不但参加自治局和城市会议，还打算建立全俄联盟和全俄粮食委员会中心，目的是要将粮食问题从政府手中转入合作社手中。更危险的是，合作社工作者打算在莫斯科召开全俄合作社联盟会议。警卫部指出，莫斯科消费合作社联盟实际上已成为联盟中的联盟，这为其讨论社会问题、反对当今制度提供了可能。在 1916 年 3 月 16～19 日召开的合作社会议上，制定了新的莫斯科消费合作社联盟章程，其中一点是"为保护广大劳动者利益，联盟应巩固和扩大合作社同社会组织的交往"①。就此，警卫部指出合作社运动已同军工委员会、自治局和城市联盟建立紧密联系，它们成为一个整体，以调节粮食问题的形式，致力于建设高级领导中心。警卫部还关注合作社文化、教育以及宣传活动。在警卫部看来，莫斯科联盟的新章程和活动方案是要联合广大民众和社会各界开展政治活动，同时还要扩大联盟同国际组织的联系，召开国际合作社会议。上述事实证明，革命党正在利用合作社展开反政府活动，因此必须采取措施镇压其反政府行动。

　　内务部和警卫部的立场，不能不影响到国务委员会对合作社法令草案的态度。因此国务委员会对草案进行修改，完全篡改了合作社工作者制定草案的本意。首先，信用合作社、劳动动合、农业合作社被排除法令之外，将专门为它们制定法令；其次，不允许擅自建立合作社，合作社建立要经由法院审核，然后由行政机关审批；再次，私自组建的联盟无效，并且联盟只能是同类型的合作社联盟，其活动范围以省为界限；最后，方案中不许提及促进成员精神觉悟的字眼。委员会认为必须补充一点，即省长和市长有权在合作社活动危及社会安全与稳定时，对其进行阻止。

第三节　二月革命到十月革命：两次革命间的合作社运动

　　二月革命推翻了罗曼诺夫王朝的腐朽统治，迎来了合作社发展的新时代。1917 年 3 月 20 日临时政府颁布了《合作社法令》，法令体现了合

---

① А. П. Корелин. Кооперация и кооперативное движение в России 1860—1917. М. Наука，2004，С. 328.

作社工作者长期以来的奋斗目标，为其自由发展提供了平台。合作社拥护临时政府的统治，积极参与政府活动，其行为逐渐政治化。这一时期合作社组建数量和参加人数虽有所增长，但已开始萎缩。

图 5 - 1　二月革命中游行群众打出"和平万岁、人民万岁"的标语

图 5 - 2　二月革命中游行士兵打出"推翻专政、共和国万岁"的标语

一　合作社的政治化

　　二月革命推翻了罗曼诺夫王朝的腐朽统治，迎来了合作社发展的新时代。这意味着不仅合作社的法律地位发生变化，同时随着新政府的组建，合作社的发展也将注入民主气息。1917 年 2 月 28 日重新成立的全俄合作社委员会发表了《致合作社宣言》，宣言庆祝专制统治被推翻，高呼"联合劳动万岁！民主共和国万岁！社会主义万岁"！宣言支持社会各界的民主要求：赋予人民权利、将土地交给农民、实行 8 小时工作日，退出战争。[1] 并要求用最民主的方式选举立宪会议，巩固人民政权，对社会进行改革，合作社也将参与这一活动。全俄合作社委员会欢迎临时政府的建立，希望参与政府机关工作，解决社会—经济问题。政府也号召合作社工作者为保卫俄罗斯的自由贡献力量！

　　合作社工作者多年来一直致力于制定一部全俄合作社法令，无论是 1908 年 4 月 16～21 日在莫斯科召开的第一届全俄合作社大会，还是 1913 年 8 月 1～7 日在基辅召开的第二届全俄合作社大会，抑或是 1912 年 3 月 11～16 日在圣彼得堡召开的全俄小额贷款和农业合作社代表第一届大会，均多次对该问题展开讨论。二月革命后合作社活动家古里日、普罗卡巴维奇、图干—巴拉诺夫斯基、赫日年科夫、柴可夫斯基、妥妥米安、阿尼西莫夫、安茨费罗夫、杰里科一姆等人积极参与了 1917 年 3 月 20 日《合作社法令》的制定。

　　1917 年 3 月 20 日临时政府颁布了《合作社法令》。法令指出："合作社是持有可变资本和成分的合伙经营组织，它的宗旨是提高成员的物质和文化水平。"法令包含所有类型的合作社，规定合作社可以从事生产，出版刊物。法令自 1917 年 5 月 1 日开始生效。6 月 21 日又颁布了《合作社联盟注册法》，8 月 1 日出台了《合作社代表会议法》。自此，自合作

---

[1]　В. В. Кабанов. Кооперация. Революция. Социализм. М. Наука, 1996, С. 66.

社建立以来，俄国政府第一次明确了合作社的法律地位。它的组织和活动以独立和自治为基础，合作社及其联盟的建立只需在邻近法院进行注册即可，关闭合作社需根据合作社全体会议决议和法院许可，政府无权干预。法令指出，1919 年 5 月 1 日前所有合作社及其联盟必须重新登记。法令实施前，合作社章程提交给省自治局审批。① 可见新的法令体现了合作社工作者长期以来的奋斗要求，为合作社自由发展提供了平台。

随着合作社力量的壮大，它的举动日益受到社会各界的关注，尤其在二月革命后。1917 年二月革命前工人合作社代表就曾在合作社刊物上公开表明自己的立场，"无论我们喜不喜欢，合作社都已被卷入政治斗争，它不是非政治性的组织，也不该是"。② 赫伊辛也指出，"革命最初的几个月，政治是合作社的主要任务，合作社正常工作几近停止"。③

沙俄政权倒台后，1917 年 3 月在莫斯科召开的第一届全俄合作社大会上，通过了建立全俄合作社委员会的决议。委员会共有 32 位成员，包括此次大会的代表以及中央和地方的合作社代表。委员会选举了董事会，成员包括普罗卡巴维奇（董事会主席）、赫日年科夫（副主席）、阿尼西莫夫、基里切夫斯基、马斯洛夫，出纳员科思金，秘书舒石金。董事会设在莫斯科。会上对合作社的政治立场展开了争论。大部分代表反对合作社的政治中立，他们认为，二月革命后俄国人民已被卷入政治斗争，然而农民并不懂政治，在此情形下对他们来说合作社是唯一的联合组织，它肩负着重大的政治使命——培养俄国农民，准备立宪会议选举。④ 妥妥米安是唯一一个呼吁合作社不干预政治斗争的代表，但他的主张未能得到与会代表的支持。

对于合作社走上政治舞台，杰出的合作社实践家曾对此提出警告。图干—巴拉诺夫斯基认为"合作社不能对政治染指太多，这会弱化合作

---

① В. В. Кабанов. Первый российский закон о кооперации, Кооперация. Страницы. истории. М. Наука, 1991, Вып. 2. С. 1 – 4.

② Голос рабочей кооперации. 1917, No. 1.

③ М. Л. Хейсин. Исторический очерк кооперации в России. С. 127.

④ Вестник кооперации. 1917, Кн. 2 – 3, С. 105.

社的发展，导致其分裂"①。遗憾的是，大部分合作社领导没能听从他的主张，他们陶醉于突如其来的政治自由。合作社上层此时已充分掌握了政治家的艺术，但对大多数合作社社员而言政治斗争还是个新事物，这导致合作社政策在实施时常常受到阻碍。除了合作社成员明显缺乏政治素养外，合作社上层亦隶属于不同的党派，他们在解决问题时，常以党派自居，关注的是由谁来主导合作社，政党在合作社内的作用是什么。

会上就合作社同政党的关系展开了激烈的争论。大多数合作社工作者坚持合作社守卫人民的利益，支持民主党派的纲领。图干—巴拉诺夫斯基对此表示反对，他认为在立宪会议中大多数人是社会主义者。②古斯科娃主张建立一个特殊的、非党派的"合作社党"，她的想法未得到与会者的支持。

最终会议通过决议，合作社进行政治活动是必需的、正确的，合作社工作人员做出了合作社保持政治中立的声明。③会上合作社领导表示支持临时政府，在他们看来，临时政府执行的是民主政策。会议支持合作社工作者古里日、杰里金一姆、阿尼西莫夫和卡拉波夫在临时政府任职。④

临时政府从一开始就积极同合作社合作，合作首先表现在粮食问题的解决上。在这方面临时政府实际上完全依赖于合作社。根据新的法令，合作社不仅为股员服务，还要为国家的所有居民服务。1917年9月16日普罗卡巴维奇担任粮食部部长，10月3日玛斯罗夫担任农业部部长。政府吸引合作社参与粮食和生活必需品的采购、分配，赋予其国家机关的权利。合作社还积极参与民众教育工作以及社会团体组织工作。这样，合作社同国家的联系更密切了。合作社在公共言论上仍坚持独立原则，不受政府管制。但事实上这是不可能的。合作社本身及其运作规则同政

① Власть народа. 1917. – 9 июля, 14 июля. С. 428 – 429.

② Московский кооператор. 1917, No5.

③ Резолюции, принятые на I Всероссийском съезде представителей кооперативныхсоюзов, объединений и комитетов в Москве 25 – 28 марта 1917 г. М, 1917, С. 11 – 12.

④ Союз потребителей. 1917, № 11 – 12. С. 3 – 4.

府的结合已越来越深入。

1917 年 3 月合作社享有很高的声望，这不仅是因为它在新政府的位置，还有它的活动得到了民众的信任。1917 年 3 月是合作社胜利的日子，无论在二月革命前还是二月革命后，其在政治上都未出现过这种飞跃。从 1917 年春天起，合作社已完全具备一个政治组织的特征，带着自己的政治路线走上全俄舞台。

1917 年 5 月 25～28 日再次召开了全俄合作社会议，来自 49 个省的 183 个联盟参加了会议。会议确定全俄合作社委员会是合作社运动的思想和实践中心。32 名著名的合作社理论家和实践家被选入委员会，他们是 C. H. 普罗卡巴维奇、B. И. 安尼西莫夫、B. B. 西日年科夫、B. Я. 热列诺夫、H. A. 卡波卢科夫、M. Д. 石金、B. A. 基里契夫斯基、A. B. 米尔古诺夫、A. B. 恰亚诺夫、C. Л. 玛斯罗夫等。会议讨论的一个重要问题是如何解决粮食危机。在农业部长的请求下，委员会决定派遣杰里吉姆到农业部任职，同政府合力解决粮食垄断问题。会议指出，从现在起，合作社不再只是狭隘地关注本组织的经济利益，而应着眼于全国人民的利益……会议同意组织全俄合作社委员会代表团，以协助临时政府解决粮食问题。临时政府也通过了粮食垄断法令，规定合作社在粮食采购与分配方面有重要作用。

E. Д. 古斯科娃在会上做了合作社准备参加立宪会议的报告，对此会议参加者坚持传统的中立原则，指出合作社拥护临时政府，可以帮助政府解决社会问题，但不加入政治组织。B. B. 基里契夫斯基宣读了关于建立俄国农民代表委员会的报告，指出合作社将帮助建立农民委员会。在立宪会议召开前合作社是农民的喉舌，帮助他们改善生活，解决各种农村问题。对于战争，会议号召人民团结起来，维护领土完整，为自由而战。① 这样会议确定了合作社的政治立场，但随着形势的发展，合作社的中立立场发生动摇。

---

① В. В. Кабанов. Кооперация. Революция. Социализм. М. Наука, 1996, C. 67.

合作社走上政治舞台加深了合作社运动的内部分歧。合作社领导隶属于不同的党派阻碍了合作社政策的连贯性，使其政策无法实施。例如1917 年夏莫斯科人民银行直接资助社会革命党，仅 1917 年末银行就向社会革命党账户转账 35.6 万卢布，此外还向社会革命党出版机构转账 20 万卢布。[①] 事实上多数合作社领导在政治上倾向于社会主义政党，尽管他们在大会上宣布合作社保持政治中立。

对上述政党表示支持的同时，合作社上层对 1917 年七月事件中布尔什维克的激进主义行为持反对态度，为此以合作社委员会的名义发表了小册子，宣布"合作社支持政府同无政府主义和反革命分子斗争的行为"。即便是工人合作社也谴责了布尔什维克的行为，认为其行为违背了革命事业，指出"这不是民主专政，而是恺撒"[②]。合作社委员会刊物《人民政权》在 1917 年夏对布尔什维克党及其采取的行为给予了负面评价。

正是在布尔什维克的组织下工人合作社开始脱离全俄合作社运动。在 1917 年 8 月召开的第一届全俄工人合作社大会上通过的决议，强调了工人合作社在一些重要问题上的特殊立场。[③] 会议决定设立工人合作社领导中心——全俄工人合作社委员会，委员会负责领导工人合作社组织的活动，保持同中央合作社联盟的商贸关系。[④] 会议指出工人合作社有自决权，可以建立领导中心，这事实上意味着它脱离了合作社的统一运作规则。工人合作社的行为加速了合作社运动的分化。随着合作社卷入政治斗争，合作社的分裂不可避免。

科尔尼洛夫叛乱和委员会布尔什维克化使国家形势发生根本变化，在此情形下合作社上层加紧政治活动。1917 年秋合作社上层致力于挽救俄国的民主，准备挫败对手的计划，无论左派还是右派。民主党大会召

---

① 　ЦИАМ. Ф. 255. Оп. 2. Д. 270. Л. 41.

② 　Голос рабочей кооперации. 1917, № 12.

③ 　Союз потребителей. 1917, № 30 – 31.

④ 　Труды I Всероссийского съезда рабочей кооперации : доклады и прения о центрерабочей кооперации. -Вып. 1. Пг, 1918, С. 5 – 9.

开前，古斯科娃承认合作社工作者将所有精力用于"国家的政治统一"和创建民主力量广泛联盟的克伦斯基政体。①

1917年9月11～14日第二届紧急召开的合作社大会上，讨论了宪法问题和即将召开的民主党大会上合作社的政治立场。大部分代表主张建立"资产阶级民主联合政府"。工人合作社持反对意见，主张建立统一的社会主义政府。最终会议决定派"总合作社"和"工人合作社"两个代表团参加民主大会，这是合作社政治分裂的标志。

1917年9月14～22日召开的民主大会上工人合作社出现政治分裂。总合作社代表一致支持联合政府②，工人合作社在此问题上出现了分歧。大部分人（15人）反对同资产阶级联合，少部分人认为出于经济原因同有产者联合是必要的。③

这样1917年秋合作社工作者公开支持临时政府、主张保留现有制度，已不再提及同国家保持距离的必要性。这主要是因为，无论在中央还是地方，合作社代表已进入国家机关任职，他们不想丢掉现有位置。会议结束后，总合作社的18名成员、9名候选人，工人合作社的5名成员分为两组进入临时政府共和国临时协商机构（预备议会）。第一组是柴可夫斯基、彼尔金科一幕、恰亚诺夫、米尔古洛夫、柯思金、阿尼西莫夫、古斯科娃等；第二组是耶果洛夫、耶若夫、尤科夫斯基和伯列伊德。④

1917年10月初合作社上层继续进行政治活动。10月4～6日召开了第三届合作社非常大会，讨论立宪会议选举问题。积极支持合作社参与选举的有阿尼西莫夫、恰亚诺夫和古斯科娃。他们联合拒绝专政的军方和无产阶级，坚信在党派林立、无政府状态下的俄国，只有合作社是一个可以联合社会民主力量的平台。⑤ 杰里金一姆、基里切夫斯基和工人合

---

① Кускова, Е. Л. Среди людей земли / Е. Л. Кускова // Власть народа. 1917. 13 сентября
② Вестник кооперации. 1917, Кн. 9 – 10. С. 67.
③ Известия Московского Совета рабочих депутатов. 1917. 19 сентября.
④ Государственный архив Российской Федерации (ГАРФ). Ф. 1239. Оп. 1. Д. 20. Л. 26.
⑤ Вестник кооперации. 1917. Кн. 9 – 10. С. 59 – 69.

作社代表赫伊辛 、辛丘克反对立宪会议选举时合作社独立行动，他们认为合作社尚未实现政治统一，单独参与选举不切实际。[1] 激烈争辩后，尽管多数代表持反对意见，在不可能实现政治统一后合作社开始和其他党派协商，最终支持合作社参与立宪会议选举者获胜，会上通过了同社会主义党组建联盟的决议。但地方上的合作社组织仍要求单独投票。

立宪会议选举前合作社成立了专门机构——合作社政治局，成员包括柴可夫斯基（主席）、撒佐诺夫、阿尼西莫夫（副主席）、伊克夫（秘书）、斯米尔金。[2] 对于 1917 年 11 月的立宪会议，合作社代表高估了自己的能力及其对大众的影响。合作社候选人中无一人当选，他们中最有影响力的恰亚诺夫、安茨费罗夫在弗拉基米尔省的投票选举中没能获得支持，古斯科娃和米尔果洛夫在特维尔省的投票选举中没能获得支持。[3] 选举失败的原因除了上面提到的，还有合作社领导间存在分歧，合作社对临时政府的依赖，选举前的准备不充分，在一定程度上失去民众的信任。

合作社走上政治舞台的同时却脱离了广大社员的迫切需求和愿望，他们很自然地出现了反合作社情绪，民众对合作社吸引社员的政策感到厌倦，合作社不能从根本上缓解居民的情绪，他们不再信任合作社工作者，指责合作社投机、隐瞒商品和通货膨胀。正如我们看到的那样，1917 年 11 月立宪会议选举使合作社失去了居民的信任。1917 年秋合作社出现了严重的内部危机，事实上已经分裂。这一切都是合作社走上政治斗争，不能用传统方法解决摆在他们面前的经济难题导致的。

合作社运动的政治化对其发展带来双重影响。一方面，合作社工作者（中上层领导）尽一切能力保卫革命果实、积极参与和保卫民主成果，由于合作社的努力，粮食危机在一定程度上得以控制。另一方面，上述行为在很大程度上导致合作社不可抑制的政治化，这种趋势逐渐影响到

---

[1] Центральный муниципальный архив Москвы（ЦМАМ）. Ф. 2114. Оп. 1. Д. 115. Л. 3.

[2] Власть народа. - 1917. - 7 октября.

[3] Власть народа. - 17 ноября, 24 ноября.

没有政治素养的群众，由此带来了混乱。违背中立原则向政府提供扶植，遗憾的是临时政府不能解决粮食危机，由此对合作社的权威性带来不利影响。此外，大部分原有领导脱离合作社，导致合作社由于人才缺乏工作开展困难。新的行政机构建立（乡农民委员会、粮食委员会）后，开设了自己的店铺，经常与合作社对立，有些机构甚至是在合作社工作者指导下建立的。

合作社分裂趋势日益明显，在十月革命前召开的合作社会议上团体主义彰显、激进情绪高涨。工人消费合作社在左翼政党影响下思想开始发生转变。二月革命后，这种情况在 1917 年圣彼得堡召开的全俄工人消费合作社会议上体现出来，124 个合作社的 170 名代表参加会议（代表 50 万成员），合作社支持临时政府的活动在这次会议上遭到严厉批评。一些合作社工作者提出了由工人合作社取代莫联的想法，该意见虽未得到支持，但表明他们想扶植工人合作社。他们还建立了全俄工人合作社委员会从事非贸易活动，主要进行宣传活动。

值得一提的是，合作社工作者对合作社运动的政治化看法不一。全俄合作社委员会认为，包括合作社在内的一切社会组织其首要任务是捍卫民主共和国、地方民主自治，合作社有义务巩固新的社会制度。因此合作社应直接从事政治活动，以促进民主演进，任何民主党派成绩中都应有合作社的一份力量。反对者认为，合作社运动政治化使合作社面临变质的威胁，并且破坏了合作社的发展。他们指出随着合作社走向政治舞台，第一，不可避免地引起合作社大家庭的分裂，在此之前虽然在这个大家庭中有不同政治团体的代表，但由于合作社坚持中立立场、成员有完全的政治自由，个体政治活动不受干涉。第二，合作社将精力投入到政治活动中，必然对合作社事务产生致命影响，在一些地区合作社失去了迫切需求的参加者。第三，合作社对周边居民的教育和道德影响衰退，合作社内部分裂，优秀成员出走，其凝聚力和教化力衰退。大部分初出茅庐的社会主义者将合作社委员会变为讨好革命者的阵地，其活动与合作社运动格格不入，派来参加会议的农民，常常茫然若失，怀疑自已走错了地方。

　　合作社工作者在国家扶植问题上也存在分歧，全俄合作社委员会坚持独立立场。在 3 月 18 日会议上委员会认为，小额贷款事务管理局可以废除了，合作社不需要国家监护，委员会应组建专门的经济部门，负责调节合作社运动。一些合作社领导反对这一观点，认为委员会的决议将会削弱合作社的经济实力，甚至会导致合作社解体，因为合作社还没有充足的资金，技术人员也缺乏。实际上合作社不能摆脱对国家的依赖，小额贷款事务管理局被取缔后仍继续活动。它的新管理者，小额贷款监察员仍有权对合作社进行检查。合作社领导者 1917 年春参加全俄粮食会议和农民代表委员会时，一致赞同在经济混乱、反革命势力高涨时国家调节的重要意义，一些人甚至请求国家管理粮食等生活必需品的采购和分配。

二　合作社发展状况

　　1917 年是合作社蓬勃发展的时期，并达到了顶峰。这取决于一系列因素，民众自我意识的解放，政府对合作社行政监察的废除，合作社法令的制定，"一战"期间在经济和粮食危机条件下人们合作意识的增强，合作社工作者的辛勤工作。在上述因素的影响下合作社联盟组建数量不断增加。1917 年初共有 200 个联盟，年中达到 500 个，1918 年初达到 927 个。卢波科夫指出，1917 年合作社人数从 250 万增长到 650 万[1]，主要是消费合作社，它在合作社运动中居于首位。谁也想不到合作社的发展如此之大。[2] 人们加入合作社最初的想法就是获得食物。

　　二月革命后合作社工作者精力转移，影响了合作社的发展，尽管在经济危机不断深入的情形下，合作社组建数量和参加者人数有所增长，但它已开始出现萎缩。这一时期合作社发展状况如下：

---

① Лубков, А. В. Война. Революция. Кооперация. М. 1997，С. 162.
② Кооперативная жизнь. 1918，№ 3.

消费合作社在数量上占优势，这并非偶然。战争期间，消费合作社就掌控了采购—分配消费体制。根据统计，1917年末消费合作社数量约有25000个，成员人数达到900万。根据中部工业区860个合作社统计资料，同1916年相比，每个合作社成员人数几乎增长1倍，股金增长1倍。根据米尔古洛夫统计，一年的时间内，消费合作社商品周转额从50亿卢布增长到70亿卢布。[①] 各类消费合作社的比重也发生改变，城市消费合作社数量快速增长，其中工人消费合作社增长最快。如果说农村消费合作社平均人数从133人增长到443人，工人消费合作社人数则从431人增长到2611人。商品流通额据莫斯科消费合作社联盟统计，1917年农村为13.6万卢布，工人消费合作社为89万卢布，工厂消费合作社为71万卢布，铁路消费合作社为473.5万卢布。[②] 在莫斯科、圣彼得堡、哈里科夫、彼尔姆、下诺夫哥罗德、萨马拉等地工人消费合作社数量迅速增长，其特征是人数多、地区广。

消费合作社联盟大量建立是这一时期合作社发展的特点。至1917年秋，消费合作社联盟达到400个，大部分集中在中部工业区，其次是中部农业区、南部和西南部地区。在上述400个联盟中，一半是小型联盟、1/3是中等规模的联盟、10%~11%是大型联盟、2%是区域和跨地区联盟。大部分联盟单纯从事采购—销售业务，少数联盟除采购外还开展生产业务。

莫斯科消费合作社联盟是最大的联盟，1917年9月联盟更名为全俄消费合作社中央联盟。根据新制定的章程，中央联盟只同各联盟进行业务往来，合作社成员人数达到1万人可以和中央联盟进行业务往来。1917年末中央联盟股金额为1030万卢布（1916年为160万卢布），周转额为210.6万卢布。大部分粮食、生活必需品的采购和分配是由中央联盟完成的。由于物品短缺，联盟自己投资2700万卢布建立企业，从事生产。1917年中央联盟企业生产的商品价值2170万卢布，联盟在白海和伏

---

① А. В. Меркулов. Исторический очерк потребительной кооперации в России. С. 64. 65. 132.

② М. И. Хейсин. Историчесий очерк кооперации в России. С. 151－152.

尔加河有轮船、舰队和汽车。[①] 联盟的文化教育活动不断扩大，在中央联盟倡导下，1917年3月末召开了全俄合作社指导会议。联盟培养合作社骨干，除开设课程和学习外，还建立了专门的合作社学校（针对残疾人），专门的大众文化部。中央联盟出版了大量书籍，包括，《合作社工作者丛书》、《国民丛书》、《消费者联盟》杂志、《联合》杂志、《共同的事业》杂志、《中央合作社联盟著作和通报》。

信用合作社在数量上居第二位，根据赫伊辛统计，1917年10月1日全俄共有16477个信用合作社（12114个贷款合作社，4363个贷款储蓄合作社），同1916年相比增长额缩减一倍，成员人数增长不大，约有1100万人，约有1/3居民加入。信用合作社大量开展采购销售业务，建立了专门的消费店铺。根据卡巴诺夫统计，1917年1月信用合作社共有106个联盟，1917年末达到200个，加入联盟的信用合作社占总数的1/4。联盟操控资金除合作社股金外，还有存款和债务，大部分联盟自有资金多于债务。科斯特罗马联盟1917年股金为73.1万卢布，其中国家资金52万卢布，莫斯科联盟股金1176万卢布，其中320万是国家贷款，250万是莫斯科人民银行贷款。[②] 上述资料证明，信用合作社联盟更多动用的是国家资金，它的财政基础还很弱，需要大量借用国家拨款。同时国家也利用它进行采购—销售。信用合作社联盟这一时期大量向其他类型合作社提供贷款，根据莫斯科人民银行调查资料，1917年末88个消费合作社联盟共欠信用合作社联盟和莫斯科人民银行2490万卢布债务，在这些债务中大部分是国家资金，信用合作社联盟和莫斯科人民银行只是中间贷款人。

两次革命间其他类型合作社及其联盟发展状况的资料十分缺乏，根据赫伊辛和法印统计，1917年末共有8500个农业合作社，其中奶酪劳动

---

① А. П. Корелин. Кооперация и кооперативное движение в России 1860 – 1917. М. Наука, 2004, С. 342.

② В. В. Кабанов. Октябрьская революция и кооперация. М. Наука, 1973, С. 87 – 89.

组合数量为 3000 个，手工业劳动组合数量为 1000～1200 个。[①]

　　莫斯科人民银行经历了一个演化过程，它起初是信用合作社银行，后来成为全俄合作社的财政中心，在出售 4000 股后，股东成分发生变化，消费合作社控股 36.6%，农业合作社控股 31.2%，信用合作社控股 25.1%。其余股份被其他类型合作社占有，私人股份仅占 15%。1917 年银行资金周转额达到 38 亿卢布，其中 80% 是贷款和债务，这一年存款为 19.329 亿卢布，年终银行结余 1.533 亿卢布。[②] 为了开展业务银行在欧俄各省设立 11 个分部，由此同各个合作社及其联盟建立了更加紧密的联系，成功地完成了合作社货币调节工作。1917 年银行共向合作社贷款 4.09 亿卢布、采购商品 3880 万卢布。银行还在伦敦建立了分公司，与粮食部、农业部、工商业部和国家银行进行业务往来，政府委派银行商业部向前线提供的粮食价值数亿卢布。

第四节　政府与合作社

　　合作社最初并未引起统治阶层的关注。然而随着合作社运动的开展，政府开始参与合作社活动，向其提供指导与扶植，同时也通过行政力量对它的发展进行严格监控，究其实质是要掌控合作社运动的领导权。这严重违背了合作社的独立、自主原则，导致二者间矛盾不断。可见政府对待合作社的态度以及二者间的关系，是研究十月革命前俄国合作社运动不能绕开的一个话题。

　　俄国作为一个中央集权的君主专制国家，其调节社会关系的最重要手段是自上而下，国家在全部社会体系中的决定性作用是俄国历史进程的最显著特征。[③] 在这种条件下实施的现代化不可避免地具有国家强制干

---

①　Л. Е. Файн. Отечественная кооперация. Исторический опыт. М. 1919，С. 25.

②　В. В. Кабанов. Октябрьская революция и кооперация. М. Наука，1973，С. 92.

③　张广翔：《俄国历史上的改革与反改革》，《史学集刊》1991 年第 4 期。

预社会关系的性质。专制政府在改革进程中既是组织者又是执行者，社会中的首创精神，也就是"自下而上"的主动性受到严重束缚。同时它也清醒地意识到，旧的传统势力不可依靠，因为其非但不能成为改革的有效工具反而成为阻碍性力量。在此情形下新兴势力受到青睐与扶植，但此种扶植的最终目的在于平衡各种社会关系、稳定统治，一旦其行为超出政府容忍度，它的发展就会受到限制与打压。

亚历山大三世即位后推行的反动政策淋漓尽致地暴露了专制制度这一丑恶嘴脸，改革使俄国现代化最初成果很快凋零，改革期间曾昙花一现的公开性不是资产阶级法律规范的表现，它是专制制度不得已才默许，或在一定程度上被其所用，但仍被视为俄国传统政治文化和国家组织的异己，最终为专制制度所不容。

综上所述不难发现，专制制度推行的现代化改革不是沙皇政府的最终目的，而是其手段和有机结果，因而在诸多方面对其而言并非情愿。然而随着资本主义经济的发展，专制制度日益陷入对新势力的经济依赖，舍此不可能解决在国内建立大资本主义工业的任务。同时它又忧心前者力量的成长会威胁其统治，因此设置重重障碍限制它的发展。19 世纪末20 世纪初随着专制制度统治危机的加剧，政府不安越发强烈。既期望利用新兴势力维护专制统治的稳定，又忧心它会破坏这种稳定的矛盾心态是专制政府对待自由、民主力量的典型特征，合作社也不例外。

沙皇政府对合作社运动持双重态度，随着生产集约化和经济现代化日益被提上日程，政府开始关注合作社，并对其扶植，希望通过合作社解决经济问题。同时随着合作社运动的普及，又担心合作社的发展会威胁它的统治。上述矛盾心态导致统治阶层对合作社运动的政策摇摆不定。

一方面对合作社思想宣传持谨慎态度，对合作社活动进行严厉监察。起初，合作社建立前，需将章程提交大臣委员会审批。随着合作社组建数量的增加，为减少建立的麻烦，章程交由行政部门批准。消费合作社章程由内务部审批，农业合作社章程由农业部和国家财产部审批，贷款储蓄合作社章程由财政部审批，后手工业劳动组合章程也交由该部门审批。① 这种体制一直持续到 1917 年前，导致难以制定和通过统一的合作社法令。

另一方面政府又对合作社的发展给予扶植，向农村贷款储蓄和工业合作社委员会拨款，向合作社提供贷款，并给予其税收优惠。但这种扶植并不稳定，在 19 世纪 80～90 年代合作社发展危机时期，税收优惠被取消，国家银行提供的贷款缩减。从 90 年代中叶起，受经济形势影响政府再次关注合作社，颁布了《小额贷款法令》《消费合作社章程》《农业合作社章程》《劳动组合法令》，调节合作社的活动，向其提供贷款。这样政府对合作社的扶植政策赋予其半国家性质。②

进入 20 世纪后，政府开始大力干涉合作社的活动。随着合作社运动的展开，它担心"一些别有用心的人"利用合作社进行反政府活动。③ 于是对合作社进行全方位监控，限制它的活动，在手续上拖延和阻碍合作社联盟的建立。根据 1906 年 3 月 4 日集会法令，一切会议决议都要提交省长和市长以备案。④ 1906～1909 年政府试图限制商人、自由职业者、农村知识分子和神甫进入合作社管理局和委员会，取消了对贷款储蓄合作社和消费合作社的税收优惠。1910 年制定的贷款和贷款储蓄合作社章程，实际上剥夺了工人加入的权利，规定只有独立管理经济的人方可进入，章程还取消了合作社从事生产的权利。根据章程，警察局有全权派代表参加合作社会议，并且有权解散会议，它还可以搜查和逮捕可疑的管理局和委员会成员。⑤

---

① А. П. Корелин, Зарождение кооперативного движения в России: взлеты и падения 1860 – е—середина 90 – х годов XIX в. М. Экономическая история ежегодник, 2004, С. 449.

② А. П. Корелин, Росийская кооперация на рубеже веков переломное десятилетие（1895—1904）М. Экономическая история ежегодник, 2004, С. 223.

③ А. П. Корелин, Сельскохозяйственный кредит в России в конце XIX—начале XX вв. М. Наука, 1988, С. 128.

④ А. П. Корелин, Кооперация и кооперативное движение в России 1860—1917. М. Наука, 2004, С. 252.

⑤ В. В. Кабанов, Кооперация. Революция. Социализм. М. Наука, 1996, С. 64.

政府对合作社的怀疑与敌视，通过 1910～1913 年下诺夫哥罗德、莫斯科、维亚特卡、卡鲁日和赫尔松省长递交的报告可见一斑。报告指出，合作社管理局的知识分子存在反政府思想。[1] 内务部认为贷款合作社尤为危险，在这里存在左翼激进和反对力量，更可怕的是他们掌控贷款合作社的资金。消费合作社代表试图建立联盟和扩大文化教育的工作引起政府怀疑，内务部办事处积极收集败坏合作社及其领导者名声的资料。莫斯科暗探局对合作社左翼党派尤为关注，担心合作社成为自由阵地。[2] 在此情形下，政府对合作社的监察力度有增无减，1913 年 1 个小额贷款监察员负责监察 28 个贷款合作社的工作，到 1914 年则只负责监察 18 个。从 1916 年末起，政府禁止召开合作社会议，任何涉及粮食问题的文章需经官方审查后方可发表。行政机构大肆干涉合作社及其联盟的活动，二者间冲突不断。[3]

合作社同政府的关系也很微妙。一方面它反对政府干预合作社事务，要求摆脱政府的监控，独立发展；另一方面又深知国家的物质、财政扶植是合作社成长的保障，尤其在建立的初级阶段。有鉴于此，合作社工作者渴望得到政府的扶植与帮助，希望其向合作社提供贷款、协助合作社同高利贷资本展开竞争、简化合作社章程审批手续，[4] 并积极配合政府的工作。

1895 年《小额贷款法令》颁布之际，圣彼得堡农村贷款储蓄和工业合作社委员会主席科尔夫、伊萨科夫，秘书索卡洛夫应邀参加了法令筹备工作，并提出了加大国家银行对贷款合作社的援助、延长贷款期限的

[1] А. П. Корелин, Сельскохозяйственный кредит в России в конце XIX—начале XX вв. М. Наука, 1988, С. 128—130.

[2] Ким Чан Чжин, Государство и кооперативное движение в России - СССР（1905—1930）. М. Наука. 1996, С. 131—132.

[3] А. П. Корелин, Сельскохозяйственный кредит в России в конце XIX—начале XX вв. М. Наука, 1988, С. 130.

[4] Н. Е. Фигуровская, А. П. Корелин. Кооперация страницы истории, Том 1: вторая книга, 60е годы XIX—начало XX века. Возникновение кредитной кооперации в России. М. Наука, 2001, С. 114.

建议。① 鉴于政府官员不热心合作社事务，甚至对合作社持有抵触情绪，委员会要求限制地方长官对合作社事务的干预。整体上 20 世纪前，在与国家关系问题上，合作社希望政府扶植它的发展，主张在二者间建立伙伴关系。尽管对政府存在不满，但这时合作社没有同政府发生公开冲突。

　　然而随着政府干涉力度的加大，合作社不满情绪与日俱增。1905 年革命后在全国革命浪潮一片高涨的声势下，合作社公开指责沙皇政府。莫斯科农业协会在 1905 年 1 月 14 日全体会议上通过了《特殊时期决议》，决议强烈抨击"星期日流血事件"中政府杀戮工人的残暴行径、号召召开秘密立宪大会、要求变革国家制度，同时准备利用有利时机谋求自身发展。② 提出了制定全俄合作社法令，自由建立合作社联盟、召开合作社大会的要求。③

　　第一次世界大战初期，随着俄军军事失利和国内物价高涨，合作社不满情绪滋长，甚至提出"保卫国家是人民的事"的口号。④ 战争使重新审视合作社法令的必要性凸显，就连政府的喉舌刊物《新时代》杂志也承认"现今的合作社法令已过时，要求立法机构重新审视合作社法令"。⑤ 1915 年秋杜马 30 名成员就迫害契尔尼科夫省合作社事件向内务部和司法部发出了质问信。可见合作社问题已引起各界的关注。

　　面对此情此景，合作社领导者继续坚持合作社独立、自主原则，要求通过法律程序解决合作社问题，并再次向政府提出了建立合作社联盟、

---

① А. П. Корелин, Росийская кооперация на рубеже веков переломное десятилетие (1895—1904). М. Экономическая история ежегодник, 2004, С. 185.

② М. И. Дударев, Московское общество сельского хозяйства и его участие в общественном и кооперативном движении. С. 57—160.

③ А. П. Корелин, Кооперация и кооперативное движение в России 1860—1917. М. Наука, 2004, С. 140.

④ А. П. Корелин, Кооперация и кооперативное движение в России 1860—1917. М. Наука, 2004, С. 290.

⑤ Е. Ю. Болотова, В единении—сила Потребительская кооперация в Россиив конце XIX—начале XX вв. Волград, 2003, С. 159.

召开合作社大会的请求，同时指出合作社的宗旨是提高成员的物质、文化水平。[1] 遗憾的是，政府以合作社存在不安定因素为名，坚决不放弃对合作社的督察和控制，合作社工作者的请求再次被拒绝。[2] 此后直到 1917年 2 月，合作社坚持独立、自主发展的尝试均以失败告终。[3]

制定全俄合作社法令、自主开办合作社、自由组建合作社联盟、自由召开合作社会议是合作社领导者与政府斡旋的焦点，上述民主要求与专制政府严格监控人民的举动相冲突。沙皇政府之所以对合作社活动进行严厉监控，实质上是要掌控合作社运动的领导权。以上两点因素是导致二者间冲突不断的根源。

综上所述，通过对政府与合作社关系的阐述，不难发现，沙皇政府无论对合作社运动持何种态度，其最终目的都是维护专制制度的稳定。在与民主之路背道而驰的专制政府统治之下，高举独立、自主大旗的合作社必然会遭到政府的压制，合作社摆脱沙皇监控的努力徒劳无益。上述问题直到 1917 年 2 月革命后才得以解决，随着《合作社联盟法令》和《合作社代表会议法》的颁布，合作社发展道路上的法律障碍渐次被取消。合作社联盟组建数量大大增加，召开了全俄合作社会议，成立了全俄合作社委员会。合作社在国家经济生活中的作用逐渐增强，并开始组织国际合作社商品交换、走向国际市场。

第五节　合作社与俄国社会

俄国社会史研究专家 Б. Н. 米罗诺夫认为，"公民社会是建立在政治自由和权利基础上的社会，其成员之间经济、文化、法律和政治关系成

---

[1]　Е. Ю. Болотова. В единении—сила Потребительская кооперация в Россиив конце XIX—начале XX вв. Волград，2003，С. 160.

[2]　А. П. Лубов. Война. Революция. Кооперация. М. Наука，1997，С. 38—50.

[3]　В. В. Кабанов. Кооперация. Революция. Социализм. М. Наука，1996，С. 65.

熟。公民社会不依附于国家，彼此互相影响。公民社会的一个重要特征是多元化——不同的意识形态，反映不同团体利益的形形色色的社会组织共存"。① 他认为，俄国公民社会起源于 18 世纪最后 1/3 时间，到 1917 年前其基本要素已经形成：出现大量的社会志愿性团体、具有批判思想的社团组织、自由的媒体、独立的社会舆论、政党、议会等。

19 世纪 60 年代大改革前，俄国社会团体组织发展缓慢，这一方面是由于社会团体组织的审批程序复杂，另一方面是社会的主动性不足。改革前协会章程由沙皇亲自审批，改革后交由各部大臣审批，从 80 年代起，审批权下放到各省省长。1917 年二月革命后，协会审批只需在法院注册即可。上述措施促进了社会主动性的提高，此后社会团体组织组建数量不断增加。根据米罗诺夫统计，19 世纪 60 年代改革前，国家行政机构组建数量呈现增长势头，改革后则出现下降趋势。② 这种变化朝着有益于社团组织的方向发展，由此引起了两种截然不同的反映：政府担心其失去管理国家的主导地位，社团组织有与政府分享权力的愿望。

19 世纪下半叶至 20 世纪初期，作为传统与现代结合的合作社运动构成了俄国公民社会形成进程中的重要组成部分。合作社是一种新兴的事物，在这里人们看到了希望，看到了一种新的合作模式。20 世纪初期俄国合作社迈向新台阶的条件已具备，约有一半的民众参与其中、独立运作，民众的创举使合作社成为社会发展的重要因素。

这一时期政府的现代化措施为合作社的发展提供了一个良好的平台。根据《合作社公报》统计，1907 年到 1914 年合作社联盟的数量从 2189 个增加到 13080 个，成员数量从 932900 人增加到 8262000 人。③ 贷款和贷款储蓄合作社 1914 年 1 月的收支表为 773162000 卢布，这其中 12.5% 是

① Б. Н. 米罗诺夫、张广翔、钟建平：《19—20 世纪初期俄国公民社会的发展》，《社会科学战线》2011 年第 1 期。
② Б. Н. 米罗诺夫、张广翔、钟建平：《19—20 世纪初期俄国公民社会的发展》，《社会科学战线》2011 年第 1 期。
③ Вестник кооперации. 1916. Кн. 6. С. 41.

合作社自有资金，19.2% 是政府扶植资金，63% 是吸纳的资金。[①] 波罗的海省、波兰省和俄国南部省的贷款合作社最为富有。1913 年 10 月 1 日里夫连特斯克省的财政收支超过 5100 万卢布。同一时期弗拉基米尔省的收支不超过 670 万卢布，雅罗斯拉夫省的收支不超过 410 万卢布，莫斯科省的收支不超过 410 万卢布。[②] 上述情况说明波罗的海省和中部地区合作社股员在财政上存在差别，农村中产阶级是合作社的主体，他们认为合作社的主要功能不是积累资金，而是发展经济。[③]

中部地区的合作社在第一次世界大战前积极从事商业活动，它们向农民提供机器和用具，组织农产品展览会。1912 年成立的莫斯科人民银行负责协调上述活动，它是全俄合作社的中央银行。在它的努力下 1913 年春全俄贷款合作社的面包销量增加了 15.3%[④]，其业务遍及欧俄南部省区和西伯利亚。政府不遗余力地支持合作社占领面包市场，1912 年向合作社提供 10.15 亿卢布贷款，1913 年提供 1.44 亿卢布贷款。[⑤] 第一次世界大战前沙皇政府提出的建立国家粮仓的方案，促进了合作社面包业务的发展，有力地打击了中间商。

在奶制品、奶酪和黄油生产上合作社同私营企业展开激烈竞争。西伯利亚的奶制品合作社迅速发展，1914 年达到 2100 家，占同类企业数量的一半。1914 年成立的西伯利亚奶制品劳动组合联盟，在国内和国外市场同私有公司展开激烈斗争。俄国合作社的面包、黄油和亚麻出口他国享有盛誉。合作社在其发展进程中开始形成农产品加工专业化，出现了奶油、淀粉和马铃薯合作社。与此同时，通过组建联盟和合作社间签订条约对合作社活动进行整合。

---

① Вестник кооперации. 1915. Кн. 1. С. 64.

② Известия Московской губернской земской управы. 1915, № 7.

③ Лубков А. В. Кооперативная модель обновления России: дореволюционный опыт // Модели общественного развития: проекты и авторы（вторая половина XIX-начало XX вв.）. М. 2006, С. 136—157.

④ Вестник кооперации. 1916. Кн. 6. С. 75.

⑤ Вестник сельского хозяйства. 1915, № 2.

　　合作社除得益于知识分子的活动，也离不开国家有目的的扶植。俄国合作社的发展，尤其是信用合作社得益于财政部和国家银行的大力扶持。财政部支持合作社是因为它有利于农业问题的解决。1910～1911 年贷款储蓄合作社和贷款合作社的组建数量和成员人数，已超过农民等级小额贷款机构。据小额贷款机构统计，贷款合作社的迅速发展除了经济原因外，还有政府的扶植。① 可见，国家实际上已成为俄国合作社运动的一部分，这也是俄国合作社发展的一个特征。贷款合作社是政府为完成政策积极使用的一个工具。② 这一时期的报纸报道，合作社的繁荣发展是由于国家的支持，国家银行的监督并没有阻碍合作社的发展，相反正是对合作社的财政监督和核算巩固了合作社的财政和地位。③

　　对于政府的监管，合作社工作者说法不一。合作社著名活动家，妥妥米安高度评价了国家对合作社发展的促进作用，认为国家对合作社的扶植，完全没有使其失去独立自主性。④ 同是该领域权威人物的普罗卡巴维奇则认为，政府在组织民众小额贷款方面有重要作用，但其对合作社业务吹毛求疵的监察，破坏了合作社的独立性，这是不能接受的。⑤ 叶夫多基莫夫和安茨费罗夫也赞同这种观点，认为国家一直对合作社进行监察，政府政策旨在抑制独立的公民社会的组建。⑥

　　对政府来说合作社有双重意义，一方面它是克服农业危机的有效方式，使国民经济适应变化的经济形势；另一方面它是社会创新的独特组织，它与政府的"全方位监察原则不符"。实际上政府对合作社的政策具有矛盾性，它试图调节包括合作社在内的所有机构的活动。⑦

---

① Тотомианц В. Ф. Теория, история и практика потребительской кооперации. М., 1918, С. 1.

② Фромм Э. Иметь или быть? Ради любви к жизни. М. 2004, С. 7.

③ Русская мысль. 1914, № VII.

④ Второй Всероссийский съезд по кооперации в г. Киеве. Киев, 1913, С. 4, 5.

⑤ С. Н. Прокопович Кредитная кооперация. 1923, №1.

⑥ Евдокимов А. В. Село и город в российской кооперации. М., 1912. с. 82; Анциферов А. Н. Очерки по кооперации. М., 1915, С. 23 – 26.

⑦ Союз потребителей. М., 1915, С. 459.

合作社以自己的方式接受政府的政策，一方面积极接受国家的财政支持，另一方面也反对对合作社的监察，避免同政府发生冲突。在这方面最明显的是组建合作社联盟和开展文化教育后动。由数百万人参加的、建立在民主管理基础上的合作社体制，不仅是一个经济贸易企业，还是一场思想运动。合作社将很大一部分精力用于民众的文化教育活动，建立学校、图书馆、博物馆，开办展览会。

1917 年革命前合作社运动的基本原则是保持政治中立。图干—巴拉诺夫斯基指出，将合作社卷入政治斗争会影响它的发展，使其分裂，合作社应坚持政治中立拒绝参与政治活动。[①] 他指出，只有当争取合作社合法权益的时候，合作社才会卷入政治斗争。同时合作社的活动只是为了争取团体的利益，不会影响国家政治走向。这不是无视合作社政策，而是意识到了社会活动的差异性。[②]

合作社运动拥有的巨大潜能，民主、公开，无社会、民族、宗教之分，注定了其不可能不受政治影响。就法律地位而言，合作社直接和民众进行联系，从事经济和财政活动，有自己的出版机构、有经验丰富的干部团体，他们中的大部分人是革命者和政治活动家。

第一次世界大战初期，合作社站在爱国主义立场上，寻求同当局建立建设性关系。随着前线形势的复杂，它日益卷入与政府的公开对抗中。1916～1917 年合作社的政治活动活跃，这见证了其政治积极性。合作社工作者带着不同动机参与革命，直接动机是意识形态。合作社理论家和实践家中不乏杰出的社会活动家，社会党人古斯科娃、普罗卡巴维奇，社会革命党马斯洛夫、米尔古洛夫，孟什维克赫伊辛、辛秋科，布尔什维克诺金、斯克沃尔佐夫、司捷潘诺夫，无政府主义者波赛，他们在合作社发展中均做出了贡献，促进了俄国公民社会的形成。

[①]　Отчет общества потребителей 《Кооперация》 в Москве за второй операционный 1917 год. М., 1917, С. 4 – 6.

[②]　ТМ. И. уган – Барановский. Экономическая природа кооперативов и их классификация. М., 1914, С. 428 – 429.

　　合作社将其运动的民主、平等、团结原则与社会革新联系在一起。合作社运动领导在俄国革命中一度是主要的活动者。其创造性举措是于1917年2月25日在首都彼得格勒消费合作社联盟建立了工人代表委员会。[①] 在莫斯科和中部城市也建立了权力机构。

　　合作社参与了制宪会议的选举，从16个地区选出了候选人，为了在选举中获胜还在选举前成立了政治局，成员包括柴可夫斯基、萨佐诺夫、阿尼西莫夫、伊科夫和谢米尔金。[②] 在莫斯科合作社工作者同"统一"组织建立了"民主—社会联盟"，由普列汉诺夫、普罗卡巴维奇和彼尔金科一领导。[③] 合作社开展活动支持自己的候选人，建立专门的基金，古斯科娃、恰亚诺夫、作家奥索尔金、《人民政权》编辑古列维奇都向基金捐款。最终合作社在选举中获得4.6%选票，占第四位，在布尔什维克、立宪民主党和社会革命党之后。被选入制宪会议的杰出合作社活动家仅仅是那些人，他们是各个政党的候选人。

　　整体上，历经半个多世纪的发展，俄国的合作社运动经历了从弱小走向壮大、从依靠外界援助到能够独立发展的进程。至1917年十月革命前，从合作社基层组织到合作社联盟、再到全俄合作社委员会的合作社体制已初步建立。合作社活动取得了如下成果。经济上改善了成员的生活状况，降低了小生产者对高利贷商、中间商，以及大工业资本的依赖。文化教育方面，合作社工作者建立了图书馆、博物馆，开办了展览会、俱乐部和社员培训学校，在一定程度上提升了成员的独立、自主意识以及责任感。[④] 同时合作社反对专制政府的全方位监控、争取法律权利的斗争，实际上是提升成员公民意识、促进公民社会建立的历程，它已成为公民社会形成进程中一支不可忽视的力量。

---

① А. В. Лубков. Война. Революция. Кооперация. М, 1997, С. 115－126.

② Вестник кооперации. 1917, Кн. 9－10. С. 61.

③ Власть народа. 1917. 15 октября.

④ А. П. Корелин, Кооперация и кооперативное движение в России 1860－1917. М, Наука, 2004, С. 312.

小　结

这一时期合作社从组建数量到经济实力均有较大提高，并已成为经济领域中一支不可忽视的力量。合作社的发展体系包含三个层次：最底层的合作社组织—区域联盟—全国联盟。在 1917 年 5 月召开的全俄合作社会议上，全俄合作社委员会被确定为合作社运动的思想和实践中心。至 1917 年十月革命前，从合作社基层组织到合作社联盟，再到全俄合作社委员会的合作社体系已初步建立。罗曼诺夫王朝被推翻前，专制政府已意识到合作社在动员民众、调节经济，尤其是在反对投机行动中的作用，因此扶植它的发展，但同时也强化了对它的监护。

二月革命打破了束缚合作社发展的障碍，临时政府颁布的《合作社法令》为其发展提供了动力。执政后对经济混乱的状况，临时政府试图通过合作社解决经济问题。合作社领导开始进入国家机关任职，合作社的活动也因此更加活跃。根据统计至 1917 年年末，全俄共有 63000 多个合作社，成员人数约为 2400 万，约有一半人口加入合作社。[①] 合作社的经济实力显著增强，1913 年消费合作社商品周转额约为 2.5 亿卢布，至 1917 年达到 12.98 亿卢布，增长 4 倍。[②] 第一次世界大战头两年，合作社缓解了投机商的投机活动，并在一定程度上抑制了粮食和生活必需品的价格增长，尤其在农村和西伯利亚地区。合作社业务越来越全面，一些联盟开始组织生产，据中央合作社联盟不完全统计，至 1917 年冬共有 469 个合作社企业。[③]

但合作社的发展成绩有限，尽管合作社体系初步建立，但还不完善。信用合作社虽然数量明显增长，然而至 1917 年加入信用合作社联盟的成

---

① В. В. Кабанов. Октябрьская революция и кооперация. М. Наука, 1973, С. 58 – 59.

② Л. Е. Файн. Отечественная кооперация. Исторический опыт. М. 1919, С. 43.

③ А. В. Меркулов. Исторический очерк потребительной кооперации в России. С. 118.

员还不到其总数的 1/4；加入消费合作社联盟的合作社不到其总数的一半。中央消费合作社联盟、莫斯科人民银行、全俄合作社委员会严格说来还称不上是统一的合作社运动中心，大部分基层合作社不在其管辖范围内。合作社经济指标增长依赖的是战时体制，大部分合作社资金不足。根据统计，大部分合作社下设企业，实际上是没有发展前景的中小手工工场。小企业盲目建立，不仅导致分布不合理，甚至引起合作社间的竞争。大部分匆忙建立的联盟没有足够的资金，不能完成任务，一些联盟甚至变为承包人、中间商和商贩。一味追逐利润，导致合作社原则遭到破坏。合作社快速增长和各种成分新成员的加入，使合作社领导干部、专家不足问题日益凸显，合作社社员的素质也受到影响。

战争期间合作社同政府的关系更加紧张。一方面，合作社领导者认为合作社必须摆脱对政府的依赖，独立发展，反对政府监护，反对行政力量干预合作社事务；另一方面，他们又深知国家提供的物质扶植对合作社发展的必要性。二月革命前，合作社工作者抵抗专制政府，要求独立发展的呼声高涨，尽管宣布自己是中立的，但合作社领袖常常向民主党派靠拢。值得一提的是，大部分合作社民众没有参与领袖的呼声。

二月革命似乎终止了合作社与政府的冲突，十月革命前的几个月，合作社工作者无保留、无条件地支持临时政府。公开表示要解决粮食问题，其领导者加入立宪会议筹备委员会，分析改革方案。4月全俄合作社委员会同全俄农民联盟以及其他社会组织呼吁广大民众不要擅自占有土地。7月事件后，临时政府统治危机加剧，合作社领导者召开合作社工作者会议支持临时政府。全俄合作社委员会宣布坚决拥护临时政府的政策，表示将支持临时政府同"混乱和反革命"斗争。但后来由于政府不能解决迫切的政治和经济问题，合作社同政府的关系问题再次被提上日程。

从下半年起形势再次恶化。合作社运动政治化和社会化引起政府不满。随着经济混乱和政治斗争白热化，合作社工作者致力于登上政治舞台，并制定了自己的纲领。在莫斯科国务会议召开期间，313名合作社代表参加了会议。准备会议期间，一些杰出的合作社活动家申明，建立稳固的国家政权是必需的，他们幻想建立统一的超党派组织。他们拥护和平、阶级合作，表示"资产阶级和劳动民众的对立是不存在的，阶级斗争应让位于民族团结，为维护统一应相互让步"[1]。由此他们支持联合政府，主张联合一切民主力量。并指出在复杂的情况下，俄国不能建立社会主义制度。

9 月 11 日在圣彼得堡召开的特别合作社会议上，全俄合作社委员会主张建立联合政府，工人团体主张联合民主力量，建立强大的革命政府。9 月 19 日针对未来政府性质问题进行了投票，140 票赞同联合政府，23 票反对。[2] 值得注意的是，合作社活动及高层的立场并不能反映底层的态度。这在后来的合作社工作者提出的政治纲领中体现出来。

莫斯科国务会议召开后，成立了共和国临时委员会，负责组建新政府和召开立宪会议。合作社在委员会中获得 18 个席位，合作社工作者在报告中指出："他们在委员会中建立一个没有左派也没有右派的中心——第三力量。"[3] 他们准备带着自己的纲领参加立宪会议选举。遗憾的是，合作社工作者的纲领未被通过，合作社参加立宪会议的计划以失败告终。

合作社试图登上政治舞台失败的原因很多。首先，合作社领导政治立场模糊、缺乏政治斗争经验。其次，合作社成员的社会属性多样化、隶属于不同的党派，因此很难制定出统一的政治纲领。再次，合作社民众与领导间并无联系，他们没有接受上层政治意图的意愿。最后，在政治派系林立、社会团体各异的情况下，合作社工作者很难成为目标一致的民主力量。如何评价合作社运动的政治化？笔者认为，合作社作为一个互助互济的经济组织，其宗旨是维护社员的经济利益，向社员提供各种服务。二月革命后，在特殊的历史环境下，合作社积极参与国家经济建设其行为值得称赞。但盲目地高估自己的能力、超出本职范畴妄图走上政治舞台的行为表明合作社领导者还很幼稚，同时也为其失败埋下了

---

[1] В. В. Кабанов. Кооперация. Революция. Социализм. М. Наука, 1996，С. 70.

[2] В. В. Кабанов. Кооперация. Революция. Социализм. М. Наука, 1996，С. 70—71.

[3] В. В. Кабанов. Кооперация. Революция. Социализм. М. Наука, 1996，С. 71.

伏笔。尽管合作社走上政治舞台的尝试以失败告终，但其积极参与民主进程的功绩不容忽视。尤其在二月革命后，合作社首次积极参与社会民主改革工作，在两次革命间复杂的经济、政治条件下试图寻找一条和平的摆脱危机的道路。

结　语

　　19 世纪中叶是俄国发展的转折期，站在历史抉择的十字路口，俄国人彷徨不安。如何摆脱社会危机，将广大民众从贫困的死亡线上解救出来是沙皇政府亟须解决的难题，也是困扰俄国先进人士的疑团。在此情境下合作社运动应运而生。自 1865 年第一个合作社建立之日起至 1917 年十月革命前，俄国的合作社运动可分为萌芽、摇篮、普及和体制确立四个阶段。

　　回顾半个多世纪以来俄国合作社运动的历程，可以得出如下结论：

　　首先，合作社的建立离不开仁人志士对合作社思想的宣传。合作社思想的缔造和传播者（欧文、傅立叶、圣西门、舒理采、拉法金等人）秉承不同的、有时甚至是对立的理念为建立合作社而奔走、疾呼：从向失业者和贫困者提供援助到完善资本主义制度，从为小生产者迈入市场经济创造条件到培养中间阶层，从缓解社会冲突到对社会进行根本变革。[①] 1840 年前后合作社思想传入俄国，最初带有空想—社会主义色彩，并与国家发展道路问题紧密相连。从彼得拉舍夫斯基到赫尔岑再到车尔尼雪夫斯基，他们的合作社理论均是其社会主义思想中的一部分。他们反对农奴制度和资本主义制度，向往社会主义，将合作社视为未来社会的组织形式，他们的活动开启了俄国合作社理论研究的大门。如果说空想社会主义者试图跃过资本主义发展阶段，直接进入合作社社会主义的

---

① А. П. Корелин, Зарождение кооперативного движения в России: взлеты и падения 1860 – е—середина 90 – х годов XIX в. М. Экономическая история ежегодник, 2004, С. 422.

231

想法没能实现，那么贵族—知识分子所倡导的合作社理念则是俄国合作社运动得以产生的理论源泉。他们将合作社视为资本主义社会民主改革的有效工具，认为合作社可以减轻资本主义发展进程中资本掠夺给人民带来的苦难，减轻农奴公民化进程中的赤贫现象，防止农村无产阶级化。[①]

其次，俄国合作社的建立与 19 世纪 60 年代的"大改革"息息相关，一方面改革废除了地主对农民的封建统治权力，赋予农民法律权利，将农民从农奴制桎梏中解脱出来，使其成为村社自由民。他们可以订立各种契约、合同，有权自由经商，开办工厂，加入各种行会组织。改革后，私营企业的发展受到鼓励，地方自治机构开始建立，审判公开化，俄国进入了一个新的发展时代。社会发展的新迹象为合作社的建立创造了条件。另一方面，改革在促进资本主义经济发展的同时，也保留了大量农奴制残余。农民的经济活动和法律权利依然受制于村社，他们生活的一举一动都受到村社公职人员的监控。改革实质上是地主阶级对农民的一次大规模掠夺。改革后全俄每个农民平均分到 3.4 俄亩土地，根据俄国学者丘卡夫金的计算，黑土带每户农民家庭维持最低生活需要的份地数量为 8.5 俄亩，非黑土带每户需要 9～9.5 俄亩方可维持生计[②]。这样 2月 19 日法令实施的结果是：农民不但失去大量土地，而且由于缴纳巨额赎金而负债累累。为了维持生存他们不得不低价出卖粮食等农产品，有时甚至出卖牲口和农用工具。迫于生存压力，他们组成劳动组合去城市打工，但结果常常一无所获。如何改善农民生活、防止农民无产阶级化已成为一个刻不容缓的社会问题。在此情形下合作社引起人们的关注。

最后，广大民众的自主意识和受教育程度、商品货币关系的发展，以及政府对待合作社的态度是影响合作社发展的重要因素。1861 年 2 月

---

① A. П. Корелин，Зарождение кооперативного движения в России：взлеты и падения 1860 – е—середина 90 – х годов XIX в. M. Экономическая история ежегодник，2004，C. 428.

② 张广翔：《俄国农业改革的艰难推进与斯托雷平的农业现代化尝试》，《吉林大学社会科学学报》2005 年第 5 期。

19 日宣言颁布后，农民的法律地位得到认可，农民从农奴制桎梏中解脱出来，成为村社自由民。法令废除了农民对地主的从属，赋予农民公民权，改变了他们原来的从属地位。但事实上这些权利的实行受到诸多限制，改革只是在有限范围内扩大了农民的权利，农奴制残余仍保留在农民与地主的相互关系中，农民从依赖地主到依赖村社和官吏。[1] 1898 年维特在提交给大臣委员会的报告中指出："农民法律观念淡薄、发展经济热情匮乏，他们虽然从奴隶占有中解放出来，但却处于听从命令和无知状态。"[2] 在此情形下广大民众的首创精神和主动性不足，加之受教育程度和文化水平低，因此他们尚未做好加入合作社的准备。这是制约改革初期俄国合作社发展的重要因素。

　　同时，改革初期大部分民众由于不能适应商品货币关系和自由竞争而迅速贫困化。生活标准的改变、农村消费工业品的稍许增长、直接税和间接税的一增再增等情况迫使农民向市场抛出更多粮食，但以减少自身消费为代价。[3] 因世界农业危机，1881～1896 年粮价下跌 1/3，使情况更为复杂。此外，政府大力发展工业和铁路运输业，实行关税保护政策，大幅度提升国内市场工业品价格，财政重负压在农民和市民身上。"俄国的消费者不得不购买本国工业的低劣产品，而付出的价格却比西欧高级品质的同类商品要高出 1 至 2 倍。"[4] 在上述种种情形下，知识分子和自治局对合作社的大力扶植具有很强的人为性。合作社活动家古雷日认为"合作社根基尚浅，直到 19 世纪末俄国农村尚未从自然经济中苏醒过来，对流动资金的需求不大，生产性贷款缺乏充足的土壤"[5]。

　　步入 20 世纪，俄国合作社快速发展。这取决于一系列因素。首先，

① 张广翔：《俄国农民外出打工与城市化进程》，《吉林大学社会科学学报》2006 年第 6 期。
② А. П. Корелин, Россия сельская на рубеже XIX в-начале XX века. М. Наука, 2004，С. 262.
③ 张广翔：《俄国农业改革的艰难推进与斯托雷平的农业现代化尝试》，《吉林大学社会科学学报》2005 年第 5 期。
④ 梁士琴科：《苏联国民经济史》第二卷，人民出版社 1954 年版，第 268 页。
⑤ А. П. Корелин, Зарождение кооперативного движения в России: взлеты и падения 1860 - е—середина 90 - х годов XIX в. С. 447.

得益于国家经济局势的好转。随着形势的稳定，国家经济逐渐从深受战争和革命影响下的危机和萧条中摆脱出来，农业丰收、农产品价格上涨、世界农业危机的不良影响被克服。大部分民众尤其是农民的收入增加，生活水平提高了，人民对生活必需品、舒适住宅的需求必然会增长，上述因素自然会进一步促进商品货币关系的发展，进而为合作社的普及创造良好的氛围。其次，连环保被废除和身份证制度的取消，减轻了村社对农民的束缚，一定程度上打破了村社的均衡机制，从而激发了农民的主动性和生产积极性，[①] 这无疑为合作社的发展创造了积极的条件。同时加入合作社的文化阶层代表增加，他们进入合作社管理局和委员会，领导合作社运动。

值得一提的是，在合作社发展进程中沙皇政府一直扮演重要角色，它对合作社运动持双重态度，既希望通过合作社解决经济问题，又担心合作社的发展会威胁它的统治。上述矛盾心态导致统治阶层对合作社运动的政策摇摆不定。一方面对合作社思想宣传持谨慎态度，对合作社活动进行严厉监察。起初，合作社建立前，需将章程提交大臣委员会审批。随着合作社组建数量的增加，为减少建立麻烦，章程交由行政部门批准。消费合作社章程由内务部审批，农业合作社章程由农业部和国家财产部审批，贷款储蓄合作社章程由财政部审批，后手工业劳动组合章程也交由该部门审批。[②] 这种体制一直持续到1917年前，导致难以制定和通过统一的合作社法令。另一方面政府又对合作社的发展给予扶植，向农村贷款储蓄和工业合作社委员会拨款，向合作社提供贷款，并给予其税收优惠。但这种扶植并不稳定，在19世纪80～90年代合作社发展危机时期，税收优惠被取消，国家银行提供的贷款缩减。从90年代中叶起，受经济形势影响政府再次关注合作社。颁布了《小额贷款法令》《消费合作社章程》《农业合作社章程》《劳动组合法令》，调节合作社的活动，向

---

① М. С. Симонова, Отмена круговой поруки. Исторические записки. С. 192.

② А. П. Корелин, Зарождение кооперативного движения в России: взлеты и падения 1860 – е—середина 90 – х годов XIX в. М. Экономическая история ежегодник, 2004, С. 449.

其提供贷款。这样政府对合作社的扶植政策赋予其半国家性质。①

　　进入 20 世纪后，政府开始大力干涉合作社的活动。随着合作社运动的展开，它担心"一些别有用心的人"利用合作社进行反政府活动，② 忧心合作社成为自由阵地。③ 于是对合作社进行全方位监控，限制它的活动，在手续上拖延和阻碍合作社联盟的建立。根据 1906 年 3 月 4 日集会法令，一切会议决议都要提交省长和市长以备案。④ 1906～1909 年政府试图限制商人、自由职业者、农村知识分子和神甫进入合作社管理局和委员会，取消了对贷款储蓄合作社和消费合作社的税收优惠。1910 年制定的贷款和贷款储蓄合作社章程实际上剥夺了工人加入的权利，规定只有独立管理经济的人方可进入，章程还取消了合作社从事生产的权利。根据章程，警察局有全权派代表参加合作社会议，并且有权解散会议，它还可以搜查和逮捕可疑的管理局和委员会成员。⑤ 内务部也通过各种手段限制合作社的发展，政府对合作社的监察力度有增无减，1913 年 1 个小额贷款监察员负责监察 28 个贷款合作社的工作，到 1914 年则只负责监察 18 个。从 1916 年末，政府禁止召开合作社会议，任何涉及粮食问题的文章需经官方审查后方可发表。行政机构大肆干涉合作社及其联盟的活动，二者间冲突不断。⑥

　　整体上，俄国的合作社运动经历了从弱小走向壮大、从依靠外界援助到能够独立发展的进程。至 1917 年十月革命前，从合作社基层组织到合作社联盟，再到全俄合作社委员会的合作社体制已初步建立。合作社

① А. П. Корелин, Росийская кооперация на рубеже веков переломное десятилетие (1895—1904), М. Экономическая история ежегодник, 2004, С. 223.

② А. П. Корелин, Сельскохозяйственный кредит в России в конце XIX—начале XX вв. М. Наука, 1988, с. 128.

③ Ким. Чан. Чжин, Государство и кооперативное движение в России—СССР (1905—1930). М. Наука, 1996, С. 131—132.

④ А. П. Корелин, Кооперация и кооперативное движение в России 1860—1917. М, Наука, 2004, С. 252.

⑤ В. В. Кабанов, Кооперация. Революция. Социализм. М. Наука, 1996, С. 64.

⑥ А. П. Корелин, Сельскохозяйственный кредит в России в конце XIX—начале XX вв. М. Наука, 1988, С. 130.

活动取得了如下成果。经济上改善了成员的生活状况，减轻了小生产者对高利贷商、中间商以及大工业资本的依赖，将农民和小生产者从亏本状态中挽救出来。文化教育方面，合作社工作者建立了图书馆、博物馆，开办了展览会、俱乐部和社员培训学校，在一定程度上提升了成员的独立、自主意识以及责任感。[①] 同时合作社反对专制政府的全方位监控、争取法律权利的斗争，实际上是提升成员公民意识、促进公民社会建立的历程，它已成为公民社会形成进程中一支不可忽视的力量。[②]

伴随合作社发展成绩的同时，它还存在很多不足。合作社体制尚不完善、资金不足、合作社领导干部匮乏、社员觉悟不高依然是困扰合作社发展的难题。

① А. П. Корелин，Кооперация и кооперативное движение в России 1860 – 1917. М，Наука，2004，С. 312.

② В. В. Кабанов，Кооперация. Революция. Социализм. М. Наука，1996，С. 73.

参考文献

中文文献

一 译著

中共中央马克思恩格斯列宁斯大林著作编译局编译《列宁全集》，人民出版社 1984 年版。

中共中央马克思恩格斯列宁斯大林著作编译局编译《马克思恩格斯全集》，人民出版社 1979 年版。

中共中央马克思恩格斯列宁斯大林著作编译局国际共运史研究室编译：《俄国民粹派文选》，人民出版社 1983 年版。

〔苏〕阿·阿·华西列夫等：《合作社理论与历史教程》，中国人大研究部编译室主译，中华书局 1951 年版。

〔法〕埃莱娜·卡·唐科斯：《分崩离析的帝国》，郗文译，新华出版社 1981 年版。

〔英〕埃瑞克·霍布斯鲍姆：《帝国的时代》，贾士蘅译，江苏人民出版社 1999 年版。

〔英〕保罗·约翰逊：《知识分子》，杨正润译，江苏人民出版社 2003 年版。

〔苏〕波克罗夫斯基：《俄国历史概要》，贝璋衡译，商务印书馆 1994 年版。

〔俄〕鲍·米罗诺夫：《俄国社会史》，张广翔等译，山东大学出版社 2006 年版。

〔美〕保罗·肯尼迪：《大国的兴衰》，蒋宝英等译，中国经济出版社 1989 年版。

〔俄〕恩·弗列罗夫斯基：《俄国工人阶级状况》，陈瑞铭译，商务印书馆 1997 年版。

〔苏〕佛·普罗科菲耶夫：《赫尔岑传》，罗启华、童树德、李鸿敦译，黑龙江人民出版社 1987 年版。

〔苏〕菲拉托娃：《赫尔岑和奥加略夫的经济观点》，李谦译，三联书店 1956 年版。

〔苏〕洛克辛：《苏维埃合作社贸易经济和计划》，刘放桐等译，财政经济出版社 1956 年版。

〔苏〕梁士琴科：《苏联国民经济史》第二卷，中国人民大学编译室译，人民出版社 1954 年版。

〔苏〕马卡林科：《论合作社会主义》，徐雅民、韩淑娟等译，北京大学出版社 1987 年版。

〔俄〕马里宁：《俄国空想社会主义简史》，丁履桂、郭镛森译，商务印书馆 1990 年版。

〔苏〕涅奇金娜：《苏联史》，刘祚昌、钱克新等译，三联书店 1957 年版。

〔苏〕纳·皮鲁莫娃：《赫尔岑的历史观》，郭从周译，人民出版社 1957 年版。

〔苏〕诺索夫：《苏联简史》，武汉大学外文系译，三联书店 1977 年版。

〔美〕帕默·科尔顿：《近现代世界史》，孙福生、陈敦全等译，商务印书馆 1988 年版。

〔俄〕谱·瓦·谢耶夫，《苏联工艺合作社发展简史》，中央手工业管理局专家工作室译，中国财政经济出版社 1956 年版。

〔苏〕车尔尼雪夫斯基选集，季谦等译，生活·读书·新知三联书店 1959 年版。

〔苏〕苏联科学院哲学研究所、莫斯科大学俄罗斯哲学史教研室：《苏联各民族的哲学与社会政治思想史纲》，周邦立译，科学出版社 1959 年版。

〔日〕西里尔·E. 布莱克等：《日本和俄国的现代化》，周师铭等译，商务印书馆 1984 年版。

〔苏〕谢·尤·维特：《俄国末代沙皇尼古拉二世》，张开译. 新华出版社 1985 年版。

〔苏〕伊林；《论列宁的合作社计划及其在苏联的实现》，志刚等译，中华书局 1954 年版。

〔苏〕泽齐娜：《俄罗斯文化史》，刘文飞、苏玲译，上海译文出版社 1990 年版。

〔苏〕泽村康：《苏俄合作制度》，唐易庵、孙九録译，商务印书馆 1935 年版。

〔苏〕扎昂契可夫斯基：《俄国农奴制的废除》，叔明译，三联书店 1957 年版。

〔法〕朱立安·班达：《知识分子的背叛》，佘碧平译，上海人民出版社 2005 年版。

〔法〕《傅立叶选集》，赵俊欣等译，商务印书馆 1982 年版。

二　编著

曹维安：《俄国史新论——影响俄国历史发展的基本问题》，中国社会科学出版社 2002 年版。

杜吟棠主编《合作社：农业中的现代企业制度》，江西人民出版社 2002 年版。

高德步、王玉：《世界经济史》，人民出版社 2001 年版。

合作社理论与历史教研室：《合作社理论与历史教程》，中国人民大学出版社 1951 年版。

金雁、卞悟：《农村公社、改革与革命》，中央编译出版社 1996年版。

金雁：《苏俄现代化与改革研究》，广东教育出版社 1999 年版。

金祥容：《转型期农村制度变迁与创新》，中国农业出版社 2002年版。

刘祖熙：《改革和革命——俄国现代化研究》，北京大学出版社 2001年版。

罗荣渠：《现代化新论》，北京大学出版社 1993 年版。

罗荣渠：《现代化新论续篇东亚与中国的现代化进程》，北京大学出版社 1997 年版。

李守庸：《马克思恩格斯论重商主义的经济思想》，文物出版社 1990年版。

马克垚：《西欧封建经济形态研究》，人民出版社 2001 年版。

孙成木主编《俄国通史简编（下）》，人民出版社 1986 年版。

山东大学主编《空想社会主义学说史》，浙江人民出版社 1986 年版。

陶惠芬：《俄国近代改革史》，中国社会科学出版社 2007 年版。

王云龙：《现代化的特殊性道路》，商务印书馆 2004 年版。

王振奎主编《西方政治思想史》，南京大学出版社 1993 年版。

王晓菊：《俄国东部移民开发问题研究》，中国社会科学出版社 2003年版。

徐更生、刘开铭：《国外农村合作经济》，经济科学出版社 1986年版。

许平：《法国农村社会转型研究（19 世纪—20 世纪初）》，北京大学出版社 2001 年版。

徐毓枬：《车尔尼雪夫斯基的经济思想》，人民出版社 1957 年版。

叶书宗：《俄国社会主义实践研究》，安徽大学出版社 2005 年版。

张宝华等：《农村新型合作经济组织发展务实》，中国农业出版社

2005 年版。

张建华：《俄国史》，人民出版社 2004 年版。

张广翔：《18—19 世纪俄国城市化研究》，吉林人民出版社 2006 年版。

郑异凡：《史海探索》，安徽大学出版社 2005 年版。

赵振英：《俄国政治制度史》，辽宁师范大学出版社 2000 年版。

赵士国、杨可：《俄国沙皇传略》，湖南师范大学出版社 2001 年版。

赵士国：《历史的选择与选择的历史》，人民出版社 2006 年版。

中国社会科学院近代史研究所：《沙俄侵华史》，人民出版社 1990 年版。

中国人民银行合作金融机构监管司：《信用合作社典型经验 100 例》，中国金融出版社 1999 年版。

中国人民银行四川省分行：《信用合作社记账办法》，四川人民出版社 1956 年版。

三　论文

曹维安：《俄国 1861 年农民改革与农村公社》，《陕西师范大学学报》（哲学社会科学版）1996 年第 3 期。

曹维安：《俄国的农奴制度与农村公社》，《兰州大学学报》（社会科学版）1997 年第 1 期。

陈新田：《恩格斯关于农业合作社的探索及其启示》，《咸宁学院学报》2004 年第 2 期。

冯开文：《国外合作社经验纵横论》，《合作经济与科技》2005 年第 8 期。

郭翔宇：《论合作社的定义、价值与原则》，《东北农业大学学报》2000 年第 1 期。

胡宗山、付强：《国外农业合作社：历史、经验与借鉴》，《社会主义研究》2006 年第 5 期。

刘爽：《19 世纪末俄国的工业高涨与外国资本》，《社会科学战线》1996 年第 4 期。

刘伟明：《农业合作社发展的几个问题探讨》，《安徽农学通报》2006 年第 12 期。

潘晓伟：《十月革命前西伯利亚消费合作社初探》，《西伯利亚研究》2007 年第 5 期。

潘晓伟：《试论十月革命前西伯利亚信用合作化运动》，《西伯利亚研究》2008 年第 5 期。

孙成木：《19 世纪中叶后俄国资本主义迅速发展的原因》，《世界历史》1987 年第 1 期。

许金秋：《俄国知识分子问题分析》，《吉林大学社会科学学报》2003 年第 6 期。

张建华：《俄罗斯经济文化传统的形成及其对现代化的影响》，《求是学刊》1991 年第 6 期。

张建华：《资产阶级在俄国现代化进程中的历史地位》，《世界历史》1992 年第 1 期。

张建华：《俄国现代化进程中的改革与革命》，《求是学刊》1993 年第 1 期。

张建华：《从民粹主义到列宁主义——俄国知识分子思想的艰难跋涉》，《当代世界与社会主义》2001 年第 6 期。

张广翔：《19 世纪俄国工业革命的前提》，《吉林大学社会科学学报》1994 年第 3 期。

张广翔：《1861 年改革后俄国国家资本主义的几个问题》，《东北亚论坛》1995 年第 2 期。

张广翔：《俄国 1861 年改革新论》，《社会科学战线》1996 年第 4 期。

张广翔：《俄国村社制度述论》，《吉林大学社会科学学报》1997 年第 4 期。

张广翔：《19世纪俄国政府工商业政策基本趋势》，《西伯利亚研究》2000年第8期。

张广翔：《亚历山大二世改革与俄国现代化》，《吉林大学社会科学学报》2000年第1期。

张广翔：《19世纪八九十年代俄国资本主义地主经济的基本特征》，《东北亚论坛》2001年第4期。

张广翔：《十九世纪俄国村社制度下的农民生活世界——兼论近三十年来俄国村社研究的转向》，《历史研究》2004年第2期。

张广翔：《19世纪—20世纪初俄国税制与经济增长》，《吉林大学社会科学学报》2004年第3期。

张广翔：《俄国农业改革的艰难推进与斯托雷平的农业现代化尝试》，《吉林大学社会科学学报》2005年第5期。

张广翔：《俄国农民外出打工与城市化进程》，《吉林大学社会科学学报》2006年第6期。

张广翔、袁丽丽：《19世纪下半期俄国税收改革的若干问题——斯杰潘诺夫博士吉林大学讲学纪要》，《世界历史》2008年第2期。

张福顺：《19世纪俄国保护关税政策论述》，《东北亚论坛》2001年第3期。

张绍俊：《读懂列宁的〈论合作社〉》，《中国农业大学学报》2004年第1期。

张德敬：《论农奴制改革后俄国经济政策的性质》，《江西社会科学》2002年第12期。

朱晏：《论合作社的概念、原则及法律特征》，《求实》2003年第6期。

赵洪：《合作社法律制度初探》，《中国合作经济》2004年第7期。

赵阳林：《合作社的本质》，《中国合作经济》2005年第6期。

俄文文献

一 文献汇编

Фигуровская Н. Е., Корелин А. П., Кооперация страницы истории Том 1: первая книга-30 - 40е годы XIX—начало XX века. Предыстория. М., Наука. 1999.

Фигуровская Н. Е., Корелин А. П., Кооперация страницы истории Том 1: первая книга – 30 – 40е годы XIX—начало XX века. Предыстория. М., Наука. 2001.

Фигуровская Н. Е., Корелин А. П., Кооперация страницы истории Том 1: первая книга – 30 – 40е годы XIX—начало XX века. Предыстория. М., Наука. 2006.

二 著作

Алексеева. В. К., Кооперативное движение в Сибири. Конце XIX—начало XX в. Новосибирск. 1993.

Алексеева В. К., Малахова Г. М., Кооперация в азиатской России （первое столетие）ЗИП Сибупк. 2004.

Анфимов. А. М., Крестьянское хозяйство Европейской России （1881 – 1904）. М., Наука. 1980.

Аврех. А. Я., П. А. Столыпин судьбы реформ в России. М. Политиздат. 1991.

Барановский М. И., Социальные основы кооперации. Берлин. Слово. 1989.

Болотова. Е. Ю., Создание общекооперативного законодательства в дореволюционной России. М. Наука. 1991.

Болотова. Е. Ю., Потребительская кооперация в России в конце

XIX – XX начале. М. Наука. 2003.

Быковец. Т. Ю., Культурно—просветительная деятельность коопераций России в конце XIX – XX начале. Саратов. Сельхозгиз. 2003.

Блауг. М., Экономическая мысль в ретроспективе. М. Экономическая школа. 1994.

Билимович. А. Д., Кооперация в России до, во время и после большевиков., М. Наука. 2005.

Балдин. К. Е., Рабочие потребительские кооперативы в России, 1861 – февраль 1917 г. Ин – т истории СССР АН СССР. 1994.

Воронцов. В. П., Артель и община. М. Астрель. 1994.

Дмитренко В. П., Советская экономическая политика в первые годы пролетарской диктатуры. М. Наука. 1978.

Данилов В. П., Кооперативно – колхозное строительство в СССР, 1923 – 1927. М. Наука. 1991.

Данилов В. П., Крестьянское движение в Поволжье. М. Росспэн. 1980.

Документы и материалы. Кооперативно – колхозное строительство в СССР, 1917 – 1922г. М. Наука. 1990.

Дударев М. И., Московское общество сельского хозяйства и его участие в общественном и кооперативном движении. М. Наука. 1997.

Дударев М. И., Сергей Юльевич Витте и кредитная кооперация// государственный деятель реформатор экономист (к 150 – летию со дня рождения). Ч 2. М. Наука. 1999.

Дударев М. И., Московское общество сельскогохоэяйства и подготова первого Всероссийского съезда представителей ссудо-сберегательных товариществ. //Кооперация: Страницы истории. Вып. 7. М. Наука. 1999.

Дякин В. С., Деньги для сельского хозяйства. Аграрный кредит в экономической политике царизма. СПб. Санкт-Петербургский государственный университет. 1997.

Еферина Т. В., Социальные проблемы крестьянства и моделисоциальной поддержки населения (вторая половина XIX – конец XX в. М. Наука. 2003.

Иванов А. Е., Мир российского студенчества : конец XIX – начало XX века. очеркиНовый хронограф. 2000.

Корелин. А. П., Сельскохозяйственный кредит в Росии в конце XIX в-начале XX века. М. Наука. 1988.

Корелин. А. П., Земство и мелкий кредит в России // Кооперация : Страницы исории. Вып. 4. М. Наука. 1994.

Корелин. А. П., Россия сельская на рубеже XIX в-начале XX века. М. Росспэн. 2004.

Корелин. А. П., Кооперация и кооперативное движение в России 1860 – 1917 гг. М. Росспэн. 2008.

Кабанов. В. В., Октябрьская революция и кооперация. М. Наука. 1973.

Кабанов. В. В., Первый российский закон о кооперации // Кооперация. Страницы истории. М. Наука. 1991.

Кабанов. В. В., Кооперация, Революция, Социализм. М. Наука. 1996.

Ким. Государственная власть и кооперативное движение в России. М. Наука. 1996.

Кабанов В. В. Крестьянская община и кооперация России XXвека. М. Наука. 1997.

Козлова. Е. Н., Культурная миссия кооперация (1864 – 1918) // Кооперация : Страницы истории. Вып. 3. М. 1993.

Казлова. Е. Н., Развитие кооперации в России и её роль в обновлении страны. М. Наука. 1999.

Ким. Чан. Чжин. Государство и кооперативное движение в России— СССР (1905 – 1930). М. Наука. 1996.

Литвак. Б. Г., Русская деревня в реформе 1861 года. Черноземный Центр. 1861 – 1895гг. М. Наука. 1972.

Литвак. Б. Г., Переворот 1861 года в России: почему нереализовалась реформаторская альтернатива. М. Издательство политической литературы. 1991.

Лубков. А. В., Рабочая кооперация в Октябриской революции. М. Наука. 1990.

ЛубковА. В., Война Революция Кооперация. М. Наука. 1997.

МакаренкоА. С., Теория и практика коммунистического воспитания. Киев. Радянська школа. 1985.

Нефедова Т. Г., Сельская Россия на перепутье. М. Издательство политической литературы. 2003.

Научные труды. Аграрная реформа в России: Концепции, опыт, перспективы. Вып. 4. М. Наука. 2000.

Попов. С. Ю., Программы политических партий в России. Конце XIX – XX вв. М. Наука. 1995.

Попов. С. Ю., Становление и развитие кооперативного движения России в условиях социально—экономических реформ конца XIX – XX начала. М. Наука. 2001.

Подколзин. Б. И., Кооперативный кредит в России : концептуальные истоки. М. Наука. 1993.

Подколзин. Б. И., Петербургский кружок князя А. И. Васильчиква и заарождение кооперативного кредита в России (60 – 70годы XIXв) М. Наука. 1994.

Петров. Ю. А., С. В. Калмыков, Сберегательное дело в России. Вехи истории. М. Наука. 1995.

Салтыков—Щебрин. М. Е. Критика и публицистика. М. Наука. 1970.

Титаев В. Н., Власть、Бедность、Кооперация. Саратов. Научное издание. 2003.

Туган - Барановский. М. И., Социальные основы кооперации.

Берлин. Слово. 1921.

Фадейкин Г. Г., Колективные хозяйства Среднего Поволжья. М. Наука. 1990.

ФарутинИ. А., Характер и особенности кооперативного движения в дореволюционной России. М. Калинград. 1970.

ФайнЛ. Е., Рабочая кооперация России ко времени победы Октябрьской революции. Иваново. Ивановский гос ун – т. 1986.

Файн. Л. Е., Кооперация как компонент рыночных отношений: проблемы теории и историиИваново. Ивановский гос. ун – т. 1997.

Фигуровская. Некоорые исторические уроки развития кооперации в России. М. Наука. 1999.

Хаджуева. З. А., Модернизация российского кооперативного законодательства в конце XIX—XX начале. Саратов. Научное издание. 2001.

Чеховская. Н. Н., Московский народный банк и его роль в развитии кооперации в России. М. Наука. 1988.

Чаянов А. В., Крестьянское хозяйство. М. Экономика. 1989.

Чаянов Р. А., Производство товаров народного потребления: социально-экономический аспект. М. Легкая и пищевая пром – сть. 1984.

Чаянов. А. В, Основные идеи и формы организации сельскохозяйственной кооперации. М. 1991.

Шишкин. В. А., Власть. Политика. Экономика. СПб. Дмитрий Буланин. 1997.

Шепелёва В. Б., Россия 1917 – 1920 гг.: проблема революционно – демократической альтернативы : (вопросы теории, методологии, историографии). Омск. Изд – во Ом. гос. ун – та. 1998.

Янии Коцонис., Как крестьян делали отсталыми Сельскохозяйственные кооперативы и аграрный вопрос в России 1861 – 1914. М. Новое литературное обозрение. 2006.

三 论文

Брусникин. Е. М., Крестьянский вопрос в России в период политической реакции. Вопрос истории. No. 2, 1970.

Байрау., Янус в лаптях: крестьяне в русской революции, 1905 – 1907г. Вопросы истории. No. 1, 1992.

Борисёнок Ю. А, Олейников Д. И., Михаил Александрович Бакунин. Вопросы истории. No. 3, 1994.

Братющенко Ю. В., Военно-кооперативное движение в России. Вопросы истории. No. 6, 2003.

Бехтерева Л. Н., Потребительская кооперация удмуртии в период НЭПА (1921 – 1929). Отечественная история. No. 3, 2008.

Веселов С. В., Кооперация и Советская власть "период" военного коммунизма. Вопросы истории. No. 9, 1991.

Гросул В. Я., Декабристы и эмиграция. Отечественная история. No. 6, 2006.

Давыдов А. Ю., Князь—кооператор А. И. Васильчиков. Вопросы истории. No. 8, 1993.

Долбилов М. Д., АлександрII и отмена крепостного права. Вопросы истории. No. 10, 1998.

Дронов И. Е., Князь Врадимир Петрович Мещерсий. Вопросы истории. No. 10, 2001.

Ериова Э. Б., Революция реформы и российская творческая интелигепция в первой половине XX века. Вопросы истории., No. 6, 2001.

Егоров В. Г., Кооперативное движение в дореволюционной России (новый взгляд). Вопросы истории. No. 6, 2005.

Есиков С. А., М. М. Есикова., роль кооперации в повышении

уровня аграрной культуры（конецXIX—начало XX века.）. Уральский историеский вестник. 2008，No. 2.

Зырянов. П. Н., Петр Аркадьевич Столыпин. Вопросы истории. М. No. 6，1990.

Захаова Л. Г., Великие реформы 1860 – 1870х годов：поворотный пункт российской истории？. Отечественная история. No. 4，2005.

Кабанов. В. В., О возникновении и численности сельскохозяйственных коммун и артель в 1917г. История СССР. No. 2，1984.

Кабанов В. В., Бусть и бездорожье аграрного развития России в 20 веке. Вопросы истории. No. 2，1993.

КорелинА. П., Зарождение кооперативного движения в России：взлеты и падения（1860 – е—середина 90 – х годов XIX в.. экономическая история ежегодник. РОССПЭН，2002.

Корелин. А. П., Российская кооперация на рубеже веков： преломное десятилетие（1895 – 1904гг）. экономическая история ежегодник. РОССПЭН，2004.

Мейш Д., Земельная реформа и политические перемены феномен Столыпина. Вопросы истории. No. 4.

Рогална Н. Л., Аграрный кризис в российской деревне начала Ххвека. Вопросы истории. No. 7，2004.

Роенталь И. С., Политические партии в Российских революциях в 20 веке. Отечественная история. No. 6，2006.

Ростова Т. А., Кредитно – финансовая деятельность земских учреждений Симбирской губернии в1910 – 1917гг. Отечественная история. No. 1，2008.

Соболёв. А. В., Вельможная каторга и её артельное хозяйсто. Вопросы истории. No. 2，2000.

Симонова. М. С., Отмена круговой поруки Исторические записки

1969 T. 83. C159 – 195.

Соколовский А. В., Сельская кредитная кооперация в России в 90 – е годы XIXв: выбор пути. Вопросы истории. No. 3, 2002.

Файн Л. Е., Советская кооперация в тисках командно-административной системы. Вопросы истории. No. 9, 1994.

Файн Л. Е., Военно – коммунистический "эксперимент" над российской кооперации 1918 – 1920. Вопросы истории. 1997.

Файн Л. Е., Досоветская кооперативная Масква. Вопросы истории. No. 1, 2007.

ШевиринБ. М., Историческая наука за рубежом. Рецензии. Д. Эванс. Кружок Петрашевского 1845 – 1849), Журнал истории, 1974.

图书在版编目（CIP）数据

19～20 世纪初期俄国合作社的思想和实践／袁丽丽
著 . -- 北京：社会科学文献出版社，2018.4
ISBN 978 - 7 - 5201 - 2368 - 6

Ⅰ.①1… Ⅱ.①袁… Ⅲ.①合作社 - 研究 - 俄罗斯
- 19 - 20 世纪 Ⅳ.①F279.512.42

中国版本图书馆 CIP 数据核字（2018）第 044325 号

19～20 世纪初期俄国合作社的思想和实践

著　者／袁丽丽

出 版 人／谢寿光
项目统筹／宋月华　周志静
责任编辑／孙以年　周志静

出　　版／社会科学文献出版社·人文分社（010）59367215
　　　　　　地址：北京市北三环中路甲 29 号院华龙大厦　邮编：100029
　　　　　　网址：www.ssap.com.cn
发　　行／市场营销中心（010）59367081　59367018
印　　装／三河市尚艺印装有限公司

规　　格／开　本：787mm × 1092mm　1/16
　　　　　　印　张：16.75　字　数：240 千字
版　　次／2018 年 4 月第 1 版　2018 年 4 月第 1 次印刷
书　　号／ISBN 978 - 7 - 5201 - 2368 - 6
定　　价／98.00 元